倶舎論

はしがき

日本の佛教の長い伝統の中で、『倶舎論』は古くからずいぶんよく学習され、研究されてきた。少なくとも明治の初めの頃までは、それは佛教の基礎学であって、佛教教義を本当に知るにはまずそれを勉強する必要がある、という考え方が一つの常識としてあった。もっとも、なにしろ「唯識三年倶舎八年」といわれたくらいだから、実際に『倶舎論』全巻を読破し、よく理解した人はそれほど多くはなかったのであろうが、いやしくも佛教の学問を本格的にやろうとする者はともかくこれを学ぶ要があると、ほぼ各宗派を通じて、認められていたといってよい。「聰明之論ハ佛教之礎」（山岡鐵太郎）にほかならなかった（「聰明論」とは倶舎論の異名）。もちろん『倶舎』が小乗の書であるという意識は強かったが「転小向大ハ閻浮洲一化之通規」（鵜飼徹定）であり「小乗ハ出世ノ初門、佛法ノ石礎ナリ。苟クモ佛教ヲ学バント欲セバ豈此ノ石礎ニ依ラザル可ケンヤ」（佐伯旭雅）であった。

ところが、日本に近代的な佛教研究が盛んになると、このような考え方は、いっとき、常識の座から退いた。そこでは、「部派佛教」の阿毘達磨が「根本佛教」の生命を喪わせた固陋な教義学としてもっぱら否定的な評価を受ける中で、『倶舎論』も、しばしば、無用な小乗の〝煩瑣哲学〟の代表としてのみ取り扱われることとなった。

しかし、最近のインド佛教の思想的研究の進展は、再び阿毘達磨の意義の新たな認識に向かいつつある。阿毘達磨こそは「佛教哲学の最初の展開」（和辻哲郎）であると見られるようになってきている。特に説一切有部の教義学が大乗佛教思想の形成発展の上に果たした大きな役割があらためて指摘されている。説一切有部阿毘達磨と大乗佛教中観学説と同唯識学説とは正・反・合の関係をなしているのではないか、というような理解（上山春平）さえ生まれている。論師世親の遺した巨大な思想的業績の中に『倶舎論』から『成業論』へ、『成業論』から『唯識二十論』『三十頌』へという思想展開の道筋をたどろうとする見方も広く受け入れられるようになった。

今や、チベット大蔵経の中に数多く含まれる『倶舎論』関係の論釈が近づき易いものとなり、久しく渇望されていた『倶舎論』原文が刊行され、部分的にはその和訳もだされ、梵・蔵・漢語にわたる精細な索引も作られるという事情のもとで、若い学徒の眼は再びこの希有な論書に向けられ、その佛教思想史上に有する重大な意義が新たに確認されようとしている。

そういう状況の中で、この小著が『倶舎論』を少しでも一般の読者に近づける役目を果たし得たら、望外の幸せである。

刊行については、大蔵出版の桑室一之氏に非常な手数をおかけした。厚く感謝する。

「わたしは佛教の勉強を『倶舎論』から始めた」とつねづね語っていられた故山口益先生に謹んで小著を献じたく思う。

昭和五四年秋

桜部 建

目次

題字　谷村熹齋

第一編　序　説

一　佛教史上における『倶舎論』の位置

『倶舎論』は具には『阿毘達磨倶舎論』という。「阿毘達磨倶舎」はこの書の原題名「アビダルマコーシャ（補註）」の音を漢字でうつしたものである。それは「アビダルマを収納する蔵」あるいはまた「アビダルマという蔵から取り出されたもの」の意である、とこの書自身がその開巻劈頭に説明している。「アビダルマ」とはダルマに対する研究（補註）の意。ダルマは、佛教においては、佛陀がその悟りにおいて見きわめた人生についての真理あるいはその真理を説き明かした佛陀の教説をさして用いる語で、漢文の佛典ではふつう「法」という訳語で表わされている。したがって、アビダルマは「対法」である。そして、「アビダルマ・コーシャ」は、「対法の蔵」あるいは「対法をその蔵とするもの」の意味で、訳して「対法蔵」とされる。

釈迦牟尼佛陀（釈尊）逝去ののち、いつの頃か、佛教僧団の人々が集まり、合議して、彼らの伝承し記憶していた故師の教説をとりまとめたが、それは、以後、僧団の中である程度整理され、分類され、組織立てられて、尊重伝持された。すなわち、アーガマ（「伝承〔の教え〕」の意）（補註）と呼ばれ、漢字では「阿含」と写されている初期佛教の聖典がそれである。『阿含』（『阿含経』ともいう）の内容をなす佛陀の教説、すなわちダルマ、に対しては、すでに早くから僧団内部でその学習や研究、すなわちアビダルマ、が熱心に行われたが、とりわけ、釈迦牟尼没後百年あまり経って佛教僧団が当初の統一を失い、続く前三〜前一世紀の間に多くの部派・学派に分裂していわゆる部派佛教時代になると、諸部派の中のいくつかで、『阿含』に対する研究・解明およびその思想の体系化に向けて非常な熱情をそそぐ傾向が現われた。ふつうアビダルマという語が用いられるとき、それはたいていこの時代の諸部派における熱心なアビダルマ研究(補註)(すなわち学者によって「佛教哲学の最初の展開」と呼ばれるもの)の結果として生み出された種々の述作——教義の解説書・綱要書・論述書——を意味している。すなわちつぶさには「アビダルマ論書(シャーストラ)」と呼ばれる文献群であるが、それを単に「アビダルマ」ともいうのである。

諸部派のうち、おそらく最も大量のアビダルマを生み、その多くを今日に残したのが、西北インドに大きな勢力を張ったと考えられるサルヴァースティヴァーディン派(漢訳して「説一切有部(せついっさいうぶ)」、あるいは略して「有部」)である。その名は「(過去・現在・未来の)すべてが有る、と主張する者」を意味するが、この奇妙な呼称の由来は、次下に説くところによってやがて明らかになるであろう。この部派が前後数百年にわたる間に生んだアビダルマ論書(補註)はまことに数多く、それらの上には、この派におけるアビダルマ的研究の進展の経過を跡づけるいくつかの発達段階(補註)が見分けられるのであるが、その最後の段階において出現し、先行の諸論を承けておよそアビダルマ論書というものの一つの完成態を示したのが、ヴァスバンドゥ(世親(せしん)、あるいは天親(てんじん))によってたぶん後五世紀に著わされたと見られるこの『阿毘達磨倶舎論』である。

『倶舎論』は単に説一切有部という一部派のアビダルマ論書の代表というにとどまらなかった。単に部派佛教時代の掉尾(とうび)を飾るすぐれた論典というにとどまらなかった。南および東南アジアに拡がったテーラヴァーダ派（パーリ語の聖典を奉ずる佛教）の領域を除けば、ほとんど全佛教世界にわたって、この『論』は、佛教教義の基礎学の絶好の教科書として、広く永く学習されてきた。その点で、数ある佛教典籍中まったく比類を絶しているといってよい。「コーシャ」の語は、上述のように、蔵、倉庫、収納所、を意味するが、また一方、（おそらく「ことばの蔵」の意から）辞典、字引き、をも意味する。アビダルマ・コーシャは、したがって、またダルマに関する研究の辞典でもある。事実、その中には、主要な佛教語の一つ一つについて、明確な定義が随処に与えられていて、まことに「辞典」の名に恥じない。佛教教義研究を志す初学者にとって、必習の書とされたゆえんである。

インドにおいてこの論の学習が盛んであったことは、なによりもまず、註釈書類が多く作られたことから想察される。現存するものだけでも、逐語的な浩瀚な註釈が三つ、特殊な註釈が一つ、本文の撮要的縮約が二つ知られている（三七頁を見よ）。そのほかに、今は失われているが著者の名だけは知られている註釈も一、二ある。現存する註釈類の作者の中には、スティラマティ（安慧）(補註)とかディグナーガ（陳那）(補註)といった大乗佛教の陣営に属する著名な論師たちも含まれていて、『倶舎論』がすでに単なる一部派の論書の域を超えた取り扱いを受けていることを示す。七世紀に活動した詩人バーナ・バッタ(補註)は、名作『ハルシャ・チャリタ』の中で、佛教比丘の隠棲所のありさまを描写して、そこでは樹に棲む鸚鵡すら『倶舎』の句をさえずり交わす、と謳っているが、それも当時の佛教僧の間にこの論の学習の隆盛であった事実を物語る。学徒にしてこの論を讃えない者とては無く、鬼神に至るまでがこれを学習したとか、整然とした構成と委曲を尽くした論述とのゆえに学徒はこれを「聡明論」と呼んだ(補註)とかいういい伝えも、よく知られているところである。

『倶舎論』にトカラ語訳が、『倶舎論』の重要な註釈の一つにウィグル文字で書かれた古代トルコ語訳が、（いずれも不完本ながら）現存するところから、この論の学習は中央アジアの佛教教団においても広く行われていたことを知り得る。また、チベットからモンゴールにかけてのラマ教圏では、各地の学問寺において『倶舎論』の学習がその修学課程の重要な部分を占め、この書はいわゆる「五部の根本論書」(補註)の一として尊重されてきた。インドで作られた倶舎論註釈がいくつもチベット語に伝訳されているほかに、チベット人によって著わされた註釈類も少なくない。

シナ大陸には、真諦（しんだい）による漢訳（『阿毘達磨倶舎釈論』二十二巻、ふつう「旧（く）訳」と呼ぶ。五六三年訳出）によって初めて伝えられ、その釈疏も作られたというが、玄奘（げんじょう）による第二訳（『阿毘達磨倶舎論』三十巻、ふつう「新訳」と呼ぶ。六五一年訳出）が出されてから、その門下の人々の間にことに熱心な学習が行われ、神泰・普光・法宝・円暉などの人々によってすぐれた釈疏や解説書が著わされて、いわゆる「倶舎宗」の学統が形成された。日本に『倶舎論』が知られたのは、道昭が入唐（六五三年）して玄奘に謁し、帰朝に際してその新訳と神泰の釈疏とをもたらしたのが初めらしい。普光の釈疏も彼によってか、あるいはまもなく彼に続いて大陸に渡った誰かによって、もたらされたもののようである。それらのことから、まず興福寺・元興寺など南都の諸大寺で『倶舎論』の研究が始まる。やがて平安時代に入ると、八五八年円珍によって法宝の釈疏や円暉の解説書（『倶舎論頌釈疏』、略して『頌疏（じゅしょ）』）が（多分）初めて日本にもたらされる。それからして、比叡山・三井寺で、そしてのちには東大寺などでも、学習が盛んになった。徳川時代中期以後になって、佛教諸宗にそれぞれ学林の制度が整うようになると、『倶舎論』は佛教教義学の入門的学習書として、ことに広く学ばれ、その研究もにわかに活況を呈して、真言宗・浄土宗・真宗などからも秀れた学僧が輩出し、多くの述作を残している。

二 『倶舎論』の著者・年代・原典および翻訳

『倶舎論』の著者がヴァスバンドゥ（漢訳名「天親」、「世親」）であることは疑いないが、その年代については、以前からさまざまな議論がありまだ決着を見ていない。

インド佛教思想史上、論師ヴァスバンドゥはナーガールジュナ（漢訳名「竜樹」）と並んで最も著名な存在である。現存する佛教論書の中でヴァスバンドゥに帰せられている述作ははなはだ大量であり、その業績は非常に広い範囲にわたっているが、おおよそそれを五方面に分けて見ることができよう。すなわち、(1)アビダルマ論師としての活動、(2)瑜伽唯識説の体系的樹立、(3)如来蔵思想の解明、(4)経典、特に大乗経典に対する注釈、(5)論理学研究、である。(1)についてはこの『倶舎論』のほかに『成業論』（原題名「カルマ・シッディ」、玄奘訳の『大乗成業論』、毘目智仙訳の『業成就論』）の著作がある。(2)はヴァスバンドゥが思想家として最もその本領を発揮した分野で、『唯識三十頌』『唯識二十論』『摂大乗論釈』など多くの論著が残されている。(3)については『佛性論』が存する（が、それをヴァスバンドゥに帰することに疑問ももたれている）。(4)としては『金剛般若経』『法華経』『十地経（華厳経の一部）』『無量寿経』などに対する釈論が書かれており、そこに大乗の菩薩道・六波羅蜜・十地などの解釈、一乗思想・法身思想・浄土思想などの究明が見られる。(5)についても一群の著作があったと伝えられるが、わずかに『如実論』だけが現存する。

ヴァスバンドゥの在世年代については、その伝記資料に確実性が乏しく、諸資料の間に矛盾も多いため、学者によって、さまざまな論が立てられてきたが、ほぼ、それを四世紀と見ようとする説と五世紀に置こうとする説とが対立する形であった。そして、近時の研究では、次第に後者に左袒する向きが多くなっていたところへ、一九五一年E・フラウヴァルナーによって新奇なヴァスバンドゥ二人説が提唱されて、あらたな問題を巻きおこした。すなわちそれは、四世紀に在世した瑜伽唯識説の巨匠ヴァスバンドゥと五世紀に生存した『倶舎論』の著者ヴァスバンドゥとを、別個な二論師として見ようとする考え方である。一方では、ヴァスバンドゥの年代に関して従来対立していた二つの説を両立させることになり、他方では、上に述べたようなアビダルマから大乗の哲学・論理学までにわたるあまりにも幅広い思想活動をただ一人のヴァスバンドゥに帰するという難点を減殺することになる点からいって、これはきわめて魅力ある説であった。ただ、『倶舎論』から『成業論』へ、さらに『唯識二十論』『唯識三十頌』へという筋道の上に見出される明らかな連関は、やはり、これらの論書を同一作者の手に成ったと考えしめるに十分なものがあるから、フラウヴァルナーは後年自説を修正して、右の諸論はそれをいずれも五世紀の〝新〟ヴァスバンドゥに帰せしめ、〝古〟ヴァスバンドゥには『摂大乗論釈』その他の唯識の諸釈論を帰することになった。

今ここでは、ヴァスバンドゥ二人説の当否の決着はしばらく置くとして、ただ、『倶舎論』の著者がおそらく五世紀に在世したヴァスバンドゥであること、そのヴァスバンドゥは説一切有部のアビダルマ学から出発してやがて瑜伽唯識思想の体系化にまで進んだ傑出した思想家であったこと、だけを確認して先に進むこととしよう。

ヴァスバンドゥによる『倶舎論』の原文は久しく失われたものと考えられていたが、一九三五年インドのラーフラ・サンクリトャーヤナがチベットに入って多くの貴重なサンスクリット語仏教原典の写本を発見した中に、『倶舎論偈頌』（下記一九頁、参照）および『倶舎論』の写本も含まれていて、学界を驚喜させた。『偈頌』の本文は、第二次大戦の終わった翌一九四六年、V・V・ゴーカレによっていち早く校刊された（V.V. Gokhale: The Text of the Abhidharmakośakārikā of Vasubandhu, JBBRAS Vol. 22）が、『論』の方は、切に待望されながら、P・プラダンによるその校訂出版の作業は延引し、ようやく一九六七年に至ってパトナから刊行された。

P. Pradhan: Abhidharmakośabhāṣya of Vasubandhu (Tibetan Sanskrit Works Series Vol. Ⅷ), Patna.

ついで一九七三年、S・D・シャストリが、別に、『論』とヤショーミトラによるその註釈（下記三七頁、参照）とをあわせて、ヴァラナシ（ベナレス）から刊行した。

Swami D. Shastri: Abhidharmakośa & Bhāṣya of Ācārya Vasubandhu with Sphuṭārthā Commentary of Ācārya Yaśomitra (Bauddha Bharati Series 9), Varanasi.

そして、一九七五年にはプラダン校訂本の改訂再版が出された。

『倶舎論』の翻訳としては、上記のように、二つの漢文訳と一つのチベット語訳とがあり、いずれも、ごく部分的な瑕疵がまったくないとはいえないが、すぐれた訳業として十分に信頼し得るものである。なおそのほかに、中央アジアから発見されたトカラ語訳の断片が存することも先に記したごとくである。

漢文訳は、大正新脩大蔵経に収められているものとして、

一五五八　阿毘達磨倶舎論　三十巻　尊者世親造　唐玄奘訳（巻二九、一―一五九頁）
一五五九　阿毘達磨倶舎釈論　二十二巻　婆藪槃豆造　陳真諦訳（巻二九、一六一―三一〇頁）
一五六〇　阿毘達磨倶舎論本頌　一巻　世親菩薩造　唐玄奘訳（巻二九、三一〇―三一八頁）

があるほか、わが国では徳川時代以来何度も玄奘訳の本文が（単独にときには冠註・傍註を附して）開版されている。現在容易に入手可能なものに

冠導阿毘達磨倶舎論　三冊　佐伯旭雅編輯　法蔵館（昭和五一年写真版再刊）
佛教大系『倶舎論』　中山書房（昭和五三年再刊）

がある。また、玄奘訳倶舎論を仮名まじり文に読みくだし詳しい註をつけたものに

国訳大蔵経　論部第十一、第十二巻　木村泰賢・荻原雲来　第一書房（昭和四九年再刊）
国訳一切経　毘曇部第二十五、第二十六巻　西義雄　大東出版社（昭和五一年再刊）

がある。

チベット語訳は、チベット大蔵経デリゲ版では第四〇八九番（『偈頌』）、第四〇九〇番（『論』）として、北京版では第五五九〇番（『偈頌』）、第五五九一番（『論』）として、現存する。西蔵大蔵経研究会刊行の『影印北京版西蔵大蔵経』では

No. 5590　Vol. 115, pp. 115—127
No. 5591　Vol. 115, p. 127—283.

に収められている。

ここで、因みに、『倶舎論』の現代語訳についても述べておこう。まず、ベルギーのドゥ・ラ・ヴァレ・プサンによる倶舎論全巻のフランス語訳

L. de la Vallée Poussin : L'Abhidharmakośa de Vasubandhu, 6 vols., 1923—25, Paris.

は、倶舎論原文のまだ発見されない以前に、玄奘訳をもとにし真諦訳・チベット語訳・ヤショーミトラ釈などを参照して訳出し、精細きわまる註釈を附したもので、近代佛教研究史上の一つの記念碑的業績である（近年プルーデンによるその英訳も出た）。そのほかに、部分的な現代語訳として、プラダンの原文出版以前チベット訳からの訳出に、一九二〇年ロシアのTh・スチェルバツコイによる第九章の英訳（The Soul Theory of the Buddhists, 一九七六年デリーから再刊）、一九二一年寺本婉雅・山口益による第九章の和訳、一九二五年スチェルバツコイによる第五章の一部分の英訳（Th. Stcherbatsky : The Central Conception of Buddhism and the Meaning of the Word 'Dharma' の附録。金岡秀友訳『小乗佛教概論』昭和三八年、一六九頁以下）、一九五五年舟橋一哉による第三章の和訳（『倶舎論の原典解明　世間品』）、一九五九年桜部建による第九章の和訳（「大谷大学研究年報」第12集所収）などがあり、原文が刊行されて以後、原文からの訳出に、一九六九年桜部による第一・第二章の和訳（『倶舎論の研究　界・根品』）、一九七二年古賀英彦による第八章の和訳（「禅文化研究所紀要」第4号所収）などがある。さらに舟橋による第四章の和訳『倶舎論の原典解明　業品』、第五章の一部分の和訳もあり、また、『偈頌』については、梵・蔵・漢の本文とそれぞれの和訳に梵文よりの英訳をも対照したものが、福原亮厳らによって出されている。

三　『倶舎論』の内容、組織

『倶舎論』は、全体としては、整然たる組織をもった述作といってよい。

この『論』は、学説をきわめて圧縮した形で語る韻文の部分（「本頌」あるいは「偈頌」と呼ぶ）とそれを散文で解釈し広く論述する部分（「長行」と呼ぶ）とから成る（『偈頌』がそれだけで独立したテキストとしても行われていることは上記のとおり）が、偈頌は八シラブルの句四つをもって一偈とする韻律をもち、全体でほぼ六百偈を有する（初めと終りの数偈だけは韻律が異なる）。このように「偈頌」と「長行」とをあわせて論を構成する仕方は、インドの佛教論書に広く見られるところで、『倶舎論』のそれは先行の説一切有部論書『阿毘曇心論』以来の型を承けたものと見られる。

『論』は八章の本篇と附篇一章（これを「第九章」と数えてもいる）とを含む。八章の構成も『阿毘曇心論』の仕方を承けて補修を加えたものと解せられる。各章の標題とその下に含まれる偈の数をあげれば左のごとくである。

第一章	〔十八〕界の解説	四八偈（玄奘訳では四七偈）
第二章	〔二十二〕根の解説	七三偈（玄奘訳では七四偈）
第三章	世間の解説	一〇二偈（玄奘訳では九九偈）
第四章	業の解説	一二七偈（玄奘訳では一三一偈）

第五章　随眠の解説　　七〇偈（玄奘訳では六九偈）
第六章　〔三〕道と〔八種の聖〕プドガラとの解説　　七九偈（玄奘訳では八三偈）
第七章　智の解説　　五六偈（玄奘訳では六一偈）
第八章　等至（定）の解説　　四三偈（玄奘訳では三九偈）
附論（第九章）プドガラの章

因みに玄奘訳倶舎論の品名と巻数をあげると、

分別界品第一　　二巻
分別根品第二　　五巻
分別世間品第三　　五巻
分別業品第四　　六巻
分別随眠品第五　　三巻
分別賢聖品第六　　四巻
分別智品第七　　二巻
分別定品第八　　一巻半
破執我品第九　　一巻半

となる。普光の釈疏によればこの九章は左のような構造をもつ。

- 諸法無我を明かす
  - 諸法の事
    - 総じて有漏・無漏を明かす
      - 界品……諸法の体
      - 根品……諸法の用
    - 別して有漏・無漏を明かす
      - 有漏を明かす
        - 世間品……果
        - 業品……因
        - 随眠品……縁
      - 無漏を明かす
        - 賢聖品……果
        - 智品……因
        - 定品……縁
  - 無我の理
    - 破我品

最初の二章について、普光は、右図に示したように説明しながら、また、界品が諸法の体を明かすとは「多分に従って」いうのであってそれが用を明かす点もあると認められるし、根品が諸法の用を明かすとはやはり「多分に従って」いうのであってそれが体を明かす点もあると認められる、と述べている。ヴァスバンドゥは、この「界」「根」二章をもっていわゆる「法の理論」、すなわち五位七十五法の体系とそれら諸法の生滅・因果の原理と、を明かそうとするのであり、それが『論』の第一部いわば「原理論」として、第三章以下の「実践論」と呼ぶべきものの、基礎になる。第三——第五章は、『論』の第二部として、有漏、すなわち迷いの生存の種々相とそれをもたらす因由、を解説し、第六——第八章は、同じく第三部として、無漏、すなわち迷いを離れて悟りに至る道程とそれに伴う智や徳、について解説する。第二部・第三部をあわせてそれを「実践論」と考えることができるが、それは第一部「原理論」によって支えられている、あるいは裏づけられている、と見るべきである。そのような『論』の内容を、もう少し細かに示すとすれば、次の如くになるであろう。

章	第一部　原理論	偈頌	玄奘訳
第一章	(1)序　説	1—3	巻一
	(2)有漏・無漏、有為(うい)・無為の説明	4—8	巻一
	(3)蘊(うん)・処・界の説明	9—17	巻一
	(4)蘊・処・界についての種々の問題	18—28	巻一
	(5)十八界の分類的考察	29—48	巻二
第二章	(6)二十二根の説明	1—21	巻三
	(7)法の倶生(くしょう)の定則	22, 23ab	巻四
	(8)心所法の説明	23cd—34	巻四
	(9)心不相応行の説明	35—40	巻四
		41—48	巻五
	(10)六因・五果・四縁の説明	49—61ab	巻六
		61cd—65	巻七
	(11)十二心・二十心の相生の原則	66—73	巻七

第二部　実践論 I

第三章
- (1) 三界・五趣・四生
- (2) 特に、中有についての論議
- (3) 十二縁起の解釈
- (4) 有情に関する種々の問題
- (5) 器世間の構造とそこに住する有情
- (6) 世間の生滅変化

第四章
- (7) 業の種類
- (8) 各種の表業・無表業の性質
- (9) 経典に見える諸種の業説
- (10) 特に、十善・十不善業道についての説明
- (11) 業に関する雑多な事項の集録

1—9, 10—12 } 巻八
13—19, 20—28ab } 巻九
28cd—37abc, 37d—44 } 巻一〇
45—85a } 巻一一
85bcd—102 } 巻一二
1—12 } 巻一三
13—34 } 巻一四
35—44, 45—55a, 55bcd—59ab } 巻一五
59cd—78abc } 巻一六
78cd—86, 87—97 } 巻一七
98—127 } 巻一八

第五章

(12) 九十八随眠の理論
(13) 九十八随眠の分類的考察
(14) 経中に見える諸種の煩悩についての説明
(15) 煩悩の断滅

1—11
12—22 巻一九
23—34
35—40 巻二〇
41—59
60—70 巻二一

第三部　実践論 II

第六章

(1) 道についての総論
(2) 諦の説明
(3) 三賢・四善根
(4) 見道・修道についての説明
(5) 無学道およびそれに関する種々な事項
(6) 諸種の道の説明

1
2—4
5—13 巻二二
14—25ab
25cd—34ab 巻二三
34cd—43
44—55 巻二四
56—65ab
65bcd—79 巻二五

第七章

(7) 忍と智と見との関係
(8) 十智とその行相など
(9) 智を自性とする種々な徳

1
2—27 巻二六
28—56 巻二七

第八章
- (10)徳のよりどころとなる各種の三昧　1—28｝巻二八
- (11)三昧をよりどころとする種々の徳　29—38｝巻二九前半
- (12)総　結　39—43

附　編

（第九章）「我」ありとする主張の論破 ｝ 巻二九後半、巻三〇

さて、『論』の第一部で説かれる「法の理論」とはいかなるものであろうか。

この場合、「法（ダルマ）」という語は先に（九頁）述べた意味、すなわち佛陀の見きわめた真理あるいはそれを説き明かした佛陀の教説、とは別な、説一切有部アビダルマ学における特殊な術語としての意味をもっている。それは、およそ多種多様な存在のあり方をその基本的な性質においてとらえる「存在の要素」を意味する、といったらよいであろう。それは、もともと『阿含』に見られる五蘊・十二処・十八界という法の枚挙に発するのであるが、発達した説一切有部論書の中では、五類七十五種の法（上記の、いわゆる、五位七十五法）（補註）が数えあげられる。これを大別して（四類）七十二種の有為法と三種の無為法とする。

有為法とは因果関係の上に存立するものの意である。およそこの世界のすべてはただ因果関係の上に生じまた滅する、因が変ずればその果も必然に変ずる、したがってすべては「無常」である、というのが『阿含』の中に繰り返し説かれている佛教の基本的主張の一つである。説一切有部のアビダルマ論師たちは、阿含以来のこの〝諸行無常〟というテーゼを極力理論的に説き明かそうとして、七十

二種の有為法の体系を立てたのである。それに対して、無為法とは因果の関係を離れた、あるいは超えた、ものをいう。およそこの世のいかなる存在も因果関係を離れてはあり得ないのであるから、因果関係を離れた三種の無為法は、むしろ、存在を超えた法というべきかもしれない。したがって、先に、法とは「存在の要素」であると説明したのは、むしろ、有為法七十二にのみ妥当するいい方であるとすべきかもしれない。

四類の有為法とは、物質的なものを表わす要素である「色」(十一種)と、精神的あるいは心理的なものを表わす要素である「心」(一種)および「心所」(心の作用)」(四十六種)と、物でも心でもないそれらの間の関係や性能などを表わす要素である「心不相応行」(十四種)とである。これらの法はそれぞれ独自の本性(自性、あるいは体)をもち、三世(過去時、現在時、未来時)に実有であり(過去の領域においてもあり、現在においてもあり、未来の領域においてもある)、かつ、刹那滅(未来の領域から現在の時点に生じ来たり、次の瞬間には過去の領域に滅し去る)である。この世のすべての存在はただ因果の関係の上にのみあり得ているのであるが、その因果の関係とは、説一切有部の「法の理論」からすれば、こうした三世に実有であり刹那滅である有為の諸法(それは数からいえば無数、種類からいえば七十二種)相互の間にこそ成り立つのである。

未来の領域にある法は無数であり、前後の順序がない。その中から、あるときある法が現在に生起する(そして次の瞬間には必然にそれは過去の領域へ去ってゆく)。いずれのときにいずれの法が生起するかを決定するのは因のみである。そのとき現在に生起すべき因をもつ法だけがそこには生起し、それをもたぬ法は未来にとどまる。そのときは未来にとどまるがやがてのちに因を得て現在に生起する法もあるし、ついに生起すべき因を得ず永遠に未来にとどまる法もある(それを縁欠不生という)。どの法が因となってどの法を結果するかはさまざまである。因果の関係はけっして一様でない。いく種類もあり、また幾重にもかさなっている。一個の法は他の無数の法を因として生じ、また同時に他の無数の法を自らの果として生ぜしめる。それはある法とはある種の因果関係を結び、同時に他の法とは別種な因果関係を結ぶ。説一切有部アビダルマでは、因に六種(六因)をあるいは四種(四縁)を数え、果に五種(五果)を数えている(補註)。

こうして、多種多様な有為法がそれぞれ互いに多種多様な因果関係を結びつつまた断ちつつ、未来から現在に現われきたり(それを「生ずる」という)、現在から過去へ過ぎ去る(それを「滅する」という)。この無数の法の流動生滅と離合集散が織り成すところこそ、迷いのわれわれが生きる無常の世、有為転変の世界である。そして、その有為転変の世界の三世(過去・現在・未来)にわたる生滅のあり方を離れた、すなわち因果的存在を超えた、ところに見出される常住の涅槃こそが寂滅・無為であるわけである。しかし、説一切有部アビダルマでは、その独特な考え方からして、無為法をただ涅槃のみとは見ず、それに三種を数えあげる。すなわち、涅槃は「無漏の智恵によって個々の煩悩の拘束から離れるときに得られる滅」であるとしてそれを「択滅」と呼ぶが、そのほかに、「非択滅」(縁欠不生の法の上に考えられる「滅」)と「虚空」(「色」の存在する場としての空間)をも、同じく三世生滅的あり方を超えたものとして、無為法に数えるから、無為法は三種とされるのである。

以上が、『倶舎論』第一部に説き明かされている「法の理論」の大要であり、その目指すところはひと口にいえば諸行無常の理の論証である。そして、そういう諸行無常の世界の中に繰り広げられるわれわれの迷いの生存の現実と、その迷いを脱却して悟りに向かう修行の道程とを、標式的に説き明かそうとするのが、『論』の第二・第三部である。

第二部の初めにおかれる第三章世間品は有情の迷妄的な生存の種々相を説く。それは欲界・色界・無色界の三界と、地獄・餓鬼・畜生・人・天の五趣と、胎生・卵生・湿生・化生の四生とによって尽くされるといってよい。有情が、そういう迷いの生存の種々な境涯に、それぞれ生まれ、死して、流転を重ねるさまは、生有・本有・死有・中有の四有の説と、十二縁起支のいわゆる三世両重の解釈――過去世の煩悩（無明）・業（行）より現世の苦（識・名色・六処・触・受）が生じ、現世の煩悩（愛・取）・業（有）より未来世の苦（生・老死）が生ずる――とによって示される。また、そういうさまざまな有情の生存を容れる器、有情の生存が展開される場、としての自然界（器世間）は、風輪・水輪・金輪と三層に重なった基盤の中央に聳え立つ須弥山とその周囲に広がった九山・八海・四洲をもって一単位世界の構成とし、その単位世界の十億個の集合である三千大千世界をもって一宇宙の総体とするという独特な宇宙論によって示される。その各世界は、一大劫（＝二〇中劫、約十二億八千万年と算定される）を周期として、形成期・持続期・破滅期・空無期（成劫・住劫・壊劫・空劫）の四つの過程の経回を繰り返す、とされるのである。

第四章業品の叙述は、第三章に説かれた有情の生存の種々相がおのおのその過去の業に由来する、ということから始まる。業は思業すなわち意業と思已業すなわち身業・語業とに分けられ、身業・語業にはそれぞれ表業・無表業の別がある。身表業は形色（身体の動きが作り出すところのかたち）、語表業は声。無表業（無表色）は、〃仮〃としてでなく〃実〃として有る、五官で感覚しえない特殊な色法である。表も無表も「色」に属し四大種（地・水・火・風の四元素）所造である。おのおのの業の性質はさまざまに説かれる。そのうち、業の善（悪）は、それが無貪（貪）・無瞋（瞋）・無癡（癡）・慚（無慚）・愧（無愧）とあい伴うこと（意業の場合）によって、あるいはそれらとあい伴う心からおこること（身・語業の場合）によって、決定される、とされていることは注目すべきであろう。無表業には律儀無表と不律儀無表と非律儀非不律儀無表とがある。律儀無表は波羅提木叉律儀（すなわち欲界繫の戒）と静慮律儀（すなわち色界繫の戒）と無漏律儀（すなわち無漏の戒）との三種である。第一は五戒・八戒・十戒または具足戒を受持することによって具わり、第二は静慮に入っている者に必然に具わり、第三はすべての聖者（預流に入った以後の求道者。凡夫に対する）に具わる。無表業の得と捨については種々な場合が考察されるが、いずれにしても命終によっては捨せられるので、無表が一期を越えて持続することはない。『阿含経』中にさまざまに説かれる業の種類はそれぞれ『論』において解説されるが、三妙（悪）行（身・語・意の善、悪、の業）の中で、細密隠微でなく粗大な知り易い十種の業を、十善（不善）業道と数えるとして、特にそれについて詳説する。また、有漏・無漏の業が因となってその果を生ずるとき、中心となるのは異熟因──→異熟果の関係（いわゆる善因楽果・悪因苦果）であるが、それ以外の諸種の因果関係もまた仔細に考察される。そして、最もはなはだしい悪業としての五無間業のこと、菩薩（将来佛陀たるべき人）の修める特別な功徳業のこと、主として在家の人の積むべき善業としての三福業事のことなど、種々の問題がそれぞれ論議されて「業の解説」の章は終わる。

第五章は煩悩についての解説である。その前半は、説一切有部独特の煩悩の理論である九十八随眠説を説くことに費される。随眠とは本来、気質とか性向とかいった意味の語であるが、心内に潜む悪への性向の意から、煩悩そのものをもさして用いられるようになった。『阿含経』の中には七種の随眠を数えあげるが、説一切有部ではそれを六種（根本六随眠）に整理して貪・瞋・慢・疑・無明・見とする。最後のものを五つに開く（邪見・見取・戒禁取・辺執見・有身見）から、あわせて十となる。それを三界（欲界・色界・無色界）に配しさらに五種の別を立てる（その煩悩がいかにして断ち切られるかという点から、見苦・見集・見滅・見道所断と修所断との五に分つ）ことによって九十八種の随眠が数えあげられる（補註）。これら諸随眠のはたらく範囲とその仕方が種々に説き明かされ、また、煩悩が諸法を〝繫する〟こと、および煩悩を断つことによってその繫から離れる（〝離繫する〟）ことについて、論究がある。次に、『経』中に見えるさまざまな煩悩の名義をあげてそれを六随眠のいずれかに配当して解説し、六随眠に収められない煩悩は十纏・六垢にまとめて、それぞれ考察を加える。最後に、煩悩を〝断つ〟こと（断惑）についての理論、およびその断惑の結果として得られるべき択滅（それを「遍知」の名で呼び、九種に分つ）について論じて、この章を終わる。

『論』の第三部の初め、第六章「道とプドガラ（「聖者」の八階位。このプドガラはのちに第九章に出るそれとは語義を異にする）の解説」は、先の章で断惑が見諦（四諦を知ること）と修習とによると説かれたことから、まず見道と修道との別を示すことによってその敍述を始める。次に、苦・集・滅・道の四諦について（あわせて勝義・世俗の二諦についても）解説したあと、見道に入るための予備段階というべき修行法を説く。すなわち、道に志をおこした者は、まず戒を守ってその暮しを正しく、節度あり、きよらかに保つよう力めるところから出発する。そして、よい教えを聞くこと、自ら思索すること、三昧を実修することによって、智恵（有漏ではあるが善なる聞恵・思恵・修恵）を磨く。衆人に雑わるのを避け、不善の心の動くのを避け、こうして「法の器」になった修行者は、もし肉体的欲望の強いときは「不浄観」を修め、もし心の動揺の多いときは「持息念」を修めるべきである。そして「四念住」の修練に進む。身・受・心・法の四を不浄・苦・無常・無我であると、それぞれ個別に観察し（別相念住）、また総じて観察する（総相念住）。不浄観・持息念と別相念住と総相念住とをあわせて三賢と呼ぶ。次は、まさしく見道に入る直前の段階（すなわち順決択分）としての四善根（煖・頂・忍・世第一法）であり、そこでは苦・集・滅・道の四諦を、有漏の智恵をもって、分析的にそして繰り返し繰り返しさまざまに、観察する。これによって、修行者の心は次第に養われ高められ、無漏の道に入る（すなわち、無漏の智恵をおこす）状態に近づくのである。さて、無漏道の第一段階は「見道」であり、四諦の真実を順次に〝見る〟無漏智によって、いわゆる見惑八十八使（見苦諦所断の煩悩が二十八、見集諦所断・見滅諦所断の煩悩が各十九、見道諦所断の煩悩が二十二）をただ十六刹那（八忍・八智）の間に〝断ち〟棄てる。見惑は「迷理の惑」であるから四諦を観知してその真理性を認識するときたちどころに断ち切られるからである。見惑の最後のもの（見道諦所断の色・無色界の煩悩七種）が断たれる瞬間（第十六刹那）に行者は修道に入る。修所断の煩悩十種は「迷事の惑」と呼ばれ、情・意の面におこる執拗な煩悩であるから、三昧を修めて真理の観知を繰り返し繰り返し行う（「修習」）ことによって、ようやくに断たれるに至る。その長い過程が「修道」である。こうしてすべての煩悩を断ち尽くしたとき、その境地が無学道と呼ばれる。これら見・修・無学の三道の過程の上に、いわゆる四雙八輩（四向四果）の聖者位（聖プドガラ）の段階が立てられ、預流向が見道、預流果から阿羅漢向までが修道、阿羅漢果が無学道に配せられる。続いて、有漏道と無漏道との関連や四沙門果（預流・一来・不還・阿羅漢の四果）についての種々な問題などを論じ、最後に『経』中に説かれる道の諸種の形体について解説することによって、この章は閉じられる。

第七章は、前章で見諦について八忍・八智が説かれたことに関連して、見と忍と智との関係を論ずることから始められる。続いて、智に十種が数えられる。有漏の智（世俗智）と、無漏の智八種と、他心智と、である。無漏の八智とは、苦・集・滅・道諦のおのおのを観知する智と、その四智を所断の煩悩に関して分別した法智（欲界の煩悩に対してはたらく智）と類智（色・無色界の煩悩に対してはたらく智）と、および（それら六智の中の特殊なものとして）無学の聖者（阿羅漢果に到った人）がすべての煩悩を断ち尽くしたところにのみ生起する特殊な智である尽智と無生智と、をいう。他心智とは他者の心を観察して善悪邪正を知る通智であり、それは世俗智の場合もあり無漏の道智（したがって、法智・類智の一部）の場合もある。それら十智の性質やはたらき、十智と四諦の十六行相との関係、十智の対象、三道の過程の中に十智のいくばくが得られるかという問題、などが論ぜられて、この章の前半が終わる。章の後半は、智をその自性とする種々な徳性について解説する。ただ佛のみに具わる徳として十八種（十八不共佛法。「不共」とは、他と共通でない、の意）があげられる。すなわち十力と四無畏と三念住と大悲とである。佛陀と聖者とに共通な智の徳として無諍と願智と四無礙解とが数えられる。そして、佛陀にも聖者にも異生（凡夫）にも通ずる智の徳として六通（三明や三示導はその中に包含される）が取りあげられるのである。

第八章は、同じく『経』中に説かれる諸徳性の中で、智をその自性とはしないものについて解説するのであるが、それに先立って、章の前半には、まずそれらの徳のよりどころとなる諸種の三昧、すなわち四静慮・四無色・八等至・二種の三等持・三重等持・四修等持（四三昧修）、について説き、それに伴ういくつかの問題を論議する。章の後半は、そうした諸三昧をよりどころとしておこる徳、すなわち四無量・八解脱・八勝処・十遍処、を順次に解説する。そして、それら三昧の諸徳が、いかなる場合に得られ、いかなる因によって生ずるか、を論じて、「三昧の解説」は終わる。最後に、前八章の論述を結ぶための一節と数偈とが添えられて、『論』は一応そこで完結する。

附篇としての「破執我品」（略して「破我品」）は、本頌が無いという点からも、はっきり前八章と性質を異にする。所説の内容は「我」の観念の否定ということに尽きるが、全体が、我有りとする主張に対する一問一答による論駁の形をとっている。論破の対象となっている「敵者」は三つあり、第一は佛教内の犢子部（ヴァートシープトリーヤ）あるいは正量部（サーンミティーヤ）のプドガラ説、第二は外道の数論派（サーンキヤ）あるいは文法学派（ヴァイヤーカラナ）のアートマン論、第三は勝論派（ヴァイシェーシカ）のアートマン論である。それを論破し終わって、結頌三偈を置いて『論』は結ばれている。

『論』の組織および内容の概略は以上のとおりである。下に、第二編においては、まず玄奘訳『倶舎論本頌』第一—第七章の本文、その読み下し、語釈および解説を掲げ、次に、玄奘訳『倶舎論』第八章の本文、その読み下し、語釈と、サンスクリット原文よりの和訳および解説を与えることとした。

『本頌』全部を掲げたことによって読者はよく倶舎論全体の構成およびその所説の要点と主要な術語の意味を知り得るであろう。『論』の本文全部を掲げ示すことは、この「講座」の一冊として分量の点から到底望みえないので、それについては最も短い一章、すなわち第八章、を取りあげるにとどめた。第八章は、けっして『倶舎論』の本領を最もよく発揮している部分とはいえないけれども、それによって『論』の叙述の相貌を読者に知っていただくに事欠くことはないであろう。

四　『倶舎論』研究史

すでに述べたように『倶舎論』には他のいずれの佛典にもまさって広く長い学習・研究の歴史がある。

まず、『倶舎論』以後に現われた説一切有部論書として、今日に伝わるものが三つあるが、そのすべてが『倶舎論』の直接の影響のもとにあり、いずれも『倶舎論』に対する研究・批判の書といってよい。玄奘の漢文訳によって伝えられているサンガバドラ（訳して、衆賢（しゅげん））の『阿毘達磨順正理論』（八十巻）と『阿毘達磨蔵顕宗論』（四十巻）の二論、および不完本ながらサンスクリット原文で存する著者不明の『アビダルマディーパ』（偈頌）とその釈論『ヴィバーシャープラバー』がそれである。サンガバドラはヴァスバンドゥと同時代の人と伝えられる。彼の二論は、ともに倶舎論の『偈頌』を大部分そのままに用いながら、それに附した長行の中ではしばしば鋭く『倶舎論』の説を批判して、自ら説一切有部正統派の学説と考えるところを主張している。『アビダルマディーパ』の作者はいくぶん後代の人らしい。『ヴィバーシャープラバー』も作者の名が知られないが、あるいは『ディーパ』と同一人の手に成るのかもしれない。この論もまた、しばしば『倶舎論』を引用しながら、その説を批判し異論を提示している。サンガバドラの二論も『ヴィバーシャープラバー』も、分量において『倶舎論』を遙かに凌駕する大きな論書である（もっともヴィバーシャープラバーは半分くらいしか現存しないが)。

上に(一〇頁)、『倶舎論』は、説一切有部における長いアビダルマ学の伝統を承けて、アビダルマ論書の一つの完成態を示したものである、と述べた。それはまさしくそのとおりであるが、しかし、『論』は説一切有部の代表的学流ヴァイバーシカ(「毘婆沙師」、すなわち『阿毘達磨大毘婆沙論』(アビダルマ・マハーヴィバーシャー)に依拠する学流)の伝統説をひたすら祖述するものではない。『本頌』においては、ほとんどの場合、一応伝統説によっていながら、『論』の長行(散文の註釈)においては、再々、それに批判的な異説を引くこと、あるいは、ヴァスバンドゥ自らの見解として異論を立てていることは、よく知られている。本頌を有しない「破我品」ではことに自由にヴァスバンドゥ自身の見解が披瀝されているようである。そうした部分に見られるヴァスバンドゥの考え方は、説一切有部の陣営内において主流である毘婆沙師に思想的に対立したサウトラーンティカ派(「経量部」あるいは「経部」)の説に通じるものが多い。そこに、古くから倶舎学者の間で論じられてきた「部宗の摂属」という問題がある。『論』は、ときにはただちに経量部の書と見做されもしたし、あるいは「理長為宗」(理の長ずるを宗と為す)と見られもしたのである。『ヴィバーシャープラバー』は、その名(「〔阿毘達磨大〕毘婆沙〔論〕の輝き」の意)からしても、それが毘婆沙師の学説を闡明しその立場から倶舎論批判を意図した書であることは明らかである。サンガバドラの立場は、それ自身、ときには毘婆沙師の説を超えている点があると見られることから、倶舎学者らからは「新薩婆多」(薩婆多はサルヴァースティヴァーディンの音写)と呼ばれたりもするが、主として伝統説によったその倶舎論批判の筆鋒(ことに『順正理論』のそれ)にはまことに鋭いものがある。

次に、インドで著わされた倶舎論に対する註釈書類について語らねばならない。先に（一一頁）述べたように、『論』の本文について逐一釈義をほどこした大きな註釈は三つ現存する。ヤショーミトラの『スプタールタ』（明瞭義）とプールナヴァルダナの『ラクシャナーヌサーリン』（相随順）とスティラマティの『タットヴァールタ』（真実義）とである。いずれも倶舎論を読解するにたいへん有用な、詳細な釈疏である。第一にはその原文およびチベット語訳が存し、第二にはチベット語訳のみが、第三にはチベット語訳および不完本ながらウィグル文字で書かれた古代トルコ語訳の写本（一二頁）が存する（第三についてはなお、漢訳のきわめて部分的な抜き書きのようなものがある）。ヤショーミトラとプールナヴァルダナについては、倶舎論註釈を著わしたこと以外にほとんど何も知られていないが、スティラマティ（安慧）は大乗佛教唯識派の註釈家として著名な存在で、同じヴァスバンドゥの『唯識三十頌』に長行を附したほか唯識派の重要な論典数部に対して註釈を残している。なお、倶舎論に対する特異な註釈として、シャマタデーヴァの『ウパーイカ』がチベット語訳の中に伝えられている。これは『論』の中に引用された『阿含』の経文、あるいは経の語句、を一々取り出して、その文や句が含まれている原経典の一節、あるいはその経の全文、を掲げ示したものである。一方、倶舎論の縮冊版というべきものも作られていて、二つまでが（チベット語訳として）現存している。ディグナーガ（陳那）による『マルマプラディーパ』（要点の解明）とヴィニータバドラによる『カーリカーシャーストラバーシャ』（偈頌論釈）とである。前者は原倶舎論を三分の一強に、後者は同じくほぼ半分に、切り縮めたもので、いずれも倶舎論の本文から枝末に立ち入った論議や長い引用文や異説・喩例などの部分を省いたり略出したりして、縮冊となしたものである。このような抄本が作られたのは、学習上の便宜のためとしか考えられない。当時のインド佛教界における倶舎論の研究学習の盛況を反映したものと思われるのである。

シナ大陸におけるアビダルマ研究の歴史は非常に古く、佛典漢文訳の歴史の筆頭を飾る安世高（二世紀）が阿含・阿毘曇（＝阿毘達磨）の学僧であったことに始まり、その後、五世紀の前半までに『鞞婆沙論』『八犍度論』『阿毘曇心論』『雑阿毘曇心論』『大毘婆沙論』などが続々と訳出されて、「毘曇宗」と呼ばれる学統を形造った。それが真諦、続いて玄奘による『倶舎論』の翻訳によって、爾後は「倶舎宗」にとって代わられることになるのである。玄奘門下の人々の倶舎論研究は従来のアビダルマ学を一新した。まず、神泰は玄奘直門とはいえぬようであるが、玄奘の訳場に「証義」の役をつとめ、玄奘に師の礼をとった人である。その『倶舎論疏』（泰疏）は玄奘訳倶舎論に対して最も早く書かれた註釈であるが、今日散逸して、三十巻（？）のうち七巻のみが伝えられている（卍続一・八三）。普光は玄奘門下の四上足の一とされ、多くの筆受をなしている。その『倶舎論記』（光記）三十巻（大正一八二二）は永くシナ・日本の倶舎論研究の第一の規矩準縄となったもので、すでに八世紀後半のわが国の学僧の著述にその引用が見え始める（たとえば善珠の『法苑義鏡』など）。法宝も玄奘門下であったが普光ほどに師に近くはなかったらしい。その『倶舎論疏』（宝疏）三十巻（大正一八二二）は「鋒尖至って鋭く往々大乗の旨趣を以て之を解釈し」たと評される（舟橋水哉『倶舎小史』）。同じ奘門の元瑜に『順正理論述文記』がある。順正理論の唯一の註釈として珍重すべきものであるが、惜しくも巻九、十八の二巻のみしか現存（卍続一・八三）しない。玄奘訳倶舎論が出てから五十年ほどのちに円暉によって『倶舎論頌釈疏』（頌疏）二十九巻（大正一八二三）が書かれ、『論』の要領を解りやすく説いたものとして多くの読者を得た。『頌疏』には遁麟の『記』、慧暉の『義鈔』、常真の『抄』などが次々と作られているから、それがまた大陸において講学の対象となったことは疑いない。

チベット佛教（ラマ教）圏内の倶舎学の歴史について、私が知るところはきわめてわずかなので、ここではただ、チベットで作られた代表的な倶舎論註釈として十三世紀の学僧 mChims 'jam pa'i dby-ańs による『アビャランカーラ』（勝荘厳）の名をあげるにとどめる。

最後にわが国の倶舎学の歴史についてであるが、その大要はすでに（一二頁以下）略述した。奈良時代には、倶舎宗が法相宗の「寓宗」であったという事情もあってか、特に倶舎論についての研究書として今にのこるものはないようである。しかし、先に名をあげた『法苑義鏡』や、やや時代が下がって平安時代に入るが、同じ興福寺（北寺）系の中算（あるいは仲算、十世紀の人）の『賢聖義略問答』などは、唯識にあわせて倶舎の教義についても多くの紙数を割いている。平安期に入ると、十一世紀初頭、源信に『大乗対倶舎鈔』十四巻（大日本佛教全書八五）があり、六十余部の経論を引いて倶舎の学説と大乗（主として唯識）の教説とを克明に対比している。十二世紀に入ると東大寺の珍海によって『倶舎論明眼鈔』六巻が、十三世紀初頭には同じ東大寺の宗性によって『倶舎論明思鈔（または本義鈔）』三十二巻（または四十四巻）が書かれた（ともに、大日本佛教全書八六。『明思鈔』は、また、大正二二四九）。十六世紀まで下がってやはり東大寺の英憲に『頌疏鈔』三十二巻（大正二二五四）がある。徳川初期では高野山の秀翁の名が知られる程度であるが、中期以降になると、俄然、諸宗に倶舎学者が輩出する。すなわち、真言宗では大和の長谷寺の系統に周海・法住・快道らが、京都の智積院の系統に海応・信海らが、泉涌寺に旭雅があり、浄土宗では京都御室の長時院に住した湛慧、その弟子普寂らが有名である。真宗の人としては法幢・宝雲・法海・竜温・法宣らが知られている。なかでも快道(大正二二五一『倶舎論法義』など)・普寂(大日本佛教全書八九『倶舎論要解』)・法幢(大正二二五二『倶舎論稽古』)らの研究はことに独創的であり、玄奘訳偏重を退け、あくまでも理を追求する鋭い学的態度を持している。そして、旭雅の『冠導阿毘達磨倶舎論』は、明治になって出されたものであるが、まさに、隆盛をきわめた徳川期倶舎学の業績の集大成といった感がある。

右に述べたような、シナ・日本にわたって長い伝統を形造った倶舎論研究は、いうまでもなくもっぱら漢文訳倶舎論、特に玄奘による新訳、を対象としたものであった。これに対して、近代の東洋学・インド学の発展に伴い、サンスクリット原文やチベット語訳の資料をも用い、また、単に説一切有部の、あるいは『倶舎論』の、教義学説を理解し伝承しようとするだけでなく、それを佛教思想展開の歴史の上に客観的に見てゆこうとする、新しい形の研究が、百年あまり前ヨーロッパに始まり、やがてその仕方は日本にもたらされて、大きな進展を示すことになった。このような、いわゆる〝近代佛教学〟的な倶舎論研究の端緒となったのはヤショーミトラの倶舎論註『スプタールタ』の原文写本の発見(一八二〇年代、ネパールにおいて、B・H・ホジソンによって)である。これは、他の多くの佛教写本とともに、パリに送られて、天才的東洋学者E・ビュルヌフの手に委ねられ、その名著『インド佛教史序論』(一八四四年)述作のための素材の一つとなり、「佛教の思弁的部門に関する知識の尽きざる鉱脈」とされた。明治開国後まもなく渡欧して日本人として初めてサンスクリット語を学んだ南條文雄・笠原研寿の両人は、早くも一八八一年ごろこの写本の重要性を認識し、苦労してそれを手写し、日本へもたらしている。一九一七年、ロシアのスチェルバッコイによってチベット語訳『倶舎論』第一章本文が「佛教文庫」の一冊としてセント・ペテルスブルグ（現レニングラード）から刊行されたのを初めとして、その後ヨーロッパにおいて続々と現われた『倶舎論』およびその周辺の論典の本文校刊・翻訳・思想研究などの業績に関わった主な人々に、ロシアのO・ローゼンベルク、Th・スチェルバツコイ、ベルギーのL・ド・ラ・ヴァレ・プサン、É・ラモート、フランスのS・レヴィ、オーストリアのE・フラウヴァルナー、H・V・ギュンターらがある。インドにはV・V・ゴーカレ、P・S・ジャイニ、P・プラダンらの活動が見られるし、日本では木村泰賢・荻原雲来・山口益・西義雄・舟橋一哉らの人々が知られている。これら近代の研究者の業績については桜部建・上山春平『佛教の思想2　存在の分析〈アビダルマ〉』（昭和四四年、角川書店）一六五頁以下に簡単ながら触れておいたので、参看を乞いたい。なお複雑煩瑣な内容をもつ倶舎論の研究にとってきわめて有用な詳細な用語索引として舟橋水哉・舟橋一哉『冠導阿毘達磨倶舎論索引』（昭和三一年、法蔵館）と、平川彰等編『倶舎論索引』（第一部サンスクリット語・チベット語・漢語対照、昭和四八年。第二部漢語・サンスクリット語対照、昭和五二年。第三部チベット語・サンスクリット語対照、昭和五三年、大蔵出版）とがあり、広く佛教術語辞典として『倶舎論』を利用するためにもはなはだ便利である。

補　注

p. 9　アビダルマ・コーシャ　原音をローマ字で綴れば abhidharma-kośa.『倶舎論』自身が、その名について説明する（第一章第二偈）ところは次のごとくである。――アビダルマとは「法を正しく弁別する無漏の慧」である。そして、その無漏の慧にあい伴う余他の無漏の諸法も、また、アビダルマである。すなわち、およそ慧に伴う無漏の五蘊はすべて本義としてのアビダルマである、ということになる。しかし通例の意味でアビダルマといえば、その無漏の慧を得るための資糧となるところの有漏の慧（その中には学習や思索や三昧の修練によって後天的に養われる慧も、先天的に生来具有する慧もあるが）、それにあい伴う有漏の諸法、および、それら有漏・無漏の慧をおこす契機となる論書をさすのである。そこで、それでは今この論書はどうしてアビダルマ・コーシャと名づけられるのかといえば、この倶舎論の中に、先行の説一切有部アビダルマ諸論書の内容が、その重要さに応じて、すべて収められているから、これは〝アビダルマの蔵〟なのである。また、この倶舎論の内容はかのアビダルマ諸論書の中から取り出されたものであり、かのアビダルマはこの倶舎論のよりどころとなっているから、これは〝アビダルマをその蔵とするもの〟である、と。

p. 9 **「アビダルマ」とはダルマに対する研究の意** abhidharma という語の原義はまさしく「ダルマに対する〔研究〕」であるが、この語は、伝統的にはむしろしばしば「すぐれた（abhi-）法（dharma）」「卓越した法」「高度な法」の意に解されてきた。パーリ語釈疏における解釈はまったくそれに統一されているし、説一切有部の論書にも「此の法は増上なる故に阿毘達磨と名づく」「此の法は尊重にして恭敬すべきが故に阿毘達磨と名づく」（『大毘婆沙論』巻一）といった釈義が見出せる。そういう解釈が生ずるところには、アビダルマをひたすら尊重し学習した僧院の学徒らの真摯な態度が反映されているに相違ない。

p. 9 **アーガマ** とりまとめて伝承された釈尊の教説が、やがて整理され組織立てられてアーガマ（阿含）と呼ばれる形を成したとき、それは長・中・相応（雑）・増支（増一）の四部（四阿含）に編成され、その形は、分裂成立した諸部派の中にそれぞれ伝持された。のちに、補遺として第五阿含（パーリ語阿含における小部がその例）を加え、総じて五部とした部派もある。諸部派が伝えた阿含の中で、今に存するものは少ない。原文が完全なひとそろえとして現存しているのはテーラヴァーダ派（一一頁）の伝えるパーリ語の五部（ニカーヤ）だけである。漢文大蔵経の中には、おのおの別個に訳出された長・中・雑・増一の四阿含がひと組ずつ存する（雑阿含になお別に部分訳が二種存する）が、そのうち、中・雑両阿含は確かに説一切有部の（あるいは、説一切有部系の）ものであり、したがって説一切有部アビダルマと直接の関わりをもったもの（あるいは、それに近いもの）と見ることができる。

p.10 **諸部派における熱心なアビダルマ研究**　〃小乗〃十八部とか二十部とか数えられる諸部派のすべてにおいてアビダルマ研究が盛んに行われたとは考えがたいが、少なくとも有力ないくつかの部派にそれが見られたことは間違いない。しかしアビダルマ的研究の所産としての論書の現存するものは、テーラヴァーダ派のパーリ語の論・釈、および漢文訳に存する二、三の論書（『三弥底部論』『舎利弗阿毘曇論』『解脱道論』『成実論』といったもの）を除けば、まったく説一切有部のそれのみに限られるといってよい。

p.10 **この部派が前後数百年にわたる間に生んだアビダルマ論書**　その大多数は漢文訳に存し、またその中の過半が唐代の玄奘の翻訳に係わる。それらは大正新脩大蔵経毘曇部三巻半（第二六巻後半、第二七—第二九巻）に収められ、その数量は二八部、六五九巻、三千六百余ページにのぼる（ただしそのうち『舎利弗阿毘曇論』三十巻だけは説一切有部の論書でない）。チベット大蔵経中には一四部、三千八百余葉、の論書が含まれるが、『施設論』『入阿毘達磨論』その註釈『心髄集』を除けばただ『倶舎論』とその註釈および撮要書に限られる（三七、三八頁参照）。サンスクリット語原文の完全に存するのは『倶舎論』とヤショーミトラによるその註釈（『明瞭義 Sphuṭārtha』）のみ。ほかに、不完本ではあるが論頌『阿毘達磨のともしび Abhidharmadīpa』およびその釈論『毘婆沙の輝き Vibhāṣāprabhā』（三五、三六頁参照）があり、また『集異門論』の一部、『法蘊論』の一部、『品類論』の一部（「弁五事品」）およびその註釈『五事毘婆沙論』なども原文で存する。

p.10 **いくつかの発展段階**　これらの論書の上に成立史的な段階を大略見定めることはできる。『集異門論』

図1

有為

- 一、色
  - 眼・耳・鼻・舌・身（五根）、
  - 色・声・香・味・触（五境）、
  - 無表色
  - ……十一
- 二、心……一
- 三、心所
  - 大地（十）受・想・思・触・欲・慧・念・作意・勝解・三摩地
  - 大善地（十）信・勤・捨・慚・愧・無貪・無瞋・不害・軽安・不放逸
  - 大煩悩地（六）無明・放逸・懈怠・不信・惛沈・掉挙
  - 大不善地（二）無慚・無愧
  - 小煩悩地（十）忿・覆・慳・嫉・悩・害・恨・諂・誑・憍
  - 不定（八）悪作・睡眠・尋・伺・貪・瞋・慢・疑
  - ……四十六
- 四、心不相応行
  - 得・非得・衆同分・無想果・無想定・滅尽定・
  - 命根・生・住・異・滅・名身・句身・文身
  - ……十四

五、無為―虚空・択滅・非択滅……三

図2

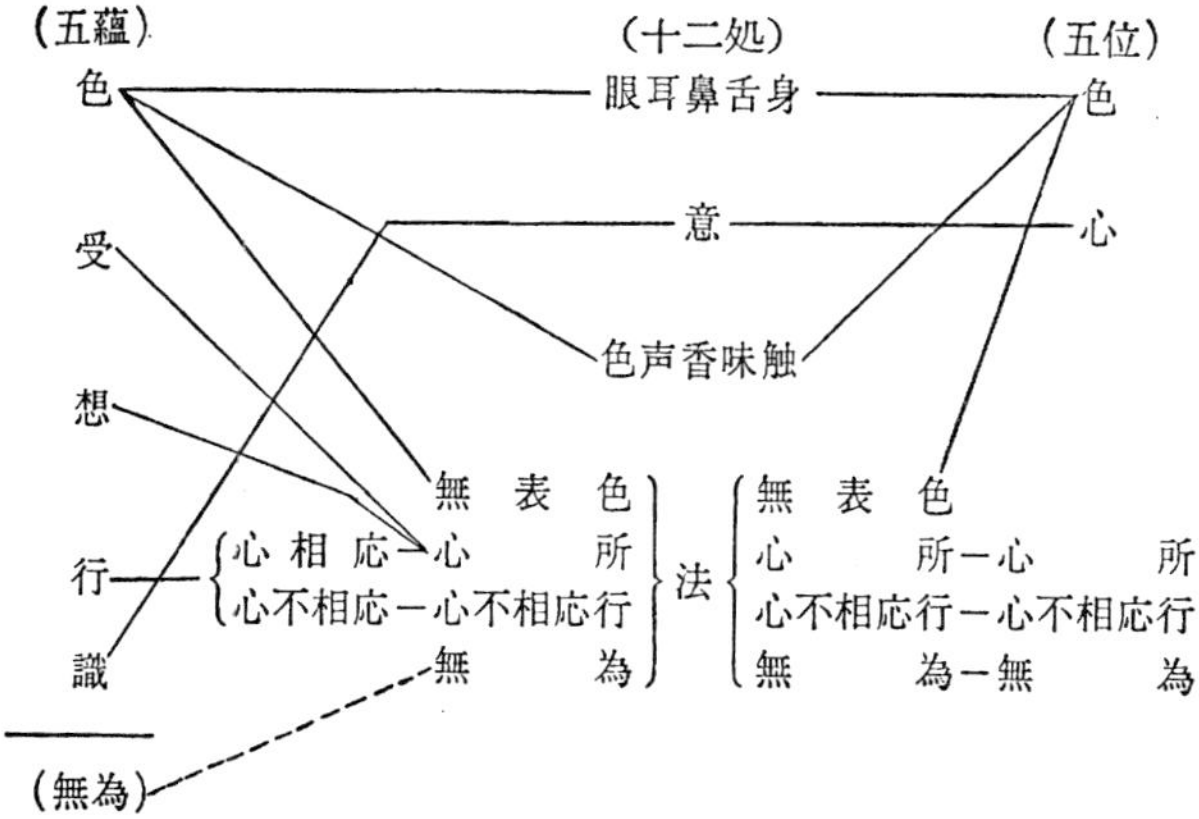
(五蘊)
色
受
想
行
識
(無為)
(十二処)
眼耳鼻舌身
意
色声香味触
無表色
心相応一心所
心不相応一心不相応行
無為
法
(五位)
色
心
無表色
心所一心所
心不相応行一心不相応行
無為一無為

図3

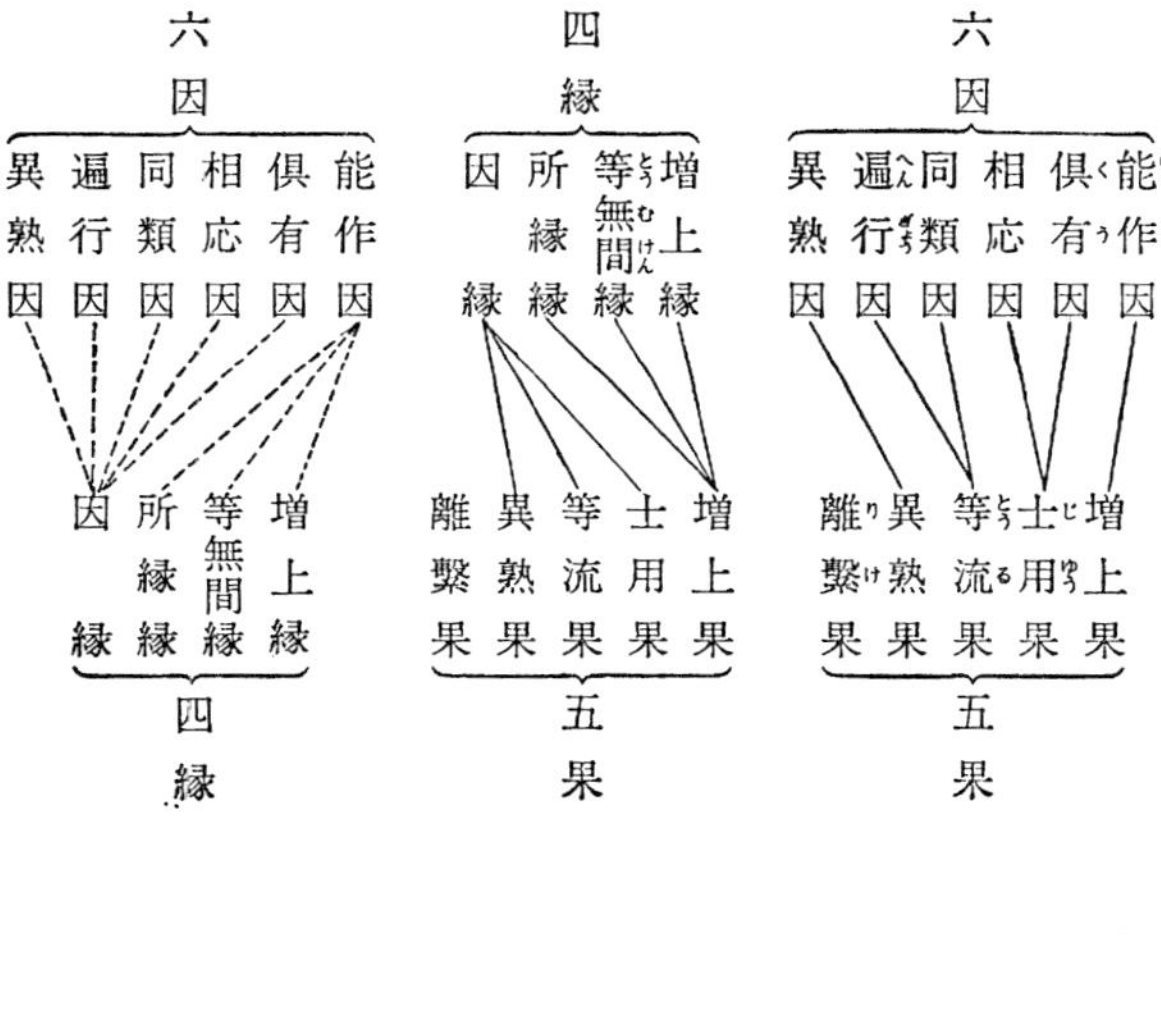
六因
異熟因
遍行因
同類因
相応因
倶有因
能作因
因縁
所縁縁
等無間縁
増上縁
四縁
四縁
因縁
所縁縁
等無間縁
増上縁
離繋果
異熟果
等流果
士用果
増上果
五果
六因
異熟因
遍行因
同類因
相応因
倶有因
能作因
離繋果
異熟果
等流果
士用果
増上果
五果

図4

界		貪	瞋	無明	慢	疑	有身見	辺執見	邪見	見取	戒禁取	計	
欲界	見苦所断	○	○	○	○	○	○	○	○	○	○	十	三十二
	見集所断	○	○	○	○	○			○	○		七	
	見滅所断	○	○	○	○	○			○	○		七	
	見道所断	○	○	○	○	○			○	○	○	八	
	修所断	○	○	○	○							四	
色界	見苦所断	○		○	○	○	○	○	○	○	○	九	二十八
	見集所断	○		○	○	○			○	○		六	
	見滅所断	○		○	○	○			○	○		六	
	見道所断	○		○	○	○			○	○	○	七	
	修所断	○		○	○							三	
無色界	見苦所断	○		○	○	○	○	○	○	○	○	九	二十八
	見集所断	○		○	○	○			○	○		六	
	見滅所断	○		○	○	○			○	○		六	
	見道所断	○		○	○	○			○	○	○	七	
	修所断	○		○	○							三	

『法蘊論』は確かに第一期の論書と見るべきである。ついで(1)『施設論』『識身論』『界身論』、(2)『品類論』、(3)『発智論』『尊婆須蜜菩薩所集論』、(4)『大毘婆沙論』『鞞婆沙論』、(5)『甘露味論』などが成立したと思われる。そしていっぽうに『阿毘曇心論』から『阿毘曇心論経』『雑阿毘曇心論』と次第した発展があり(『大毘婆沙論』と『阿毘曇心論』との先後は簡単には断じられない)、のちにまた別に『入阿毘達磨論』のような綱要書的入門書も作られる。以上を承けて後五世紀の『倶舎論』の出現は、説一切有部阿毘達磨の発展がその頂点に達したことを示す、といえよう。上記(三五頁)のように、これ以後現われたこの派の諸論書はすべて『倶舎論』の直接の影響のもとにある。

p.11 **スティラマティ**(安慧) Sthiramati (510—570A. D. ごろ) は大乗佛教唯識派の著名な学匠。西インド・ヴァラビーの人。『倶舎論』に対する註釈のほかに、世親の『唯識三十頌』や竜樹(ナーガールジュナ)の『中論頌』に釈論を書き、世親の『中辺分別論』『大乗荘厳経論』『五蘊論』にそれぞれ註釈を書き、無著(アサンガ)の『阿毘達磨集論』に対する釈『阿毘達磨雑集論』を編した。

p.11 **ディグナーガ**(陳那) Diṅnāga (480—540 A. D. ごろ) も唯識派の論師でありまた論理学者として知られる。『集量論』『因明正理門論』『観所縁縁論』など二十余編の述作がある。

p.11 **バーナ・バッタ** Bāṇa-bhaṭṭa 後七世紀の中葉ハルシャ・ヴァルダナ王の宮廷に仕えた詩人。『ハルシャ・チャリタ』は『カーダンバリー』とともにその最も著名な作品。

p.11 **「聡明論」と呼んだ** 普光の『倶舎論記』巻一にいうところ。

p.12 **五部の根本論書** 因明学における法称(ダルマキールティ)の『量評釈』、般若学における弥勒(マイトレーヤ・ナータ)の『現観荘厳論』、中観学における月称(チャンドラキールティ)の『入中論』、阿毘達磨学における世親の『倶舎論』、戒学における徳光(グナプラバ)の『律経』。

p.25　**五位七十五法**　図示すれば四四頁の図1のごとくになる。五位と五蘊と十二処との関係は四五頁の図2のごとくになる。

p.27　**六因四縁五果**　その名称と対応関係を図示すると四五頁の図3のとおり。

p.30　**九十八種の随眠**　図示すれば四六頁の図4のようになる。

第二編　本文解説

細目次

Ⅰ 本頌

阿毘達磨倶舎論本頌

尊者世親造・唐三蔵法師玄奘奉詔訳

分別界品第一

1　序

諸一切種諸冥滅　拔衆生出生死泥　敬禮如是如理師　對法藏論我當說（1）
淨慧隨行名對法　及能得此諸慧論　攝彼勝義依彼故　此立對法倶舍名（2）
若離擇法定無餘　能滅諸惑勝方便　由惑世間漂有海　因此傳佛說對法（3）

諸の、一切種に諸冥を滅し衆生を抜きて生死の泥を出でしむる、是くの如き如理の師に敬礼して、対法蔵論を我はまさに説くべし。

浄慧と随行とを対法と名づく。及び此れを得る諸の慧と論とをもなり。彼の勝義を摂すると彼に依るとの故に、ここに対法倶舍の名を立つ。

若し択法を離れては定んで余の能く諸惑を滅する勝方便無し。惑に由って世間は有海に漂う。此れに由って佛は対法を説く、と伝う。


《一切種に諸冥を滅し》　古来「一切種と諸との冥を滅し」と読まれた。一切種の冥とは不染汚の無知すなわち習気のこと、諸の冥とは染汚の無知すなわち煩悩のこと、と解されたからである。しかし「一切種」は「一切種に」と副詞に読んで、「あらゆる仕方で」の意にとるほうがやはり自然であろう。《冥》「〔心の〕くらやみ」の意。《衆生》有情というも同じ。およそいのちある者の総称。多くの場合、迷いの状態にあるそれらをいう。今もそうである。《生死の泥》生死とは生（生まれ）と死とを繰り返す衆生の迷いの状態、すなわち輪廻（りんね）。そこからは容易に抜け出し難いので、泥にたとえた。《如理の師》もとより佛をさす。《対法蔵論》阿毘達磨倶舎論のこと。九頁を見よ。《浄慧》無漏（第4偈を見よ）の智恵。《随行》〔無漏の智恵に〕伴い随うもの。《対法》アビダルマ。九頁を見よ。《勝義》第一義。本義。《択法》法を正しく弁別すること。《惑》煩悩。《勝方便》すぐれた方法。《世間》世界と同義であるが、世間を二種に分けて有情世間と器世間とする（二八頁）。前者は世界を構成する種々の有情（すなわち、衆生）を総称し、後者はその有情世間を容れる器としての自然界をいう。今は前者の意。《有海》有の海、の意。「有」とは迷いの生存、輪廻的生存、の意。

これは全篇の序説にあたる。第一章初頭のこの三偈と第八章末尾にある総結の四偈とだけは他の本頌と韻律を異にする。玄奘もこの部分を特に一句七字の形に訳出している。今、第1偈は真実の師である佛に敬礼して倶舎論を説くという意図を表明し、第2偈は「阿毘達磨」および「倶舎」の義を説明し、第3偈は阿毘達磨の説かれた意趣を示している。

2　有漏・無漏、有為・無為

有漏無漏法　除道餘有為　於彼漏随増　故説名有漏（4）
無漏謂道諦　及三種無為　謂虚空二滅　此中空無礙（5）

擇滅謂離繫　隨繫事各別　畢竟礙當生　別得非擇滅(6)
又諸有爲法　謂色等五蘊　亦世路言依　有離有事等(7)
有漏名取蘊　亦說爲有諍　及苦集世間　見處三有等(8)

有漏と無漏との法あり。道を除いて余の有為は、彼に於いて漏が随増す。故に説きて有漏と名づく。無漏は謂く道諦、及び三種の無為なり。謂く虚空と二滅となり。此の中にて空は無礙なり。択滅は謂く離繫なり。繫の事に随って各別なり。畢竟じて当生を礙うるに、別に非択滅を得。又諸の有為法は、謂く色等の五蘊なり。亦は世路と言依と、有離と有事等なり。有漏を取蘊と名づく。亦は説きて有諍と、及び苦と集と世間と、見処と三有等と為す。

≪有漏と無漏との法≫ すべての法（一切法）を有漏と無漏とに大別する。「漏」は煩悩の呼称の一であり、「有漏法」とは煩悩に関わりある法、「無漏法」とは煩悩に関わりない法の意である。前者は有情の迷いの生存の種々相とそれをもたらす因由とを構成する諸法であり、後者は迷いを離れたさとりの境地、それに至る修行の道程、およびそれに伴う智や徳、を構成する諸法である（二一頁参照）。**≪道≫** さとりに至るべき修行の道。苦・集・滅・道の四諦の中の第四。**≪有為≫** すべての法を、また、大別して有為と無為とする。上記（二五頁）参照。**≪漏が随増す≫** 有漏法は煩悩の対象になるばかりでなく、煩悩がその上にとどまって離れず、なお増大する、とするのは説一切有部アビダルマ独特の理解である。「随増」とはその意である。**≪三種の無為≫** 上記（二七頁）のように、また以下に説くように、無為法を数えて虚空と二滅（択滅と非択滅）との三種とする。**≪空≫** 虚空の略。空間、の意。二七頁参照。**≪無礙≫** 障げをするものが無い、抵触するものが無い、の意。**≪択滅≫** 法を簡択（けんちゃく）する（弁別する）慧（え）（心所の一、智恵、理性的弁別力）によって煩悩を離れるとき得らるべき滅、すなわち涅槃。二七頁参照。**≪離繫≫** 煩悩の繫縛拘束を離れること。**≪繫の事≫** 繫縛するもの、すなわち一つ一つの煩悩。**≪非択滅≫** 択力、すなわち慧のはたらき、によらぬ滅、の意。法が、それを生ぜしむべき縁の欠けたことによって、生じない（未来の領域から現在に現われてこない）まま永久に未来にとどまるとき、そこに非択滅が得られる、とする。二七頁参照。《色等の五蘊》色蘊・受蘊・想蘊・行蘊・識蘊。四五頁の図2参照。《世路》単に「世」ともいう。「時」の意。過去世・現在世・未来世に分つ。有為法はすべて三世において在り、三世はまた有為法を別にしては無い。《言依》意味をもった名辞によって語らるべきもの。《有離》離、すなわち涅槃、を有するもの。《有事》事、すなわち因、を有するもの。《取蘊》色ないし識の五取蘊。取は執着の意で、煩悩をさす。煩悩から生ずる蘊、煩悩に従属する蘊、あるいは煩悩がそれから生ずるところの蘊、であるから有漏法を取蘊という。《有諍》諍はあらそいの意。煩悩は自他を害するから諍といい、煩悩を有するから有漏法を有諍という。《集》苦の集まり生ずる原因、の意。四諦の第二である集諦のこと。《見処》悪しき見解がとどまるところ、の意。《三有》欲界・色界・無色界における迷妄的生存。

本論に入って、第4偈は有漏を、第5偈は無漏と無為と、および三無為の中の虚空を、第6偈は二滅を、第7偈は有為法の同義語を、第8偈は有漏法の同義語を説く。有漏・無漏と有為・無為と四諦の関係を図示すれば左のようになる。

一切法		
有為法		無為法
有漏法	無漏法	
苦，集	道	滅＝択滅 非択滅 虚空

五蘊はすべて有為で、無為法を含まない（四五頁図2参照）。説一切有部では空間を「虚空」として無為法の一に数えるが、時間は有為法の位相に過ぎないと考えそれを別な法として立てることがないから、時（＝世）は〝法（＝有為法）に依りて立つ〟という。有為の五蘊の中で有漏なるが五取蘊であり、それがすなわち苦諦の内容であり、集諦の内容である。またそれがすなわち世間であり、欲界・色界・無色界である。

色者唯五根　五境及無表　彼識依浄色　名眼等五根 (9)
色二或二十　聲唯有八種　味六香四種　觸十一爲性 (10)
亂心無心等　隨流淨不淨　大種所造性　由此説無表 (11)
大種謂四界　卽地水火風　能成持等業　堅濕煖動性 (12)
地謂顯形色　隨世想立名　水火亦復然　風卽界亦爾 (13)
此中根與境　許卽十處界　受領納隨觸　想取像爲體 (14)
四餘名行蘊　如是受等三　及無表無爲　名法處法界 (15)
識謂各了別　此卽名意處　及七界應知　六識轉爲意 (16)
由卽六識身　無間滅爲意　成第六依故　十八界應知 (17)

色は唯五根と、五境及び無表となり。

彼の識の依たる浄色を、眼等の五根と名づく。

色は二或は二十なり。声は唯八種有り。味は六、香は四種なり。触は十一を性と為す。

乱心と無心等に、随流して浄と不浄となる、大種の所造の性なるを、此れに由って無表と説く。

大種とは謂く四界なり、即ち地・水・火・風なり。能く持等の業を成ず。堅・湿・煖・動の性なり。地とは謂く顕・形の色なり。世想に随って名を立つ。水火も亦復た然り。風は即ち界と、亦爾りと、なり。

此の中、根と境とは、即ち十処・界なりと許す。

受は随触を領納するなり。想は取像を体と為す。四の余を行蘊と名づく。是くの如き受等の三、及び無表と無為とを、法処・法界と名づく。

識とは謂く各了別するなり。此れを即ち意処及び七界と名づく。応に知るべし、六識の転ずると意と為るとなり。即ち六識身の無間に滅して意と為るに由る。第六の依を成ずるが故に、十八界たること応に知るべし。

≪色≫ この語は広狭二義に用いられる。広義には五蘊の一としての色蘊、五位の一としての色法、を意味し、狭義には五境の一としての色境、十二処の一としての色処、十八界の一としての色界を意味する。今は広義のそれ。**≪五根≫** 眼根・耳根・鼻根・舌根・身根、すなわち視覚器官・聴覚器官・嗅覚器官・味覚器官・触覚器官。**≪五境≫** 色境・声境・香境・味境・触境。境とは対象の意。すなわち視覚器官の対象としてのいろかたち、聴覚器官の対象としての声や音、嗅覚器官の対象としてのにおいや香り、味覚器官の対象としての味、触覚器官の対象としての感触。**≪無表≫** 無表色。無表業ともいう。第11偈に説明する。**≪色≫** 狭義の色。色境。**≪乱心≫** 業をおこしたときの心が善心ならそれと異なる不善あるいは無記（非善非不善）の心を乱心といい、業をおこしたときの心が不善心ならそれと異なる善あるいは無記の心を乱心という、と長行では説明する。**≪無心≫** 無想定（九三頁参照）や滅尽定（九三頁参照）に入って心の生起がまったくなくなった状態。**≪随流≫** 法が連続生起して絶えない流れをなすこと。**≪大種≫** 四大種。物質的存在を構成する地界・水界・火界・風界の四元素。第12・第13偈に説明する。**≪持等の業≫** 保持・包摂・熟成・増長の作用。**≪堅・湿・煖・動≫** 堅さ、湿りけ、温かさ、動き。**≪顕・形の色≫** 顕色と形色、すなわち、いろとかたち。**≪世想≫** 世間一般の呼び名。**≪随触を領納す≫** 内なる心が外界と接触してそこに楽・苦あるいは不苦不楽の感じを受け入れる。**≪取像≫** 対象のあり方を心の中に把握すること。表象すること。**≪四の余≫** 色・受・想・識の四蘊以外。**≪了別す≫** 知り分ける。**≪転ず≫** はたらく。作用をもって生ずる。**≪六識身≫** 「身」は身体などの意ではなく、あつまりの意。複数を示す。《**無間に**》 間隔を置かずに、ただちに引き続いて。《**滅す**》 消滅して無に帰する、の意ではない。現在に生じた有為法が次の瞬間に過去の領域へ去ることをいう。それに対して「生ず」とは、無から生まれてくるの意でなく、有為法が未来の領域から現在に現われ出ることをいう。二七頁参照。《**第六の依**》 第六識、すなわち意識、のよりどころ。

第9偈の前半は、色法が五根と五境と無表色との十一種であることを説く。そして第9偈後半は五根を、第10偈は五境を、第11偈は無表色を、それぞれ説明する。第12・第13偈は四大種の説明。第14偈前半は五根・五境を十色処（十色界）と数えることを説く。第14偈後半と第15偈で法処（法界）の内容を明かす。第16・第17偈は識蘊すなわち七心界（眼識界・耳識界・鼻識界・舌識界・身識界・意識界・意界）を説明し、以上を結んで、総じて十八界をなすことを示している。五蘊・十二処・十八界の関係を図示すると六五頁の図5のようになる（五位と五蘊との関係は四五頁参照）。

眼などの五根は、それぞれの識のよりどころとなる透明清浄な色法である。

色境（色処、色界）は顕色（いろ）と形色（かたち）の二種に分たれ、また青・黄・赤・白（以上は顕色としてのみある）・長・短・方・円・高（凸形）・下（凹形）・正（規則的な形）・不正（不規則な形。以上の八は形色としてのみある）・雲・煙・塵・霧・影・光・明・闇（以上の八は顕色・形色の両方としてある）の二十種に分たれる。声境（声処、声界）は苦楽の感覚を有する有情身の発する音とそうでない音との別、意味を伝える音とそうでない音との別、快い音と不快な音との別によって八種に分たれる。香境（香処、香界）は良い香りと悪い香りの別、適度な香りとそうでない香りとの別によって四種。味境（味処、味界）は甘さ・酸っぱさ・しおからさ・辛さ・苦さ・渋さの六種。触境（触処、触界）は滑らか

図5

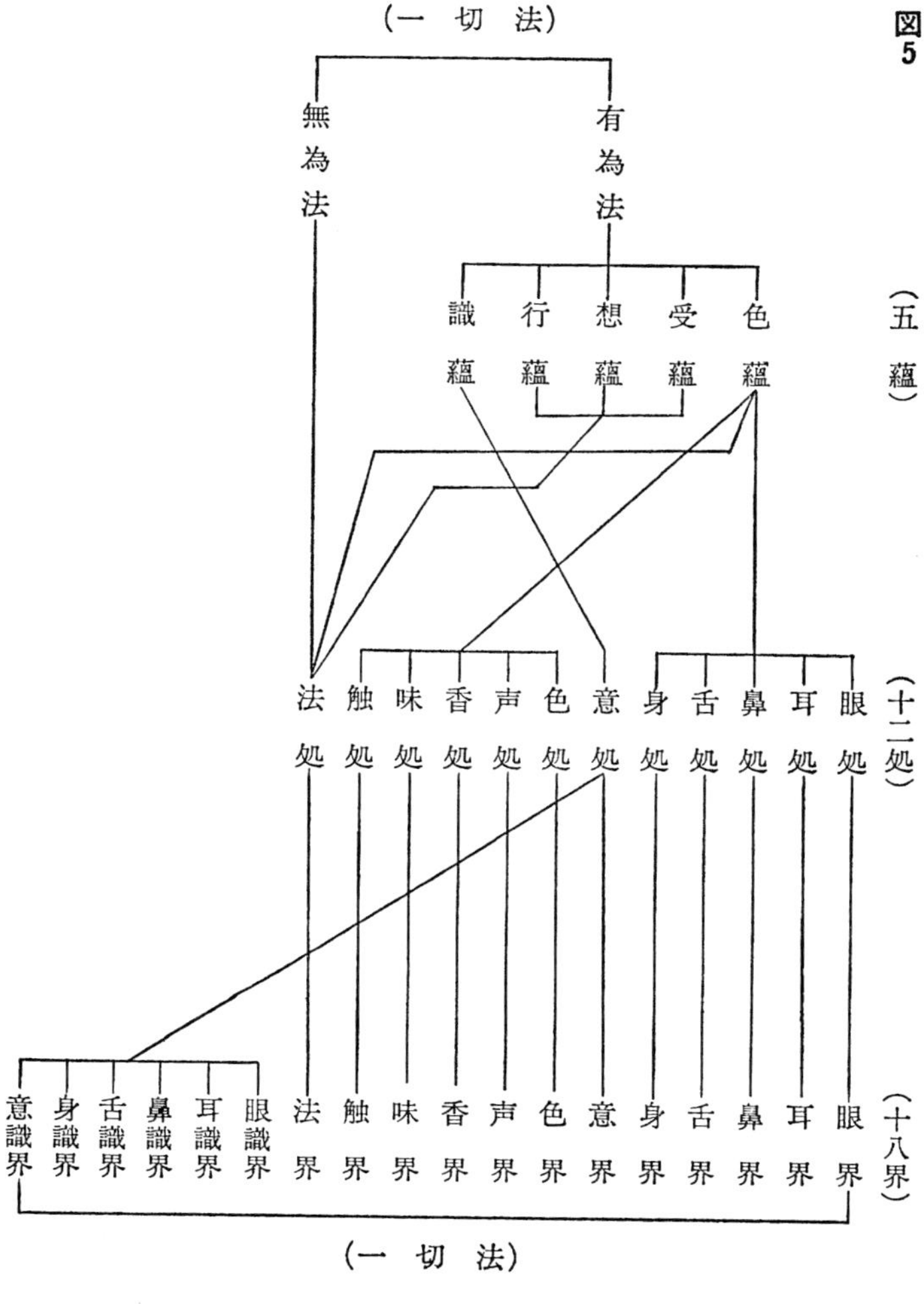
（一切法）
無為法
有為法
（五蘊）
色蘊
受蘊
想蘊
行蘊
識蘊
（十二処）
眼処
耳処
鼻処
舌処
身処
意処
色処
声処
香処
味処
触処
法処
（十八界）
眼界
耳界
鼻界
舌界
身界
意界
色界
声界
香界
味界
触界
法界
眼識界
耳識界
鼻識界
舌識界
身識界
意識界
（一切法）

さ・粗さ・重さ・軽さ・冷たさ・ひもじさ・渇きの七種と地・水・火・風の四大種との十一である。

無表色は法処・法界に属しながら色法であるとせられる。四大種の所造であるが極微の所成（七四頁を見よ）ではない。五根の対象にならずただ意根の対象である。

世間で一般に地・水・火といえば、顕色・形色としてあるものをさすから、四大種の一としての地界・水界・火界とは区別されねばならないが、風界の場合は世間一般でいう風と別なものではない。動きという作用をもつ軽い一つのものそれ自体を世間では風と呼ぶからである、と説かれる。

心と意と識とは、阿含以来、同義語と解されている。それは五蘊でいえば識蘊、十二処でいえば意処であるが、十八界でいうと七心界（眼識界・耳識界・鼻識界・舌識界・身識界・意識界・意界）となる。識は、六根のいずれかをとおして六境のいずれかを認識するから、現在にはたらく識に六識の別を立てることは容易に理解される。しかし識と意とは同義語なのであるから、六識界を数えあげれば意界をそれと別に立てる要はないし、意界をあげれば六識界をそれと別に立てる要はない。したがって、界の総数は十七かあるいは十二かであるべきではないか、という疑問が生ずるから、それに対して、意界（意根）とは、現在にはたらいた六識が、次の刹那過去に去ったとき、それが引き続いて現在に生起してくる次の識のよりどころとなるのをさしてそう呼ぶのである、と説明する。

4　蘊・処・界についての諸問題

総摂一切法　由一蘊処界　摂自性非餘　以離他性故（18）

類境識同故　雖二界體一　然爲令端嚴　眼等各生二⒆
聚生門種族　是蘊處界義　愚根樂三故　說蘊處界三⒇
諍根生死因　及次第因故　於諸心所法　受想別爲蘊㉑
蘊不攝無爲　義不相應故　隨麤染器等　界別次第立㉒
前五境唯現　四境唯所造　餘用遠速明　或隨處次第㉓
爲差別最勝　攝多增上法　故一處名色　一名爲法處㉔
牟尼說法蘊　數有八十千　彼體語或名　此色行蘊攝㉕
有言諸法蘊　量如彼論說　或隨蘊等言　如實行對治㉖
如是餘蘊等　各隨其所應　攝在前說中　應審觀自相㉗
空界謂竅隙　傳說是明闇　識界有漏識　有情生所依㉘

総じて一切の法を摂するは、一の蘊と処と界とに由る。自性を摂して余に非ず。他性を離るるを以ての故なり。

類と境と識と同じき故に、二と雖も界としては体一なり。然るに端厳ならしめんが為に、眼等に各二を生ず。

聚と生門と種族とは、是れ蘊・処・界の義なり。愚と根と楽との三の故に、蘊・処・界の三を説く。

諍根と生死との因、及び次第の因の故に、諸の心所法に於いて、受・想を別に蘊と為す。蘊には無為を摂せず。義の相応せざるが故なり。麁(そ)と染と器等と、界の別との次第に随って立つ。

前の五の境は唯現なり。四の境は唯所造なり。余は用の遠なると速にして明なるとなり。或は処の次第に随う。差別せんが為と最勝なると、多と増上との法を摂するとの故に、一処を色と名づけ一を名づけて法処と為す。

牟尼の説く法蘊は、数八十千有り。彼の体は語或は名にして、此れは色・行蘊の摂なり。有るが言わく諸の法蘊の、量は彼の論に説くが如し。或は蘊等の言に随う。如実には行の対治なり。是くの如く余の蘊等は、各其の所応に随って、前に説ける中に摂在す。まさに審かに自相を観ずべし。

空界は謂く竅隙なり。伝説すらく、是れ明と闇となり。識界は有漏の識にして、有情の生の所依なり。

《類》 種類の意。類を同じくするとは法としての種類が同一であること、すなわち同じ自性をもった法に属するということ、を意味する。《境》 対象の意。《聚》 堆積、集積、多くのものの集まり、の意。《生門》〔心・心所の〕生じてくる門、の意。《根》 機根、もって生まれた資質。《楽》 愛好するところ、希求するところ、楽しみとするところ、の意。《諍根》 あらそいの根本。争論のもと。《生死》 生まれることと死ぬことと。すなわち迷いの生と死を繰り返す輪廻。《次第》 順序。順序立て。《摂す》 包含する、の意。《麁》 細の対。粗雑なこと。精細でないこと。《染》 雑染の略。煩悩に染められ汚されていること。浄（清浄）の対。《用》 作用、の意。《処の次第》 処は場所の意。「十二処」の処ではない。《牟尼》 聖者、の意。ここでは佛をさす。《法蘊》 佛の教法の集積。《語》 ことば。音声。《名》 名辞。心不相応行の一。《行の対治》 行は所行、ふるまい。この場合は有情のおこすもろもろの煩悩をさす。対治はそれにあい対し、それを打ち破り、それをとどめるもの。《所応に随って》 それぞれに応ずるように、適宜に、しかるべく、の意。《伝説すらく》 これは著者ヴァスバンドゥが、表面上は一応説一切有部の伝統説によって述べながら、ひそかに自己の批判的見解を有することを暗示しようとする場合に置く語であると解されている。『本頌』の中には数回しか現われないが、『論』の散文の中には五十回以上にわたってこの語が見られる。もっともそのすべてが例外なく、右にいうヴァスバンドゥの批判的見解を暗示するためのものである、とは考えにくいようである。

すべての法は、一つの蘊（色蘊）と一つの処（意処）と一つの界（法界）とにおさまる。色法は色蘊に、心は意処に、心所・心不相応行・無為は法界におさまるから。およそ法はそれぞれその自性（＝体）を保持するものであるから、ある法がそれと別個な自性をもつ他の法の中におさまるということはけっして無い。

眼と耳と鼻（鼻孔）はそれぞれ二つあるが、二つは自性も対象とするものもよりどころとしての識も同一であるから、体は一なる眼界・耳界・鼻界である。ただ、眼や耳が一箇処にしかなく、鼻孔が一つだけしかなかったら醜いから、二つあるのだ、という。

蘊とは、同類のものの集積の意。処とは、心・心所のそこに生じ作用するところの門の意。界とは、種族・種類の意。もろもろの法をあるいは五蘊と説き、あるいは十二処と説き、あるいは十八界と説くのは、有情の愚かさに三とおりがあるから、あるいは有情の資質に三とおりがあるから、あるいは有情の希求するところに三とおりがあるから、それらのおのおのに応ずるため蘊と処と界との説がなされたのである。

他の心所はみな行蘊の中におさめられているのに、受と想とだけが別個な一蘊として立てられるのは、その両蘊が論争のもとを生む主因であること、輪廻（りんね）に堕せしめる主因であること、および次にあげるところの五蘊を説く順序にあい応ずること、による。無為法が五蘊中に含まれぬのは、それは蘊の語義にふさわしからぬからである。五蘊が色を初めとし識を最後とするのは、粗雑なものから精細なものへの順序、悪に染められた心を起因として諸法が生じてくる次第を逆にさかのぼる順序、食器などの物に喩えていう順序、三界（欲界・色界・無色界）におけるあり方の順序、に従うのである。

眼耳鼻舌身意の六処（六界）の順序は、現在の法を対象とするものを先にし、所造色（四大種によって造られた色）のみを対象とするもの（眼・耳・鼻・舌根）を先にし、また、より遠い対象に作用するものを先とし（眼根、ついで耳根）、より速やかに明らかに作用するものを先とし（鼻根、ついで舌根）、あるいは位置の高いほど先にする（眼、ついで耳、ついで鼻、ついで舌。身根は多くはこの下にあるからその次に、意根のとどまる場所がないから最後に説かれる）のである。五根・五境の十処（十界）はすべて色なのになぜ一処（一界）だけを色処（色界）と名づけるかといえば、他の九色処（九色界）と差別するためであり、また、他の九よりは勝れて顕著だからである。すべては法であるのに、なぜ一処（一界）だけを法処（法界）と名づけるかといえば、他の諸処（諸界）と差別するためであり、特に多くの法がそこに含まれているためであり、また、すぐれた法（増上法）である涅槃がそこに含まれているためである。

佛の教説を八万の法蘊というが、これは自性からすれば声か名かであって、五蘊の上でそれを見れば色蘊・行蘊に含まれる。その法蘊の量は『法蘊論』六千頌にひとしいともいい、五蘊・十二処から三十七道品・六通などに至るまでの一々の法門がすなわち一々の法蘊であるともされる。しかし、実は、有情の八万の所行に対して、その対治として八万の法蘊が説かれたのである。

その他の蘊・処・界、たとえば戒などの五蘊とか十遍処とか六十二界とか、もそれぞれ自相（自性）を考察すればみな五蘊・十二処・十八界の中のいずれかに含ましめらるべきである。それらのうち、空界とは虚空（無為法の一。法界に含まれる）ではなく明・闇であって色界に含まれる。識界とは七心界に属するすべての識ではなく有漏の識のみを意味する。というのは、この場合識とは有情の生のよりどころとなるものをいうのだからである。

5　十八界の分類的考察

一有見謂色　十有色有對　此除色聲八　無記餘三種(29)

欲界繫十八　色界繫十四　除香味二識　無色繫後三(30)

意法意識通　所餘唯有漏　五識唯尋伺　後三三餘無(31)

說五無分別　由計度隨念　以意地散慧　意諸念爲體(32)

七心法界半　有所緣餘無　前八界及聲　無執受餘二(33)

觸界中有二　餘九色所造　法一分亦然　十色可積集(34)

謂唯外四界　能斫及所斫　亦所燒能稱　能稱所燒諍(35)

內五有熟養　聲無異熟生　八無礙等流　亦異熟生性(36)

餘三實唯法　刹那唯後三　眼與眼識界　獨俱得非等(37)

內十二眼等　色等六爲外　法同分餘二　作不作自業(38)

十五唯修斷　後三界通三　不染非六生　色定非見斷(39)

眼法界一分　八種說名見　五識俱生慧　非見不度故(40)

眼見色同分　非彼能依識　傳說不能觀　被障諸色故(41)

或二眼俱時　見色分明故　眼耳意根境　不至三相違(42)

應知鼻等三　唯取等量境　後依唯過去　五識依或俱(43)

随根變識異　故眼等名依　彼及不共因　故随根説識(44)
眼不下於身　色識非上眼　色於識一切　二於身亦然(45)
如眼耳亦然　次三皆自地　身識自下地　意不定應知(46)
五外二所識　常法界無爲　法一分是根　幷内界十二(47)

一は有見、謂く色なり。十の有色は有対なり。此れの色・声を除く八は、無記なり。余は三種なり。欲界繫は十八なり。色界繫は十四なり。香・味と二識とを除く。無色の繫は後の三なり。

意と法と意識とは通ず。所余は唯有漏なり。五識は唯尋・伺あり。後の三は三なり。余は無し。五に分別無しと説くは、計度と随念とに由る。意地の散慧と意の諸念とを以て体と為す。

七心と法界の半ばとは、有所縁なり。余は無なり。前の八界及び声は、無執受なり。余は二なり。

触界の中に二有り。余の九色は所造なり。法の一分も亦然り。十色は可積集なり。

謂く、唯外の四界のみが、能斫及び所斫なり。亦、所焼・能称なり。能焼・所称は諍いあり。

内の五は熟と養と有り。声は異熟より生ぜる無し、八の無礙は等流にして、亦、異熟生の性なり。余は三なり。実は唯法なり。刹那は唯後の三のみ。

眼と眼識界とは、独りと倶とにして得すると、非なると、等なり。内は十二にして眼等なり。色等の六を外と為す。法は同分なり。余は二なり。自業を作すと作さざるとなり。

十五は唯修断なり。後の三界は三に通ず。不染と、六の生に非ざると、色とは、定んで見断に非ず。

眼と法界の一分なる八種とを説きて見と名づく。五識と倶に生ずる慧は、見に非ず。不度の故なり。眼が色を見る。同分なるなり。彼の能依の識に非ず。伝説すらく、障えられたる諸色を観ること能わざるが故なりと。或は二眼倶時にす。色を見ること分明なるが故なり。

眼と耳と意との根の境は、不至なり。三は相違す。応に知るべし、鼻等の三は唯等量の境を取る。

後の依は唯過去なり。五識の依は或は倶なり。根の変に随って識に異なりあるが故に眼等を依と名づく。彼と及び不共の因との故に根に随って識を説く。

眼は身より下ならず。色と識とは眼より上なるに非ず。色は識において一切にあり。二が身に於ける、亦然り。眼の如く耳も亦然り。次の三は皆自地なり。身識は自と下との地なり。意は不定なること応に知るべし。

五の外は二の所識なり。常なるは法界の無為なり。法の一分は是れ根なり。并びに内界の十二なり。

≪有見≫　見えるもの、の意。≪有色≫　色（蘊）に属するもの、の意。十の有色とは五根と五境との十。十色界ともいう。≪有対≫　自らの存在が他のものの同時・同所に生起することを障碍するもの、同一空間の中で他と抵触するもの、の意。≪無記≫　善でも不善（＝悪）でもないもの。これに有覆無記と無覆無記とがある。≪二識≫　鼻識と舌識をさす。≪後の三≫　意・法・意識の三界。≪通ず≫　有漏と無漏とに通ずる、の意。その中のあるものは有漏、あるものは無漏であるということ。≪尋・伺≫　分別根品第34偈を見よ。≪分別≫　心・心所が対象に対してはたらきそれを思い計ること。それに自性・計度・随念の三分別があり、五識には自性分別、すなわち尋、はあるが他の二分別がないから五識を無分別という。≪計度≫　推理忖度する心のはたらき。≪随念≫　過去を追想し憶い出す心のはたらき。≪意地≫　意識（第六識）とあい伴う、の意。≪散慧≫　散は定に対する。三昧に入っていないときの慧をいう。一点に集注していないで散乱している心の慧、の意。≪七心≫　七心界。すなわち眼識界・耳識界・鼻識界・舌識界・身識界・意識界・意界。≪所縁≫　心・心所の対象。≪無執受≫　苦楽を感覚する有情の肉体に属しないもの。≪外の四界≫　色香味触の四界。≪諍≫　異説があり論争のあること。≪内の五≫　眼耳鼻舌身。≪熟≫　異熟生（業の異熟として、先天的に、生じたもの）の略。≪養≫　所長養（食物などによって、後天的に、養われたもの）の略。≪八の無礙≫　七心界と法界と。

《等流》 同類因や遍行因から生じたもの（四五頁、および分別根品第53、第55偈の下を見よ）。**《余は三》** 余の色香味触は異熟生でも所長養でも等流でもある。**《実》** 有実の略。実（実体あるもの、の意。ここでは無為法をさす）をもつもの、という意味。**《同分》** 根・境・識が互いに関与すること、あるいは法がそれぞれの作用をなすことを「分」といい、その分を有する法を同分という。**《自業》** 法それ自身の作用。**《修断》** 修所断の略。修（分別業品第127偈を見よ）によって断ぜらるべきもの、の意。**《不染》** 染汚（＝不善と有覆無記）でないもの、すなわち善と無覆無記と。**《六の生》** 第六意処より生じたもの。六の生に非ざるものとは五根より生じたものの意で、五識をさす。**《八種》** 五悪見（分別随眠品第3、第7偈を見よ）と意識にあい伴う有漏の正見と有学の正見と無学の正見と。**《不度》** 判断決定する知的作用をもたぬこと。**《不共》** 共通でない、の意。**《地》** 欲界と色界の四静慮と無色界の四無色処とを九地という。**《内界》** 色声香味触法の六境を六外処といい、眼耳鼻舌身意の六界と眼識ないし意識の六識とを内界という。

この一節はいわゆる「諸門分別」である。十八界のうちに、どれだけが眼に見え、どれだけが見えないか。どれだけが同一空間において他と抵触（ていしょく）するか。どれだけがただ無記であるか（以上第29偈）。どれだけが欲界繫、どれだけが色界繫、どれだけが無色界繫であるか（第30偈）。どれだけが有漏・無漏に通じ、どれだけがただ有漏であるか。どれだけが尋・伺とともに生じ、どれだけが尋とはともにならずただ伺のみとともに生じ、どれだけが尋とも伺とももともには生じないか（以上第31偈。第32偈は五識を無分別と説くことについての説明）。どれだけが所縁をもち、どれだけが所縁をもたぬか。どれだけはただ無執受で、どれだけには無執受のものと有執受のものとがあるか（以上第33偈）。どれだけには大種と大種所造との二種があり、どれだけはただ所造であるか。どれだけが極微の積集によって成るところであるか（以上第34偈）。どれだけが截るもので、どれだけが截られるものか。どれだけが焼くもので、どれだけが焼かれるものか。どれだけが量るもので、どれだけが量られるものか（以上第35偈）。

どれだけが先天的に前生の異熟より生じたもので、どれだけが後天的に養われたもので、どれだけが同類因・遍行因よりの等流果（分別根品第57、第58偈）として先の法を継いで生じ、どれだけが実体あるものとしての無為法を含み、どれだけが等流として先の法を継いでではなく一刹那に生ずるか（以上第36偈と第37偈前半。第37偈後半は眼を具えるとき眼識をもまた具えるかについての考察）どれだけが内でどれだけが外か。どれだけが常に同分で、どれだけが同分のときもあり彼同分（同分でないもの）のときもあるか（以上第38偈）。どれだけがただ修所断か、どれだけが見所断・修所断・非所断に通ずるか、どれだけがけっして見所断でないか（第39偈）。どれだけが見であるか（第40偈前半）。このような分類的考察があいついで試みられる。

続いて、派生的な議論として、前五識にあい伴う有漏の慧は見でないこと（第40偈後半）、同分の眼こそが見るのであって、眼をよりどころとする識すなわち眼識が見るのでないこと（第41偈）、一眼で見るか二眼で見るかの問題（第42偈前半）、根が境に接触するか否かの問題（第42偈後半）、根と境との量の問題（第43偈前半）、意識のよりどころは直前の瞬間に過去した意であり、前五識のよりどころは現在の根であること（第43偈後半）、識のよりどころといえば、その境ではなくその根であること（第44偈前半）、識をその根の名で呼び（眼識、耳識など）その境の名で呼ばない（色識、声識など）ゆえん（第44偈後半）、根と境と識と身体とがそれぞれ属する地の相互関係（第45、第46偈）、色声香味触の五はおのおのそれを対象とする五識（眼識ないし身識）によって識られるほか、すべて意識によっても識られること（第47偈の初句）、などが論じられる。

最後に、十八界のうち、法界の一部なる無為法だけが常で他はすべて無常であること（第47偈第2

句)、法界の一部と五根と七心界とが根であり、他は根でないこと(第47偈後半)を説いて、ここの諸門分別を終わる。

(なお、偈の番号は玄奘訳によって附している。サンスクリット原文は第30偈以降で玄奘訳と少しずれがあり、第一章はすべてで48偈となっている。)

分別根品第二

1　二十二根

傳說五於四　四根於二種　五八染淨中　各別爲增上 (1)
了自境增上　總立於六根　從身立二根　女男性增上 (2)
於同住雜染　清淨增上故　應知命五受　信等立爲根 (3)
未當知已知　具知根亦爾　於得後後道　涅槃等增上 (4)
心所依此別　此住此雜染　此資糧此淨　由此量立根 (5)
或流轉所依　及生住受用　建立前十四　還滅後亦然 (6)
身不悅名苦　即此悅名樂　及三定心悅　餘處此名喜 (7)
心不悅名憂　中捨二無別　見修無學道　依九立三根 (8)
唯無漏後三　有色命憂苦　當知唯有漏　通二餘九根 (9)
命唯是異熟　憂及後八非　色意餘四受　一一皆通二 (10)
憂定有異熟　前八後三無　意餘受信等　一一皆通二 (11)
唯善後八根　憂通善不善　意餘受三種　前八唯無記 (12)

欲色無色繫　如次除後三　兼女男憂苦　并除色喜樂(13)
意三受通三　憂見修所斷　九唯修所斷　五修非三非(14)
欲胎卵濕生　初得二異熟　化生六七八　色六上唯命(15)
正死滅諸根　無色三色八　欲頓十九八　漸四善增五(16)
九得邊二果　七八九中二　十一阿羅漢　依一容有説(17)
成就命意捨　各定成就三　若成就樂身　各定成就四(18)
成眼等及善　各定成五根　若成就苦根　彼定成就七(19)
若成女男憂　信等各成八　二無漏十一　初無漏十三(20)
極少八無善　成受身命意　愚生無色界　成善命意捨(21)
極多成十九　二形除三淨　聖者未離欲　除二淨一形(22)

伝説すらく五は四に於いて、四根は二種に於いて、五と八とは染と浄との中にして、各別に増上を為す、と。

自境を了する増上と、総じてと、に六根を立つ。身従(よ)り二根を立つ。女・男の性に増上なり。同の住と雑染(ぞうぜん)と清浄とに於いて増上なる故に、応に知るべし、命と五受と信等とを立てて根と為す。未当知と巳知と具知との根も亦爾り。後後の道を得ると涅槃(ねはん)等とに於いて増上なり。

心の所依と此れの別と、此れの住と此れの雑染と、此れの資糧と此れの浄と、此の量に由りて根を立つ。或は、流転の所依と及び生と住と受用とに、前の十四を建立す。還滅に、後のをも亦然り。

身の不悦を苦と名づく。即ち此の悦を楽と名づく。及び三定の心の悦なり。余処には此れを喜と名づく。心の不悦を憂と名づく。中は捨なり。二なり。別無し。見・修・無学道に、九に依って三根を立つ。

唯無漏なるは後の三なり。有色と命と憂と苦とは、当に知るべし、唯有漏なりと。二に通ずるは余の九根なり。命は唯是れ異熟なり。憂及び後の八は非なり。色と意と余の四受とは、一一皆二に通ず。憂は定んで有異熟なり。前の八と後の三とは無なり。意と余の受と信等とは、一一皆二に通ず。唯善なるは後の八根なり。憂は善と不善とに通ず。意と余の受とは三種なり。前の八は唯無記なり。欲と色と無色との繋は、次の如く、後の三を、兼ねて女・男・憂・苦を除き、并びに色・喜・楽を除く。意と三受とは三に通ず。憂は見と修との所断なり。九は唯修所断なり。五は修と非となり。三は非なり。

欲の胎と卵と湿との生は、初めに二の異熟を得。化生は六と七と八となり。色は六なり。上は唯命のみ。正に死して諸根を滅すること、無色は三なり。色は八なり。欲の頓は十と九と八となり。漸は四なり。善は五を増す。

九は辺の二果を得。七と八と九とは中の二をなり。十一は阿羅漢をなりとは、一の容有に依りて説く。

命か意か捨かを成就せば各定んで三を成就す。若し楽か身かを成就せば各定んで四を成就す。眼等及び喜を成ぜば各定んで五根を成ず。若し苦根を成就せば彼は定んで七を成就す。若し女・男・憂・信等を成ぜば各八を成ず。二無漏は十一なり。初無漏は十三なり。

極少は八なり。無善は受と身と命と意とを成じ、愚の無色界に生ずるは善と命と意と捨とを成ず。極多は十九を成ず。二形は三浄を除く。聖者にして未離欲なるは、二浄と一形とを除く。

≪染と浄と≫ 染は雑染の略。浄は清浄の略。煩悩に染められ汚されている法とそうでない法と。**≪増上≫** 力すぐれていること。**≪同の住≫** 同は衆同分（分別根品第42偈を見よ）の略。同の住とは衆同分が維持され継続すること。**≪此れ≫** 有情をさす。これの別とは有情の男・女の別の意。**≪資糧≫** ある結果をもたらすために必要なもの。**≪流転≫** 迷いの生存が続くこと。還滅の対。**≪生≫** 生起すること。**≪住≫** 維持され継続すること。**≪受用≫** 受け入れることと。**《還滅》** 流転の対。迷いの生存が滅び尽きてさとりの境地に至ること。**《三定》** 第三定、の意。四静慮（二四八頁以下を見よ）の中の第三。**《中》** 悦でも不悦でもない状態。**《二なり》** 身受と心受との両方である、の意。**《別》** 分別の略。ここでは計度分別（分別界品第32偈を見よ）を意味する。**《無学道》** 無学とはもう学ぶべきものがないの意。見道・修道を経て到達する阿羅漢果（すべての煩悩を離れた境地）を無学道という。**《色》** ここでは眼など五根と女・男根の七。**《胎と卵と湿との生》** 胎生と卵生と湿生と、の意。これに化生を加えて四生と数える（分別世間品第8偈後半、第9偈を見よ）。湿生はしめりけから生まれるという生まれ方。うじ・ぼうふらなどの場合をそう考えたもの。**《化生》** 何にもよらず忽然と化成するという生まれ方。**《色》** 色界の意。**《上》** 上二界すなわち色界と無色界をいうことが多いが、ここでは無色界のみをさす。**《頓》《漸》** 頓はいっぺんに、漸は次第次第に、の意。**《辺の二果》** 四沙門果の初めと終り、すなわち預流果と阿羅漢果と。**《容有》** あり得べきこと、可能性、の意。**《二形》** 男・女の二つの性器を有する者をいう。**《三浄》** 三無漏根のこと。**《一形》** 男・女二根のどちらか一つ。

ここでは、二十二根の意味、その諸門分別、その具有と喪失、が説かれる。

二十二根とは眼・耳・鼻・舌・身・意の六内根、女・男の二根、命根、憂・喜・苦・楽・捨の五受根、信・勤・念・定・慧の五作根、および未知当知・已知・具知の三無漏根である。これからがすべて「根」と呼ばれて一括されるゆえんを根の語義の上に見出そうとして、「増上」こそが根の義であるとする。眼などの五根は四つの点で、男・女・命・意の四根はそれぞれに二つの点で、五受根は雑染という点で、五作根と三無漏根とは清浄という点で、増上の義がある、というのである（第1偈）。

また、眼などの五根は自境を知覚することにおいて、意根はすべての境を識知することにおいて、増上（力すぐれている、の意）である。特に、女たることや男たることにおいて増上であるから、身根より別に女・男根が立てられる。衆同分がそこにとどまることと、雑染と、清浄と、において増上であるから、命根と五受根と五作根とがそれぞれ立てられる。未知当知根は已知根を具知根は般涅槃を得ることなどにおいて増上であるから、これら三無漏根が立てられる（第2、第3、第4偈）。

六内根は有情の心のよりどころであり、女・男根は有情の相の別を立て、命根は有情の心身の相続を維持し、五受根は有情の雑染を生み、五作根は有情の清浄をもたらすもととなり、三無漏根によって清浄が成る。また、六内根は流転のよりどころであり、女・男根はその六根を生ぜしめ、命根は六根を維持し、五受根は六根の境を受用せしめる。五作根は還滅のよりどころであり、未知当知根は還滅を生ぜしめ、已知根は還滅を維持し、具知根は還滅を受用せしめる（第5、第6偈）。

次（第7、第8偈前半）は五受根の説明であり、その説くところは上図のごとくである。

	悦	不悦	非悦非不悦
心受	喜、ただし第三静慮地にては楽	憂	捨
身受	楽	苦	捨

意・楽・喜・捨・信・勤・念・定・慧の九根は、見道においては未知当知根と、修道においては已知根と、無学道においては具知根と呼ばれる（第8偈後半）。

第9偈以下第14偈まで（サンスクリット原文第9偈後半―第13偈）は諸門分別。二十二根のうち、どれだけがただ無漏で、どれだけがただ有漏で、どれだけが両者に通じるか。どれだけがただ異熟で、どれだけがただ不異熟で、どれだけが両者に通じるか。どれだけがただ有異熟で、どれだけがただ無異熟で、どれだけが両者に通じるか。どれだけが善、どれだけが不善、どれだけが無記か。どれだけが欲界繋、どれだけが色界繋、どれだけが無色界繋、どれだけが非繋か。どれだけが見所断、どれだけが修所断、どれだけが非所断か、といった問題が論ぜられている。

第15偈（サンスクリット原文第14偈）は有情が生まれ出るときいくばくの根を具有しているかという問題。欲界に胎生・卵生・湿生するものは出生の初めのとき身・命の二根を具える。化生するものは眼などの五根と命根と女・男根のどちらか一つとの七根を具えるのが普通で、特殊な場合としては六根（男・女根のいずれをも欠く）あるいは八根（男・女根のいずれをももつ）を具えることもある。色界に生ずるものは眼などの五根と命根とを、無色界に生ずるものはただ命根のみを具える。

第16偈（サンスクリット原文第15偈）は、死するときいくばくの根を最後に一挙に失うかという問題。無色界では命・意・捨の三根を、色界ではそれに加えて眼などの五根を、欲界では頓死者は普通九根（色界の場合と同じ八根に女・男根のいずれか一つを加える）を、特殊な場合には八あるいは十根を、漸死者は身・命・意・捨の四根を、最後に一挙に失うとされる。もし死時の心が善であれば、以上のおのおのの場合に、信などの五作根を加えるべきである。

第17偈（サンスクリット原文第16偈）は、二十二根と四沙門果との関係を説く。預流果は意根と捨根と信などの五根と未知当知根と已知根との九によって得られる。阿羅漢果は意根と信などの五根と已知根と具知根と喜・楽・捨の中のどれか一根との九によって得られる。中間の二果、一来果と不還果と、は超越証（分別賢聖品第32偈を見よ）の場合は預流果と同じ九根によって得られ、次第証の場合もし世間道ならば意・捨および信など五根の七によって、もし出世道（無漏道）ならば已知根を加えた八根によって得られる。『発智論』に十一根によって阿羅漢果を得るとあるのは、何度かその果を退失して、再びそれを得るような特殊な場合には、そういうこともあり得るというのである。

第18—第20偈（サンスクリット原文第17—第19偈）は、ある一根を具有するときは、必ず他のいくつかの根を同時に具有することになるという関係があることを説く。すなわち、もし命・意・捨の三根の中のどれか一つを具有すれば、そのときは必ずその三根すべてを具有する。もし楽根を具有すれば、必ず命・意・捨・楽の四根を具有する。身根を具有すれば、必ず命・意・捨・身の四根を具有する、という具合である。余他は省略する。

第21、第22偈（サンスクリット原文第20、第21偈）は最少限いくばくの根を具有するか、最大限いくばくの根を具有するか、という問題。断善根（分別世間品第42偈を見よ）の者の最少の場合は五受根と身と命と意との八根のみを具有する。また、無色界に生じた異生（凡夫）は信などの五根と命・意・捨との八根のみを具有する。最多の根を具有するのは十九根までを具える。すなわち、二形者（男根・女根を兼ね具える者）は、最多の場合、三無漏根以外のすべての根を有し、まだ離貪しない聖者（すなわち有学）も、最多の場合、女・男根のいずれか一つと、具知根と、未知当知根・已知根のいずれか一つと、の三根以外のすべての根を有する。

2　法の倶生の定則

欲微聚無聲　無根有八事　有身根九事　十事有餘根(23)
心心所必倶　諸行相或得

欲の微聚は声無く、根無ければ、八事有り。身根有るは九事なり。十事は余根有り。
心と心所とは必ず倶なり。
諸行は相と或は得となり。

《微聚》 極微のあつまり。 《諸行》 すべての有為法を意味する。

ここでは、法相互の間に必ずともに生起する性質をもつもののあることを説く。第23偈（サンスクリット原文第22偈）は色法（色蘊）に属する諸法の倶生を説く。極微のあつまりである色法は、欲界において、五根のいずれをも有せず声をも有しない場合、地・水・火・風の四大と色・香・味・触の四境との八が必ず倶生する。したがって、身根があれば九が倶生し、さらに他の根が一つあれば十が倶生する。

第24偈（サンスクリット原文第23偈）第一句は、心と心所のいくつかとが互いに必ず倶生する、ことを説く。第二句は、すべての有為法と必ず倶生する法に四相（生・住・異・滅）があり、すべての有情数（分別根品第48偈を見よ）の法と必ず倶生する法に得があることを説く。

3 心所法

心所且有五　大地法等異（24）
受想思觸欲　慧念與作意　勝解三摩地　遍於一切心（25）

信及不放逸　輕安捨慚愧　二根及不害　勤唯遍善心(26)
癡逸怠不信　惛掉恒唯染　唯遍不善心　無慚及無愧(27)
忿覆慳嫉惱　害恨諂誑憍　如是類名爲　小煩惱地法(28)
欲有尋伺故　於善心品中　二十二心所　有時增惡作(29)
於不善不共　見倶唯二十　四煩惱忿等　惡作二十一(30)
有覆有十八　無覆許十二　睡眠遍不違　若有皆增一(31)
初定除不善　及惡作睡眠　中定又除尋　上兼除伺等(32)
無慚愧不重　於衆不見怖　愛敬謂信慚　唯於欲色有(33)
尋伺心麤細　慢對他心擧　憍由染自法　心高無所顧(34)
心意識體一　心心所有依　有縁有行相　相應義有五(35)

心所には且く五有り。大地等の異なりなり。

受と想と思と触と欲と、慧と念と作意と、勝解と三摩地とは、一切の心に遍ねし。

信及び不放逸と、軽安と捨と慚と愧と、二根及び不害と、勤とは、唯善心に遍ねし。

癡と逸と怠と不信と、惛と掉とは、恒に唯染なり。

唯不善心に遍ねきは、無慚及び無愧なり。

忿と覆と慳と嫉と悩と、害と恨と諂と誑と憍と、是くの如き類を名づけて、小煩悩地法と為す。

欲は尋・伺有るが故に、善の心品の中に於いては、二十二の心所あり。有る時は悪作を増す。不善の、不共と見とに倶なるに於いては、唯二十なり。四煩悩・忿等・悪作あるは、二十一なり。有覆には十八有り。無覆には十二ありと許す。睡眠は遍ねく違せず。若し有らば皆一を増す。初定には不善及び悪作と睡眠とを除く。中定には又尋を除く。上には兼ねて伺等を除く。

無慚・愧は重んぜざると、衆に於いて怖れを見ざるとなり。愛と敬とは謂く信と慚となり。唯欲と色とに於いて有り。尋と伺とは心の麁と細となり。慢は他に対して心挙がる。憍は自法を染するに由って心高くして顧る所無し。

心と意と識とは体一なり。心・心所は有依なり。有縁なり、有行相なり、相応なり、義に五有り。

《五》 心所を分けて、十大地法・十大善地法・六大煩悩地法・二大不善地法・十小煩悩地法の五種とする。そのほかに八不定法があって、全部で四十六心所となる。《受》 対象を心に感受すること。《想》 対象のすがたを心にとらえる表象作用。《思》 心がある方向に動機づけられること。志向。意志の発動。《触》 内なる心と外なる対象との触れ合い。識が根をとおして境と接触すること。《慧》 分別し判断する作用。《念》 対象を忘失しない心のはたらき。《作意》 対象に注意を向ける作用。《勝解》 対象のいかなるものかを確認する作用。《三摩地》 すなわち、定。心を集中するはたらき。《信》 すみ切った心の信順。《不放逸》 なげやりの心でなく専心に善を行うこと。《軽安》 心が軽快で巧みな適応性のあること。《捨》 心が平静でかたよりのないこと。《慚》《愧》 後述(第33偈前半)を見よ。《二根》 二つの善根、の意。すなわち無貪と無瞋。これに無癡をあわせて三不善根という。無貪は貪(むさぼりの心)の対。対象を厭捨すること。無瞋は瞋(にくしみの心)の対。他を愛憐すること。《不害》 他を害しないこと、非暴力。《勤》 精進に同じ。心の雄々しさ。善に対して果敢にいそしむこと。《癡》 無明に同じ。おろかさ。心の昏さ。《逸》 放逸の略。なげやりで善につとめないこと。放恣。《怠》 懈怠の略。善に対して敢為ならぬこと。怠惰。《不信》 心が澄明でなく信順のないこと。《惛》 惛沈の略。心の沈欝、不軽快。軽安の対。《掉》 掉挙の略。心の軽躁、浮動。《染》 染汚の略。不善と有覆無記とをあわせて染汚という。《忿》 いかり。《覆》 自己の過ちの隠蔽。《慳》 ものおしみ。《嫉》 ねたみ。《悩》 他の諫めを容れぬ頑迷さ。《害》 害意。不害の対。《恨》 うらみ。

《諂》 心の邪曲。 **《誑》** 欺瞞。 **《憍》** 自己満足。 **《心品》** ともに生起している心と心所とのあつまりの総称。 **《悪作》** 過去の悪い行いに対してその過ちを悔いること。 **《不共》** ここでは、ただ無明のみと伴い、他の煩悩（貪・瞋・慢・疑および見）とは伴わぬ不善心をいう。 **《見》** 悪見。すなわち有身見・辺見・見取・戒禁取・邪見の五（分別随眠品第3偈を見よ）。 **《四煩悩》** 貪・瞋・慢・疑。 **《睡眠》** 心の鈍重さをいう。 **《初定》** 初静慮。初禅。 **《中定》** 静慮中間。中間定。中間静慮。すなわち、初静慮と第二静慮の中間の状態。 **《上》** 第二静慮（第二禅）より上。 **《愛》** 親愛の情。 **《有依》** よりどころとしての根をもつ、の意。 **《有縁》** 対境としての境をもつ、の意。 **《有行相》** 対象に対してそれぞれの仕方で作用をなす、の意。 **《相応》** あい合する、の意。

四十六の心所を六類に分つ。それを分つ原理は、おのおのがいかなる心と倶生する（ともに生起する）かという点にある。

(1) 大地法十（あらゆる心と常に倶生（くしょう）する心所）
受・想・思・触・作意・欲・勝解・念・定・慧

(2) 大善地法十（あらゆる善心と常に倶生する心所）
信・勤・捨・慚・愧・無貪・無瞋・不害・軽安・不放逸

(3) 大煩悩地法六（あらゆる染汚心と倶生する心所）
無明（むみょう）・放逸・懈怠（けたい）・不信・惛沈（こんちん）・掉挙

(4) 大不善地法二（あらゆる不善心と倶生する心所）
無慚・無愧

(5) 小煩悩地法十（第六意識においてのみおこり、無明とだけ倶生する心所）
忿・恨・諂・誑・嫉・悩・覆・慳・憍・害

界	心の種類	その心と倶生する心所
欲界	善心	10大地、10大善地、尋、伺。ときに、悪作も。（睡眠があるときはそれも。）
	不善心　不共の無明とともなる場合	10大地、6大煩悩地、2大不善地、尋、伺。（睡眠があるときはそれも。）
	不善心　悪見とともなる場合	10大地、6大煩悩地、2大不善地、尋、伺。（睡眠があるときはそれも。）
	不善心　貪、瞋、慢、疑や忿などや悪作の中の一つとともなる場合	右の20と、上記の諸煩悩の中の1と。（睡眠があるときはそれも。）
	有覆無記心	10大地、6大煩悩地、尋、伺。
	無覆無記心	10大地、尋、伺。外国師らによれば、悪作も。
色界	初静慮地の心	欲界の場合から悪作、睡眠、忿・恨・嫉・悩・覆・慳など、無慚、無愧を除く。
	中間静慮の心	右の諸心所の上に尋をも除く。
	それ以上の心	右の諸心所の上にさらに伺をも除く。
無色界の心		右の諸心所の上にさらに伺をも除く。

⑹　不定法八

尋・伺・睡眠・悪作・貪・瞋・慢・疑

次に、どの心にはどれだけの心所が倶生するものであるか、が説かれる（第29—第32偈）。

次に、互いに類似した二心所を比較し殊別して説明する（第33、第34偈）。無慚は他者の徳に対し恭敬の心がないこと、無愧は自己の罪に対する畏怖の念がないことである。愛は師長や徳ある人に対する信愛の心、敬は他者の徳に対する敬重の心である。この二はともに欲界と色界とにだけ存する。尋は推究的な粗大な心の動きであり、伺は観察的な細密な心の動きである。慢は他に対して己れの方がすぐれているという心の高上がりであり、憍は自己の資質や能力に誇る心の傲りである。

最後(第35偈)に心・心所についての総論として、心と意と識とは同義であること、心と心所はともに「有依」「有所縁」「有行相」であり、よりどころと所縁と行相と時と自体のあり方(同時に二心は併起することなく、同時に同じ心所二つが併起することもない)との五つの点において「相応」であること、が説かれて、この節が終わる。

(この節以下、分別根品の末尾まで、サンスクリット原文の偈の番号は、玄奘訳のそれより1つだけ若い。)

4　心不相応行法

心不相應行　得非得同分　無想二定命　相名身等類(36)
得謂獲成就　非得此相違　得非得唯於　自相續二滅(37)
三世法各三　善等唯善等　有繫自界得　無繫得通四(38)
非學無學三　非所斷二種　無記得俱起　除二通變化(39)
有覆色亦俱　欲色無前起　非得淨無記　去來世各三(40)
三界不繫三　許聖道非得　說名異生性　得法易地捨(41)

心心所法滅　異熟居廣果(42)
善唯順生受　非聖得一世(43)
善二受不定　聖由加行得(44)
二定依欲色　滅定初人中(45)
相謂諸有爲　生住異滅性(46)
生能生所生　非離因縁合(47)
欲色有情攝　等流無記性(48)
得相通三類　非得定等流(49)

同分有情等　無想無想中
如是無想定　後靜慮求脱
滅盡定亦然　爲靜住有頂
成佛得非前　三十四念故
命根體卽壽　能持煖及識
此有生生等　於八一有能
名身等所謂　想章字總説
同分亦如是　幷無色異熟

心不相応行とは、得と非得と同分と無想と二定と命と相と名身等との類なり。三世の得とは謂く獲と成就となり。非得は此れと相違す。得と非得とは唯、自相続と二滅とに於いてあり。三世の法に各三あり。善等には唯善等あり。有繋には自界の得あり。無繋の得は四に通ず。非学無学のは三なり。非所断のは二種なり。無記の得は倶起す。二通と変化とを除く。有覆の色のも亦倶なり。欲の色のは前起無し。非得は浄の無記なり。去来世に各三あり。三界と不繋とには三あり。聖道の非得を説きて異生性と名づくと許す。得法と易地とに捨す。

同分は有情の等しきなり。無想は無想の中にて心・心所法の滅するなり。異熟なり。広果に居す。是くの如きが無想定なるも、後の静慮にあり。脱を求む。善なり。唯順生受なり。聖に非ず。一世なるを得。滅尽定も亦然り。静に住せんが為なり。有頂なり。善なり。二受と不定となり。聖なり。加行に由りて得、成佛得なり。前に非ず。三十四念なるが故なり。二定は欲・色に依る。滅定は初めは人中にてなり。

命根の体は即ち寿なり。能く煖及び識を持つ。相は謂く諸の有為の生・住・異・滅の性なり。此れに生生等有り。八と一とに於いて能有り。生の能く所生を生ずるは、因・縁の合を離るるに非ず。名身等は謂わゆる想と章と字との総説なり。欲・色なり。有情の摂なり。等流なり。無記の性なり。同分も亦是くの如し。并びに無色にてもあり。異熟にてもあり。得と相とは三類に通ず。非得と定とは等流なり。

≪二定≫　無想定と滅尽定と。≪相≫　生・住・異・滅の四有為相。≪名身等≫　名身・句身・文身。得から文身まで心不相応行法はすべてで十四である。≪獲≫　まだ得ていないものを新たに獲得すること、あるいは一度得てそののちに失ったものを再び獲得すること。≪成就≫　すでに獲得したものを具有すること。≪二滅≫　択滅と非択滅と。≪非学無学≫　非学・非無学、の意。すべての有漏法と無為法とをさす。≪二通≫　天眼通と天耳通と（分別智品第47偈を見よ）。≪変化≫　変化心のこと。神境通（分別智品第47偈を見よ）の果としてわが身を種々なものに化作するときの心（第六意識）。≪浄の無記≫　染汚でない無記、すなわち無覆無記のこと。≪異生性≫　凡夫であること。聖者でないこと。≪易地≫　地（有情が住する場所。欲界、初静慮地ないし第四静慮地、空無辺処ないし非想非非想処、の九地を数える）を易えること（たとえば欲界から初静慮地に移る、など）。≪無想は無想の≫　無想果は無想天の、の意。無想天（具には、無想有情天）は広果天、すなわち第四静慮地の八天（分別世間品第2偈）の中の下から数えて第三の天、の一部であるという。≪異熟≫　ここでは異熟果の意。無想果は無想定の異熟果である。≪是くの如き≫　上記の無想（果）が心・心所の滅であるのと同様な、の意。≪後の静慮≫　第四静慮をさす。無想果がただ無想天における果に限られているのに対して、無想定はひろく第四静慮地に属する。≪脱≫　解脱、の略。≪順生受≫　順現受・順後受に対する、分別業品第51偈を見よ。≪聖に非ず≫　聖者には無想定はない、の意。≪一世なる≫　世はときの意。一つのとき、すなわち現在時、のみを得る、の義。≪亦然り≫　また心・心所の滅である、の意。≪有頂≫　生存の最高、の意。非想非非想処をさす。≪二受≫　二順受、の意。順生受と順後受と（分別業品第51偈を見よ）。≪加行≫　実修、の意。加行得（加行によって得る、すなわち、ことさらに努力実修することによって得られる）は離染得（煩悩を離れることの結果としておのずからに得られる）に対する。≪煖≫　体温を意味する。≪因・縁≫　おおよそもろもろの原因を六種に分って六因といい、四種に分って四縁とする。第50偈、第62偈後半、第63偈を見よ。≪想≫　作想の略。名辞、の義。名辞があってそこに想が作されるから、作想といわれる。**《有情の摂》** 有情の心・身の相続を構成する諸法に含まれるもの。有情数。**《等流》** 水の流れのごとく、同類の法の生起が前刹那から次刹那にきれ目なく相続すること。また、そのように相続生起する法。**《是くの如し》** 名身などと同様に、有情数であり等流性であり無覆無記である。**《三類に通ず》** 異熟(生)と等流(性)と一刹那とに通ずる、の意(分別界品第36、第37偈を見よ)。一刹那とは、前生よりの異熟でも前刹那よりの等流でもなく、先行の法を受けずに一刹那に生ずる法をいう。すなわち、見道の初めの苦法智忍、それと相応する心・心所、それと倶生する得および四相である。ここではその得および四相をさす。

十四種の心不相応行のうち、まず得とは一有情の身・心を構成する諸法(自相続)やその有情が得た択滅(ちゃくめつ)・非択滅(二滅)をその有情の上につなぎとどめているはたらきをいい、非得とはそれらの諸法のつながりの関係を引き離すはたらきをいう。所得の法と得との関係は分析的に考察される。過去の法にも現在の法にも未来の法にも、それぞれ過去・現在・未来の三種の得がある(ただし、無覆無記法と有覆無記の表業と欲界繫の表・無表業については後述のとおり)。善(不善・あるいは無記)法の得は必ず善(不善、あるいは無記)である。欲(色、あるいは無色)界繫の法の得は必ず欲(色、あるいは無色)界繫であり、無漏法の得は欲・色・無色界繫あるいは無漏である。有学(うがく)(あるいは無学)の法の得は必ず有学(あるいは無学)であり、非学非無学の法のうち有漏法の得は非学非無学、非択滅および有漏道によって得られた択滅の得も非学非無学、有学の聖道によって得られた択滅の得は有学、無学の聖道によって得られた択滅の得は無学である。見(あるいは修)所断の法の得は見(あるいは修)所断であり、非所断の法のうち、非択滅の得は修所断、有漏道によって得られた択滅の得も修所断、聖道によって得られた択滅の得と聖道の得とは非所断である。過去(現在、あるいは未来)の無覆無記法および有覆無記の表色（分別業品第9偈を見よ）の得はただ過去（現在、あるいは未来）である。ただし二つの通智と変化心との得はいずれも三世にわたる。また、欲界繋の表・無表色の得は所得の法に先立つことがない。

すべての非得はただ無覆無記である。法とその非得との関係は、得の場合と異なって、現在の法の非得は過去か未来のみであり、欲（色、あるいは無色）界繋の法の非得および無漏法の非得にはいずれも欲・色・無色界繋の三種がある。聖道の非得は異生性である。ある法の非得が断捨せられるのは、その法を得るときと、有情がその属する地を移したときとにおいてである。

心不相応行の第三、同分は衆同分ともいう。有情の各類に共通な相似性を意味する。たとえば諸人にはすべて人としての共通な類性があり、諸牛にはすべて牛としての共通な類性がある（これらを有差別同分という）。また、すべての有情には有情としての共通性がある（これを無差別同分という）。

心不相応行の第四は無想果である。無想天に生まれた有情のみに見られる心・心所の滅である。第五は無想定で、無心定（心・心所の生起がすべて断絶した三昧）の一つである。無想天に生まれることを真の解脱であると誤解してそれを求める外道あるいは異生がこれを修する。その果はただ順生受である。この定を初めて得るときはただ現在のをしか得ないが、それ以後は過去のをも得る。第六は滅尽定である。同じく無心定であるが、これは聖者が寂静の境地を楽しもうと意図して修するもので、有頂地に属し、その果には順生受と順後受とがある。特に異熟果についていえば、これは順生受も順後受もあり、まったく不受の場合もある。聖者にとってこれはただ加行得であるが、佛には加行得ということがないから正覚を得ると同時にそれを得るのである。正覚時より先に得ることはない。佛はただ三十四刹那(せつな)にすべての断惑をなしとげてさとりに入るのであるから、その間に滅尽定を修することはない。無想定も滅尽定も欲界か色界かにおいて生ずる。また、滅尽定は初めには人趣(五趣の一。分別世間品第4偈を見よ)のみにおいて生ずる。

心不相応行の第七、命根、とは体温と心のはたらきとを維持する生命力を有情的存在の一要素として見たものである。第八—第十一はすべての有為法が必ずそれを具有するところの生・住・異・滅の四相である。あらゆる有為法は、因・縁によって未来の領域から現在に生じてくるやただちに現在から過去へ去って行くという刹那的生滅をその本性とするが、その一瞬の間にも、法が現在の状態に生じきたり(生)、その状態に在り(住)、それから変異し(異)、そして過去へ去る(滅)、という四段階を経ると考え、その各段階をそうあらしめるはたらきをそれぞれ別個な心不相応行として数えたのがこれら四相である。ところで四相自体もまた有為法にほかならぬから、それを生住異滅せしめるはたらきとして生生・住住・異異・滅滅の四随相を数える。四相のおのおのは八法(もとの法と、それに対する四相のうち自らを除く三と、四随相と)に、四随相のおのおのは一法(その本相。たとえば生生相の場合ならば生相)に対して作用を及ぼす。

心不相応行の最後の三つは名(みょう)(名辞)、句(章句)、文(音節)である。これらによってことばのはたらきが、それによってまた認識が、成立する。これらは欲・色界繫のみであり、有情数であり、等流性であり、すべて無覆無記である。先にあげた同分もまた同様であるが、これは異熟の場合もあり、また無色界繫の場合もある。これに対して、得と四相とは等流性の場合も異熟の場合も一刹那性の場合もある。二無心定と非得とはただ等流である。

5 六因・五果・四縁

能作及倶有　同類與相應　遍行幷異熟　許因唯六種（50）

除自餘能作　倶有互爲果　如大相所相　心於心隨轉（51）

心所二律儀　彼及心諸相　是心隨轉法　由時果善等（52）

同類因相似　自部地前生　道展轉九地　唯等勝爲因（53）

加行生亦然　聞思所成等　相應因決定　心心所同依（54）

遍行謂前遍　爲同地染因　異熟因不善　及善唯有漏（55）

遍行與同類　二世三世三　果有爲離繫　無爲無因果（56）

後因果異熟　前因增上果　同類遍等流　倶相應士用（57）

異熟無記法　有情有記生　等流似自因　離繫由慧盡（58）

若因彼力生　是果名士用　除前有爲法　有爲增上果（59）

五取果唯現　二與果亦然　過現與二因　一與唯過去（60）

染汚異熟生　餘初聖如次　除異熟遍二　及同類餘生（61）

此謂心心所　餘及除相應　說有四種緣　因緣五因性（62）

等無間非後　心心所已生　所緣一切法　增上卽能作（63）

二因於正滅　三因於正生　餘二緣相違　而與於作用（64）

心心所由四　二定但由三　餘由二緣生　非天次等故（65）

大爲大二因　爲所造五種　造爲造三種　爲大唯一因(66)

能作及び倶有と、同類と相応と、遍行并びに異熟となり。因は唯六種と許す。(1)自を除いて余は能作なり。(2)倶有は互いに果と為る。大と、相と所相と、心の心随転に於けると、の如し。心所と、二律儀と、彼と及び心との諸相と、は是れ心随転の法なり。時と果と善等とに由る。(3)同類因は相似たり。自部・地なり。前生なり。道は展転に九地にてなり。唯等と勝とに因となる。加行生も亦然り。聞・思所成等なり。(4)相応因は決定して、心・心所なり。依を同じくす。(5)遍行は謂く前の遍なり。同地の染の因と為る。(6)異熟因は不善及び善の唯有漏なるなり。

遍行と同類とは二世なり。三は世三なり。

果は有為と離繫となり。無為には因果無し。後の因の果は異熟なり。前の因は増上果なり。同類と遍とには等流あり。倶と相応とには士用あり。

(1)異熟は無記の法なり。有情なり。有記より生ず。(2)等流は自因に似る。(3)離繫は慧に由る尽なり。(4)若し彼の力に因って生ぜば、是の果を士用と名づく。(5)前を除く有為法は有為の増上果なり。

五の取果は唯現なり。二の与果も亦然り。過・現の与は二因なり。一の与は唯過去なり。

染汚と異熟生と余と初聖とは次の如く、異熟と遍と二と及び同類とを除きて、余より生ず。此れは謂く心・心所なり。余は及び相応を除く。

四種の縁有りと説く。(1)因縁は五因の性なり。(2)等無間は後に非ざる心・心所の巳生なり。(3)所縁は一切法なり。(4)増上は即ち能作なり。

二因は正滅に於いて、三因は正生に於いて、余の二縁は相違して作用を興す。

心・心所は四に由り、二定は但三に由り、余は二縁に由りて生ず。天に非ず。次等の故なり。
大は大の為に二因なり。所造の為には五種なり。造は造の為に三種なり。大の為には唯一因なり。

《**能作**》〔そう〕させるもの、の意。《**倶有**》ともに有るもの、の意。《**相応**》あい関わるもの、の意。《**遍行**》〔五部の〕すべてに行く〔随眠〕、の意（分別随眠品第12、第13偈を見よ）。《**異熟**》（前とは）異なって（のちに）熟するもの〔の因〕、の意。《**大**》四大種のこと。《**相と所相**》相は有為法の四相。所相は相をもつ本法。《**心随転**》心に随伴しておこる法。《**二律儀**》静慮律儀と無漏律儀（すなわち道生律儀）と（分別業品第15偈を見よ）。《**自部・地**》自部・自地、の意。地は先に（七四頁）あげた九地のいずれか。部は見苦所断・見集所断・見滅所断・見道所断・修所断の五部のいずれか。《**展転に**》互いに、の意。《**聞・思所成**》学習によって成されたのと思惟によって成されたのと。慧などの徳についていう。《**二世**》過去世と現来世と。《**後の因**》六因の最後にあげられた異熟因。《**前の因**》六因の最初にあげられた能作因。《**増上果**》増上の果、の意。増上は力を及ぼすもの、の義。《**等流**》〔因から〕流れ出る〔果〕、の意。《**士用**》男子の動作、の意。因の力の強いのをそうたとえた。士用果は、そのような力ある因の果という意味。《**有記**》無記の対。すなわち善と不善と。《**尽**》滅のこと。慧による滅、すなわち択滅、が離繋果である。《**取果**》因とその果との間に因果関係が成立するのを、因が果を取るという。《**与果**》ある因の果としての法が現在に生起するのを、因が果を与えるという。《**余**》染汚と異熟生とを除いた残余の法、の意。《**初聖**》有情がはじめて見道に入った（分別賢聖品第1、第27偈を見よ）ときの無漏法。《**次**》次第の略。順序、の意。次の如くとは「その順序に随って」の意。《**因縁**》因としての縁、の意。《**等無間**》間に何も介在しない、直接の〔縁〕、の意。《**所縁**》対象〔としての縁〕、の意。《**正滅**》《**正生**》まさに滅しよう（生じよう）とするとき、の意。《**相違して**》〔前と〕逆に、の意。《**大**》《**造**》大は四大種、造は四大種所造、の略。

多様に複雑に因果関係をなしている諸法を、因である点から六種に分類して六因とし、四種に分類して四縁とする。果である点から五種に分類して五果とする。その名称と相互の関係は先にも表示した（四五頁）。

能作因は最も広く因を考えた場合である。ある法の因はその法自体以外のすべての法であるとして、それを能作因と呼びその果を増上果とする。ある法が生起するとき少なくともその妨げをしないという点で、他のすべてはそれに対して因のはたらきをもつ、とするのである。

次に因と果とがときを同じくする関係として、倶有因——士用果と相応因——士用果とがある。前者は四大種相互の間、四相とその本法との間、心とそれにあい伴う（それと時をともにし果をともにし善・不善などの性質をともにする）心所・二律儀・四相などの諸法との間、などに成立し、後者は、前者の特殊な場合と見るべきもので、同一の根をよりどころとする心や諸心所の相互の間に成立する。

因と果とがときを異にする（もとより因が果に先立つ）関係として同類因・遍行因——等流果と異熟因——異熟果とがある。同類因——等流果は善・不善などの性質が同一で同一の部・地に属する法と法との間に成立する。等流果は多くの場合自らまた同類因となって次の等流果を生ぜしめ、そこに因果の連鎖が続くのである。無漏道の諸法の場合、この因果は必ずしも同一の地に属する諸法の間に限られず、九地の法相互の間にそれが成立する。ただその時の果は必ず因と等しいか因よりまさったものである。このことは、聞・思所成の慧などのように加行によって生ずる法の場合も同様である。

遍行因——等流果の関係は同類因——等流果のそれの特別な場合である。すなわち十一種の遍行の随眠（分別随眠品第12偈を見よ）およびそれとあい伴う諸法（ただし得を除く）を遍行因と呼ぶ。したがって因・果はその地をともにするが部は必ずしも同一とはいえない。五部のすべての染汚法のために通じて因となるのが遍行の法だからである。

異熟因――異熟果は因と果との間に必ずときを隔てる。そして、異熟果が自ら異熟因となって再び異熟果を生じそこに因果の連鎖をなすことはない。因は必ず有漏の善・不善の業およびそれにあい伴う諸法であり、果は楽・苦の受およびそれにあい伴う諸法で必ず無記であるところから、異熟と呼ばれる、と解釈されている。

遍行因（へんぎょう）と同類因はただ過去か現在で、未来ではない。倶有因・相応因・異熟因は三世のいずれにおいてもある。能作因は三世のいずれにおいてもあり、また非繫（三世のいずれにも属しない）でもある。無為法をも含むからである。

果は有為法と離繫すなわち択滅とである。しかし、およそ無為法は因とはなる（能作因・所縁縁・増上縁）けれどもその果を有しない。また、果とはなる（離繫果）けれどもその因を有しない。他の法と因果の関係をなすのはただ有為法のみである。

五果のうち、異熟果は必ず無記で、有情数で、善・不善の因より生ずる。等流果は必ずその因と同類のものである。離繫（りけ）果は択滅（ちゃくめつ）で、その因を有しない。とくにある法の作用力によってある果が生ずるようなときその果は士用果と呼ばれる。ある有為法より前に生じた以外の有為法はその法の増上果である。

六因のおのおのは三世のいずれにおいて取果し与果するか、を表示すると左のようになる。

	(取 果)	(与 果)	
倶有因	現 在	現 在	同時の因果
相応因	現 在	現 在	同時の因果

同類因	現在	現在、過去	異時の、時を隔てぬ因果
遍行因	現在	現在、過去	
異熟因	現在	過去	異時の、時を隔てる因果
能作因	（無為法の場合を除いて）現在	現在、過去	

次に、六因とそれより生ずる諸法との関係について論ずる。まず心・心所法を(1)不善および有覆無記、(2)無覆無記の中の異熟生法、(3)見道に入った最初の無漏の善法、(4)異熟以外の無覆無記と初無漏を除いた他のすべての善法と、の四種に分つ。(1)は異熟因以外の五因から、(2)は遍行因を除いた五因から、(3)は異熟・遍行・同類の三を除いた三因から、(4)は異熟・遍行を除いた四因から生ずる。また心・心所以外の有為法（色と心不相応行）の場合は、右に記したところからさらにそれぞれ相応因を除く。

四縁のうち、因縁は能作因以外の五因に相当する。そこで、能作因が他の三縁に相当することになる。等無間縁は已生の心・心所で阿羅漢の最後の心・心所（般涅槃に入る直前の心・心所）以外のものである。所縁縁は心・心所の対象になるすべての法である。増上縁は最も広義で、ひろく能作因にあたる。

次に、因が与果の作用をおこすのは果の正滅の位においてか正生の位においてか、を分別して、倶有・相応の二因と所縁縁は正滅位において、同類・遍行・異熟の三因と等無間縁とは正生位においてであるとする。

続いて、四縁とそれより生ずる諸法との関係を説く。心・心所は四縁のいずれからも生ずる。二無心定は所縁縁以外の三縁から、その他の十二心不相応行と色法は所縁縁と等無間縁と以外の二縁から生ずるのである。

色法の中で、大種と所造色との間に見られる因果関係がとくに最後に論じられる。大種は大種のために倶有・同類の二因となり、所造のために生・依(え)・立(りゅう)・持・養の五因となるというがこの五はいずれも能作因の中に含まれると見られる。所造は所造のために倶有・同類・異熟の三因となり、大種のために異熟因となる、という。

6　十二心・二十心の相生

欲界有四心　善惡覆無覆　色無色除惡　無漏有二心(67)
欲界善生九　此復從八生　染從十生四　餘從五生七(68)
色善生十一　此復從九生　有覆從八生　此復生於六(69)
無覆從三生　此復能生六　無色善生九　此復從六生(70)
有覆從七生　無覆如色辯　學從四生五　餘從五生四(71)
十二爲二十　謂三界善心　分加行生得　欲無覆分四(72)
異熟威儀路　工巧處通果　色界除工巧　餘數如前説(73)
三界染心中　得六六二種　色善三學四　餘皆自可得(74)

欲界に四心有り。善と悪と覆と無覆となり。色と無色とには悪を除く。無漏は二心有り。欲界の善は九を生じ、此れは復た八従り生ず。染は十従りして四を生ず。余は五従りして七を生ず。色の善は十一を生じ、此れは復た九従り生ず。有覆は八従り生じ、此れは復た六を生ず。無覆は三従り生じ、此れは復た能く六を生ず。無色の善は九を生じ、此れは復た六従り生ず。有覆は七従り生ず。無覆は色に弁ずるが如し。学は四従りして五を生ず。余は五従りして四を生ず。

十二を二十と為す。謂く、三界の善心に加行と生得とを分つ。欲の無覆に四を分つ。異熟と威儀路と工巧処と通果となり。色界には工巧を除く。余の数は前に説くが如し。三界の染心の中には、六と六と二種とを得。色の善には三が、学には四が、余は皆自らが得らるべし。

《威儀路》行・住・坐・臥などの威儀動作をおこし、またそれを縁ずる心。《工巧処》身・語により工作や作業をする、またはそれを縁ずる心。《通果》三昧に入った結果として得られる神通自在な作用をなす心。

三界十二心相互の等無間縁——増上果の関係を示すと次頁の図のごとくである。

ここに見られる心生起の原則は、(1)同じ界の中ではいかなる心からいかなる心も生ずる。(2)他界に続生して他性の心が生ずる場合は、下界の善心か無覆無記心から上界の染心が生じ、上界のいかなる心からも下界の染心が生ずる。色界の善心から欲界の無覆無記心が生ずることもある。(3)入定するときは、欲界善から色界善、色界善から無色界善は生ずるが、欲界善からただちに無色界善は生じない。出定するときは、無色界善から色界善、色界善から欲界善（散心）は生ずるが、無色善からただちに欲界善は生じない。(4)無漏観に入るときは、善心か無漏心から学・無学心が生ずる（ただし無学心から有学心は生じない）。無漏観から出るときは、学心か無学心から善心・無漏心が生ずる（ただし無学心から学心は生じない)、という四項に要約される。十二心を二十心に分つ場合でも、原則はまったく同様である。

十二心の中のある心が生起するとき、どれだけの種類の心が新たに得られるかが、最後の偈の問題である。あらゆる可能性を考えれば、欲界の染汚心(ぜんましん)の場合には欲界の善と三界の染汚と有学心との六が、色界の染汚心の場合には色界の三心と欲界の無覆と無色界の染汚と有学心との六が、無色界の染汚心の場合はその無色の染汚と有学心との二が、色界の善心の場合はその色界善と欲・色界の無覆との三が、有学心の場合はその有学心と欲・色界の無覆と無色の善との四が、それ以外の心の場合はおのおのその心だけが、得られるとする。

増上果 ＼ 等無間縁	欲界 善心	欲界 不善心	欲界 有覆無記心	欲界 無覆無記心	色界 善心	色界 有覆無記心	色界 無覆無記心	無色界 善心	無色界 有覆無記心	無色界 無覆無記心	無漏 有学心	無漏 無学心
欲界 善心	○	○	○	○	○	○					○	○
欲界 不善心	○	○	○	○	○	○	○	○	○	○		
欲界 有覆	○	○	○	○	○	○	○	○	○	○		
欲界 無覆	○	○	○	○	○							
色界 善心	○			○	○	○	○	○	○		○	○
色界 有覆	○			○	○	○	○	○	○	○		
色界 無覆					○	○	○					
無色界 善心					○			○	○	○	○	○
無色界 有覆	○			○	○		○	○	○	○		
無色界 無覆								○	○	○		
無漏 有学心	○				○			○			○	
無漏 無学心	○				○			○			○	○

分別世間品第三

1　三界・五趣・四生

地獄傍生鬼　人及六欲天　名欲界二十　由地獄洲異(1)
此上十七處　名色界於中　三靜慮各三　第四靜慮八(2)
無色界無處　由生有四種　依同分及命　令心等相續(3)
於中地獄等　自名說五趣　唯無覆無記　有情非中有(4)
身異及想異　身異同一想　翻此身想一　并無色下三(5)
故識住有七　餘非有損壞　應知兼有頂　及無想有情(6)
是九有情居　餘非不樂住　四識住當知　四蘊唯自地(7)
說獨識非住　有漏四句攝　於中有四生　有情謂卵等(8)
人傍生具四　地獄及諸天　中有唯化生　鬼通胎化二(9)

地獄と傍生と鬼と人及び六欲天とを欲界と名づく。二十なり。地獄と洲との異に由る。此の上の十七処を色界と名づく。中に於いて三静慮は各三なり。第四静慮は八なり。無色界は処無し。生に由りて四種有り。同分及び命に依って、心等をして相続せしむ。

中に於いて、地獄等を自名もて五趣と説く。唯無覆無記なり。有情にして中有に非ず。身の異及び想の異なると、身は異にして同一の想なると、此れに翻ずると、身も想も一なると、并びに無色の下三との故に、識住に七あり。余は非なり。損壊有ればなり。応に知るべし、有頂及び無想有情を兼ねて、是れ九有情居なり。余は非なり。不楽の住なればなり。四識住は、当に知るべし、四蘊なり。唯自地なり。独り識のみは住に非ずと説く。有漏なり。四句の摂なり。

中に於いて四生の有情有り。卵等を謂う。人と傍生とは四を具す。地獄及び諸天と中有とは唯化生なり。鬼は胎・化の二に通ず。

《傍生》 ふつう畜生の語で知られる。《鬼》 ふつう餓鬼の語で知られる。《六欲天》 欲界に属する六天。下から順に四大王衆天（四王天）・三十三天（忉利天）・夜摩天・都史多天（兜率天）・楽変化天・他化自在天と呼ばれる。《洲》 四洲、すなわち南贍部洲・東勝身洲・北倶盧洲・西牛貨洲。《地獄等》 上掲の地獄・傍生・鬼・人・天。《中有》 後説（第10偈）を見よ。《有頂》 有情的生存の最高の領域、の意。非想非非想処のこと。《四句》 AとBと二つの観点を立てて(1)AであってBでない、(2)BであってAでない、(3)AでもありBでもある、(4)AでもBでもない、という四つのあり方に分別すること。《四生》 胎生・卵生・湿生・化生の四。湿生はしめりけから生まれるものの意で、ウジやボーフラのごときをそう考えたのであるし、化生とは何のよりどころもなしに忽然と生まれるものをいう。

欲界は、地獄に等活・黒縄・衆合・号叫・大叫・炎熱・大熱・無間の八を分け、人に四洲を分け、それに六欲天と傍生と鬼とを加えて合計二十とする。色界の十七処とは、初静慮処に梵衆・梵輔・大梵の三天を、第二静慮処に少光・無量光・極光浄の三天を、第三静慮処に少浄・無量浄・遍浄の三天を、第四静慮処に無雲・福生・広果・無煩・無熱・善現・善見・色究竟の八天を数えるからである。

また、大梵天を梵輔天に含め、色界を総じて十六天に数えることもある。無色界には処の別はないが、生まれによって空無辺処・識無辺処・無所有処・非想非非想処の四種となる。無色界における有情の相続はただ心・心所の相続であって同分と命根とをそのよりどころとする。

五趣を成す諸法は有情数の無覆無記法である。中有は五趣には含まれない。

経に七識住を説く。識住とは識の安住する処の意である。(1)欲界の人・天と初静慮天、(2)特に成劫(第90偈を見よ)において初めに生ずる初静慮処の中の梵衆天、(3)第二静慮天、(4)第三静慮天、(5)空無辺処天、(6)識無辺処天、(7)無所有処天、をいう。(1)にては有情は互いに身体も異なり想いも異なる。(2)にては身体は互いに異なっても想いは同じとされる。(3)にては各有情の形状に異なるところがないが想いは異なるとされる。(4)にては各有情の形状に異なるところなく、その想もみな等しく楽の想のみであるとされる。(1)――(7)以外、すなわち三悪趣と第四静慮と有頂とでは、激しい苦や無心定などによって識を損じたり断じたりすることがあるから、それらを識住とは数えない。

七識住に有頂と無想有情(第四静慮天の一部)とを加えて九有情居とする。そこでは有情は欣楽して住する。これ以外では有情は楽しまずして住しているから、それらは有情居と呼ばれない。

また他の経には四識住が説かれる。有漏の色受想行の四蘊は、それと同じ地に属する識がそれによりそれを愛着するから、識住といわれる。だから、この場合、識蘊は識住とは数えられない。七識住に含まれるもの(A)と四識住に含まれるもの(B)とに関して、四句を作れば、第一句(A、非B)は七識住の中の識蘊、第二句(B、非A)は三悪趣(地獄・傍生・鬼)と第四静慮と有頂とにおける四蘊、第三句(A、B)は七識住の中の四蘊、第四句(非A、非B)はそれ以外の諸法である。

四生と五趣との関係は、人と傍生とには四のすべてがあり、地獄と天と中有とはただ化生のみ、鬼には胎生と化生とがある、とする。人趣が四生のすべてにわたるということについては、成劫に入って初めて生まれる人は化生であり、シャイラらは難船した商人が海浜で牝鶴と通じた結果卵生したという等々の例が説かれている。

2　中有について

死生二有中　五蘊名中有　未至應至處　故中有非生(10)
如穀等相續　處無間續生　像實有不成　不等故非譬(11)
一處無二竝　非相續二生　說有健達縛　及五七經故(12)
此一業引故　如當本有形　本有謂死前　居生剎那後(13)
同淨天眼見　業通疾具根　無對不可轉　食香非久住(14)
倒心趣欲境　濕化染香處　天首上三横　地獄頭歸下(15)
一於入正知　二三兼住出　四於一切位　及卵恒無知(16)
前三種入胎　謂輪王二佛　業智俱勝故　如次四餘生(17)
無我唯諸蘊　煩惱業所爲　由中有相續　入胎如燈焰(18)
如引次第增　相續由惑業　更趣於餘世　故有輪無初(19)

死・生二有の中の五蘊を中有と名づく。未だ至るべき処に至らざる故に中有は生じたるものに非ず。

穀等の相続するが如く、処は無間に続生す。像の実有は成ぜず。等しからざるが故に譬に非ず。一処に二並ぶこと無し。相続に非ず。二より生ず。有を説く健達縛及び五・七経の故なり。

此れは一業の引なるが故に、当の本有の形の如し。本有とは謂く死の前にして生の刹那の後に居す。同と浄なる天眼とに見らる。業通ありて疾し。根を具す。無対なり。不可転なり。香を食す。久しく住するに非ず。倒心もて欲の境に趣く。湿と化とは香と処とに染す。天は首を上にし、三は横なり。地獄は頭が下に帰す。

一は入に於いて正知あり。二・三は住・出を兼ぬ。四は一切の位に於いて、及び、卵は恒に、知ること無し。前の三種の入胎は、謂く、輪王と二佛となり。業と智と倶とに勝る故に、次の如し。四は余の生なり。無我にして唯諸蘊のみなり。煩悩と業との所為にして、中有の相続に由って胎に入ること灯焔の如し。引くが如くに次第に増して相続し、惑と業とに由りて更に余世に趣く。故に有の輪は初め無し。

《死・生二有》 有情の生存のあり方を四段階に分けて本有・死有・中有・生有の四有とする。死有は一つの生存の終わる瞬間。生有は次の生存の始まる瞬間。死有と生有との間が中有。生有と死有との間が本有である。《生じたるものに非ず》 一つの生存に生まれ出つつあるがまだ生まれ出終わってはいない、の意。したがって上記のように中有は五趣のいずれでもない。《処》 生存のあり方。《一業》 同一の業、の意。《当》 当来の略。まさにきたるべき、の意。《同》 同じく中有なるもの、の意。《業通》 業による通（神通）、の意。《正知》 心のはたらきが明らかで判断が明晰なこと。

死有と生有との間に中有の存在を認めるかどうかはアビダルマ佛教諸派の間で論争になっていた問題である。説一切有部はそれを認める側に立つ。

すなわち、死有によって一つの生存が終わり、間にいくばくかのときをおいて、次の生有によってまた生存が始まる、ということはあり得ない。穀物などの相続のごとく、有情の生存のあり方も間を隔てず不断に連続してゆくのであって、生有が死有からただちに続くのでない限り死有と生有との間を結ぶ中有という状態の存在を認めねばならない、とする。死有と生有との関係は、物と隔っておかれた鏡に映るその影像との関係になぞらえるべきではない。影像には実在性は認められないし、たとえそれを認めたとしても物とその影像とは等質なものでないから、譬喩としてこの場合に適合しない。一処に二つの実在物が並ぶことはないから鏡面とその上の影像とにともに実在性を認めることはできず、したがって影像の実在性は否定される。物とその影像とは相続するものでないから、死有から生有へただちに相続すると考えようとするための譬喩とはならない。影像は物と鏡との二によって生ずるが生有はそうでない。

教証の上からも中有ありとされる。健達縛経・五不還経・七善士趣経などが根拠である。

中有はきたるべき本有を引く業と同じ業の引くところであるから、中有の形状は次の本有のそれのごとくである。中有を見ることができるのは、同じ中有どうしか、あるいは清浄な天眼をもっている有情だけである。業によって得た通力によって速疾に虚空(こくう)中を行く。五根を具備し、その行動は何ものによっても抵触されない。ある趣に生まるべき中有は必ずその趣に生まれるのであって、他趣に転ずることがない。中有の期間は永くない。

貪と瞋との煩悩によって顚倒した心をもって次生の父母たるものの愛欲の境域に行き托生する（胎・卵生の場合）。湿生の場合は生処の香気に対して、化生の場合は生処そのものに対して愛染の心をおこして生を受ける。天趣に生まるべき中有は首を上にして上昇して行き、地獄へ生まるべき中有は頭を下にして下降して行き、人・鬼・傍生へ生まるべき中有は横さまに行く。

正等覚者（佛）は、福業・智恵ともにすぐれているから、自らの入胎・住胎・出胎を明らかにそれとしり、独覚は智恵がすぐれているから入胎・住胎をしり、転輪王は福業がすぐれているから入胎をしる。他の胎生者および卵生者はいずれをも正しくしり得ない。

このように有情は四有の過程を繰り返して三界・五趣を輪転するが、そこに趣から趣におもむく「我（が）」があるわけでなく、ただ五蘊（ごうん）のみである。灯焔が刹那刹那に滅しながら相続して一方から他方に至るように、煩悩と業のなすところの五蘊仮和合の有情の相続身が、中有によって一の生存から次の生存へと引き継がれて胎に入るのである。その一期（いちご）の相続は寿を引く業の力の大小に応じて長短があるが、一つの生存が終わるとまた煩悩と業とによって次の生存におもむく。こうして、迷いの生存には必ずその因があるから、生存の輪には初め（第一原因。自らは因であるが、自らの因を有しないもの）がない。

3　十二縁起

如是諸縁起　十二支三際　前後際各二　中八據圓滿(20)
宿惑位無明　宿諸業名行　識正結生蘊　六處前名色(21)
從生眼等根　三和前六處　於三受因異　未了知名觸(22)
在婬愛前受　貪資具婬愛　爲得諸資具　遍馳求名取(23)

有謂正能造　牽當有果業　結當有名生　至當受老死 (24)
傳許約位説　從勝立支名　於前後中際　爲遣他愚惑 (25)
三煩惱二業　七事亦名果　略果及略因　由中可比二 (26)
從惑生惑業　從業生於事　從事事惑生　有支理唯此 (27)
此中意正説　因起果已生　明所治無明　如非親實等 (28)
説爲結等故　非惡慧見故　與見相應故　説能染慧故 (29)
名無色四蘊　觸六三和生　五相應有對　第六俱増語 (30)
明無明非二　無漏染汚餘　愛恚二相應　樂等順三受 (31)
從此生六受　五屬身餘心　此復成十八　由意近行異 (32)
欲縁欲十八　色十二上三　二縁欲十二　八自二無色 (33)
後二縁欲六　四自一上縁　初無色近分　縁色四自一 (34)
四本及三邊　唯一縁自境　十八唯有漏　餘已説當説 (35)
此中説煩惱　如種復如龍　如草根樹莖　及如糠裹米 (36)
業如有糠米　如草藥如花　諸異熟果事　如成熟飲食 (37)

是くの如き諸縁起は十二支、三際なり。前後際は各二なり。中は八なるも、円満に拠る。宿惑の位が無明なり。宿の諸業を行と名づく。識は正しく生を結ぶ蘊なり。六処の前が名色なり。眼等の根を生ずる従り三の和する前までが六処なり。三受の因の異なりに於いて未だ了知せざるを触と名づく。婬愛の前に在るが受なり。資具と婬とを貪ぼるが愛なり。諸の資具を得んが為に遍ねく馳せ求むるを取と名づく。

有は謂く、正しく能く当有の果を牽く業を造るなり。当有を結ぶを生と名づく。当の受に至るまでは老死なり。

伝許すらく、位に約して説く。勝に従いて支の名を立つ。

前・後・中際に於いて、他の愚惑を遣らんが為なり。

三は煩悩なり。二は業なり。七は事なり、亦果と名づく。果を略し及び因を略す。中に由って二を比すべし。惑従り惑と業とを生じ、業従り事を生じ、事より事と惑と生ず。有支の理は唯此れのみ。此の中、意は正しく説く、因は起なり、果は巳生なりと。

明の所治が無明なり。非親・実等の如し。説きて結等と為すが故なり。悪慧に非ず。見なるが故なり。見と相応するが故なり。能く慧を染すと説くが故なり。

名は無色の四蘊なり。

触は六なり。三、和して生ず。五と相応する有対なり。第六と倶なるは増語なり。明と無明と非二とは、無漏と染汚と余となり。愛と恚とは二と相応す。楽等は三受に順ず。

此れ従り六受を生ず。五は身に属し、余は心になり。此れ復た十八を成ず。意近行の異なりに由る。欲と欲を縁ずるとは十八なり。色は十二なり。上は三なり。二と欲を縁ずるとは十二なり。八は自なり。二は無色なり。後の二と欲を縁ずるとは六なり。四は自なり。一は上の縁なり。初めの無色の近分と色を縁ずるとは四なり。自は一なり。四本及び三辺は唯一なり。自境を縁ず。十八は唯有漏なり。

餘は巳に説き、当に説くべし。

此の中に説く。煩悩は種の如く、復た竜の如く、草根と樹茎との如く、及び、糠の米を裹むが如し。業は糠を有する米の如く、草薬の如く、花の如し。諸の異熟果の事は成熟する飲食の如し、と。

《円満に拠る》 完全に八支を経ない場合もある、という意。幼少で夭逝する者の場合、色・無色界に生ずる者の場合などがそれである。**《宿》** 過去、の意。**《所治》** 所対治の略。それと対置されるもの、それを否定するもの、の意。**《悪慧》** 慧は心所の名。十大地法の一。無明（＝癡）は悪しき慧ではなく、別個な心所（六大煩悩地法の一）である。**《近分》** 四静慮にも四無色定にもそれぞれ近分定と根本定との二を分つ。分別定品（二七三頁）を見よ。**《三辺》** 三つの近分、の意。

縁起説の十二支、すなわち無明から老死まで、を前・中・後の三際に分って、いわゆる三世両重の因果を説く。無明・行が前際（前生）、識・名色・六処・触・受・愛・取・有が中際（今生）（ただしこれは各支を完全に経る場合である。そうでないこともある）、生・老死が後際（来生）である。

前生の煩悩が無明、前生の業が行、それによって今生に胎内に結生するときの五蘊が識、胎内で六根を具備するに至るまでが名色、根が具わって出生するまでが六処、出生して外界と接触（根・境・識の三事和合）しながらなお苦・楽・不苦不楽の因をそれぞれ分別しない間、すなわち生まれてから二、三歳までの間が触、その後まだ性欲をおこさぬ十四、五歳までの間が受、性欲や物欲をおこす十五、六歳以降が愛、物欲のために馳せ廻る二十歳以後が取、来生の果を引く業を造るのが有、来世に結生するのが生、来生の受に至るまでが老死である。愛・取は前世の無明にあたり、有は行にあたる。生は現世の識にあたり、老死は名色・六処・触・受にあたる。

説一切有部の伝統説によれば、五蘊の相続がそれぞれの位にあるのについて十二縁起支を説いたのである、という。五蘊の相続であるのにそれを無明とか行とかいうように呼ぶのは、それぞれの位においてすぐれているものに従ってその名を附したのである。すなわち、無明がことにすぐれている位にある五蘊の相続を無明と呼ぶ、という具合である。

前世においてわれはいかにあったか、現世においていかにあるか、来世においていかにあるであろうか、という愚かしい迷妄の思いを除くために有情数の縁起としてこの十二支縁起説が説かれたのである。

無明・愛・取の三は惑すなわち煩悩、行・有の二は業、残りの七は事、すなわち業・煩悩のよりどころとしての身相続、あるいはまた果としての苦、である。後際については果を生・老死の二支のみで略説し、前際については煩悩として無明一支のみあげて因を略説しているが、それは中際の七支の広説によって比知し得るからである。惑より業を生ずることは無明→行、取→有によって、惑より惑を生ずることは愛→取によって、業より事を生ずることは行→識、有→生によって、事より事を生ずることは識→名色→六処→触→受、生→老死によって、事より惑を生ずることは受→愛によって示されている。これによって無始の惑・業・苦の輪転の理を明かすのが経に十二の有支を説かれたゆえんである。経の中に縁起と縁已生とが説かれるが、それは、因としての支が縁起であり果としての支が縁已生である、というに過ぎない。

無明（a-vidyā）とは明（vidyā）の否定である。それは、単に明でないもの、あるいは単に明の欠如、なのではなく、明（智恵）の逆なる愚かさを意味する。非親友（a-mitra）が、単に友（mitra）でない者、あるいは単に友情をもたぬ者、なのではなく、友の逆なる仇敵を意味し、非真実（an-ṛta）が、単に真実（ṛta）でないもの、あるいは単に真実さの欠如、なのではなく、真実の逆の偽瞞を意味するごとくである。経には無明を結・縛・随眠などと呼んでいるからである。無明を悪しき慧と見ることはできない。無明は慧とは別な心所である。悪慧は見だからである（分別随眠品第3偈を見よ）。無明は見と相応する（あい伴う）のであるから、それが悪慧であるはずはない。また、経に、無明は慧を染汚すると説かれていることからも、それを悪慧と見ることはできない。

名色というち、色についてはすでに詳説した（分別界品第9－第13偈）。名とは色蘊以外の四蘊である。

触は眼触ないし意触の六である。根・境・識の三が合してそこに生ずる。前の五は五色根すなわち有対の根をよりどころとするから有対触といわれ、第六の意触は多く名（心不相応行の一）を対象とするから増語触といわれる（「増語」は名の意である）。また、明触・無明触・非明非無明触という三種の触が数えられることもあるが、これは順次に無漏の触と染汚の触とその他（有漏善と無覆無記と）の触とである。無明触の一部でしばしばおこるのが愛触と恚触とで、これはそれぞれ貪と瞋との煩悩と相応する。また、順楽受・順苦受・順不苦不楽受の三種の触が数えられる。こうして触の分類は合計十六である。

受は眼触所生の受ないし意触所生の受の六である。前五を身受、第六を心受、と二種に分ける。その心受を十八に分ける。心受に喜・憂・捨があり、おのおの色ないし法の六境を対象としてはたらくからであって、それを十八意近行という。欲界にはそれら十八のすべてがあり、それらすべてが欲界を対象とする。色界を対象とするのは十二（香・味を対象とする二つの喜近行、二つの憂近行、二つの捨近行を除く）であり、無色界を対象とするのは三（法を対象とする喜・憂・捨近行）である。初静慮と第二静慮との二処には十二（六つの憂近行を除く）があり、そのすべてが欲界を対象とし、八（香・味を対象とするものを除く）が色界を、二（法を対象とする喜・捨近行）が無色界を対象とする。第三・第四静慮には六（捨近行のみ）があり、そのすべてが欲界を対象とし、四（香・味を対象とするものを除く）が色界を、一（法を対象とする捨近行）が無色界を対象とする。無色界の第一、空無辺処、の近分定には四（香・味を対象とするを除いた捨近行）があり、そのすべてが色界を対象とし、一（法を対象とする捨近行）が無色界を対象とする。無色界の四根本定と空無辺処以外の三近分定とには法を対象とする捨近行のみがあり、ただ無色界を対象とする。これら十八意近行はすべてただ有漏である。

ここに解説した無明・名色・触・受以外の八支については、一部はすでに先に説いたし、他はやがてのちに説くであろう。

種から芽・茎・葉を生ずるように煩悩から煩悩・業・事が生ずる。竜が住む池は渇せぬように煩悩が住む生は尽きぬ。草の根を抜かねば剪ってもまた伸びるように、煩悩の根を抜かねば趣は再びおこる。樹や茎からしばしば花・果を生ずるように、煩悩からはしばしば煩悩・業・事を生ずる。糠が米を包んでいてはじめてよく芽などを生ずるように、煩悩が業を包んでいてはじめて生を受ける。米の糠あるがよく芽などを生ずるように、業の煩悩あるがよく異熟を招く。薬草が果の熟することによって枯れ終わるように、業の果は熟しおわればさらに重ねて異熟を生じない。花が果の生ずる近因であるように、業は異熟を生ずる近因である。できあがった飲食物はそのまま摂られるもので、それがのちに再び飲食物に変ずることはないように、業の異熟からさらに異熟が生ずることはない。

4　有情に関する諸問題

於四種有中　生有唯染汚　由自地煩悩　餘三無色三(38)
有情由食住　段欲體唯三　非色不能益　自根解脱故(39)
觸思識三食　有漏通三界　意成及求生　食香中有起(40)
前二益此世　所依及能依　後二於當有　引及起如次(41)
斷善根與續　離染退死生　許唯意識中　死生唯捨受(42)
非定無心二　二無記涅槃　漸死足臍心　最後意識滅(43)
下人天不生　斷末摩水等　正邪不定聚　聖造無間餘(44)

四種の有の中に於いて、生有は唯染汚なり。自地の煩悩に由る。余は三なり。無色は三なり。

有情は食に由って住す。段は欲にして体は唯三なり。色に非ず。自根と解脱とを益する能わざるが故なり。

触と思と識との三食は有漏にして三界に通ず。意成及び求生と食香と中有と起となり。前の二は此の世の所依及び能依を益し、後の二は当有に於いて引き、及び起すこと、次の如し。

断善根と続と、離染と退と死と生とは、唯意識の中なりと許す。死と生とは唯捨受なり。定と無心との二に非ず。二無記に涅槃す。漸死は足と臍と心とにて最後の意識滅す。下と人と天と不生となり。断末摩は水等なり。

正と邪と不定との聚は、聖と無間を造ると余となり。

《自根》　自らの身体の諸器官。《意成》《求生》《食香》《起》　いずれも中有の異称。順次に、意によって作られたもの、生を求めるもの、香を食うもの、まさに生起すべきもの、の意。《所依》《能依》　心のよりどころとしての肉体、それによるものとしての心・心所。《断善根》　因果を否定する邪見によって善根（根となって善を生ずるところの因）を断つこと。《続》　続善根の略。断善根ののち、因果の道理があるのではなかろうかと疑い、あるいは正見（邪見の対）をおこして再び善根を得ること。《離染》　離食というも同じ。ある界、ある地の煩悩を離れること。《退》　煩悩を離れた結果得たある境地から退堕すること。《無間》　無間業の略。無間地獄（分別世間品第59偈を見よ）に堕ちる原因となる業、の意。母を殺す、父を殺す、阿羅漢を殺す、佛の身体から出血さす、僧伽を分裂さす、の五。

四有を三性（善・不善・無記）に分別すると、生有はただ染汚、すなわち不善か有覆無記か、であり、他の三有は三性に通ずる。生有の染汚性はその生じたところの地のすべての煩悩による。三界のうち、欲・色界には四有のすべてがあるが、無色界には中有はない。そこには格別な処がないのであるから、そこに行き生まれるために中有という段階を必要としない。

有情の存在を保つためには四種の食がある、と説かれる。段食と触食と思食と識食とである。段食は欲界のみにあり、香・味・触を体とする。色（色処、色界）、すなわちいろ・かたち、ではない。色を食することによって自らの根を資益することもなく、解脱を求める者を資益することもないからである。次に触食の体は触であり、思食は意業（分別業品第1偈を見よ）、識食は識蘊である。いずれも有漏で三界に通ずる（段食は香・味・触であるからもちろん有漏）。四食は、おのおの趣に生じた有情および中有を資益する。段食・触食はこの世の所依、すなわち有根身（肉体）、と能依、すなわち心・心所（精神）とを資益し、思食は未来の生存を引き、識食は未来の生存をおこす。

断善根は邪見（分別随眠品第3、第7偈を見よ）によるが、それはただ意識にあい伴うから、断善根の瞬間には意識のみあって前五識は無い。同様に、続善根もある地あるいはある界よりの離貪も離貪よりの退失も死有も生有も、その瞬間には意識のみがある。また死有と生有にはただ不苦不楽受がある。四静慮・四無色などの三昧に入っているときや二無心定に入っているときには、死は無いし、生も無い。死有は善・不善・無記に通ずるが、阿羅漢が入涅槃する瞬間は威儀路無記心であり時には異熟無記心でもある。命終のさい、頓死ではない限り、下の三悪趣（地獄・鬼・傍生）に行く者は足において、人趣に行く者は臍（へそ）において、天に行く者およびもはや転生しない阿羅漢は心臓において、最後の意識が滅する。その場合、多くの者は断末摩の苦に悩まされるが、それは身内において水・火・風の三大のどれかが異常に盛んになり、それが利刀のごとく急所（末摩）に触れて死に至らしめるのである。

聖者（無漏の道に入った者）らは必然に煩悩を尽くすから正定聚（しょうじょうじゅ）といい、五無間業を造った者らは必然に三悪趣に赴くから邪定聚といい、その他は定まらぬから不定聚である。

5　器世間とそこに住む有情

安立器世間　風輪最居下　其量廣無數　厚十六洛叉(45)
次上水輪深　十一億二萬　下八洛叉水　餘凝結成金(46)
此水金輪廣　徑十二洛叉　三千四百半　周圍此三倍(47)

蘇迷盧處中　次踰健達羅　伊沙馱羅山　朅地洛迦山 (48)

蘇達梨舍那　頞濕縛羯拏　毘那怛迦山　尼民達羅山 (49)

於大洲等外　有鐵輪圍山　前七金所成　蘇迷盧四寶 (50)

入水皆八萬　妙高出亦然　餘八半半下　廣皆等高量 (51)

山間有八海　前七名爲內　最初廣八萬　四邊各三倍 (52)

餘六半半陜　第八名爲外　三洛叉二萬　二千踰繕那 (53)

於中大洲相　南贍部如車　三邊各二千　南邊有三半 (54)

東毘提訶洲　其相如半月　三邊如贍部　東邊三百半 (55)

西瞿陀尼洲　其相圓無缺　徑二千五百　周圍此三倍 (56)

北俱盧叟方　面各二千等　中洲復有八　四洲邊各二 (57)

此北九黑山　雪香醉山內　無熱池縱廣　五十踰繕那 (58)

此下過二萬　無間深廣同　上七捺落迦　八增皆十六 (59)

謂煻煨屍糞　鋒刄烈河增　各住彼四方　餘八寒地獄 (60)

日月迷盧半　五十一五十　夜半日沒中　日出四洲等 (61)

雨際第二月　後九夜漸增　寒第四亦然　夜減晝翻此 (62)

晝夜增臘縛　行南北路時　近日自影覆　故見月輪缺 (63)

妙高層有四　相去各十千　傍出十六千　八四二千量 (64)

堅手及持鬘　恒憍大王衆　如次居四級　亦住餘七山 (65)

妙高頂八萬　三十三天居　四角有四峰　金剛手所住 (66)

中宮名善見　周萬踰繕那　高一半金城　雜飾地柔軟 (67)
中有殊勝殿　周千踰繕那　外四苑莊嚴　衆車麤雜喜 (68)
妙地居四方　相去各二十　東北園生樹　西南善法堂 (69)
此上有色天　住依空宮殿　六受欲交抱　執手笑視婬 (70)
初如五至十　色圓滿有衣　欲生三人天　樂生三九處 (71)
如彼去下量　去上數亦然　離通力依他　下無昇見上 (72)
四大洲日月　蘇迷盧欲天　梵世各一千　名一小千界 (73)
此小千千倍　說名一中千　此千倍大千　皆同一成壞 (74)
贍部洲人量　三肘半四肘　東西北洲人　倍倍增如次 (75)
欲天倶盧舍　四分一一增　色天踰繕那　初四增半半 (76)
此上增倍倍　唯無雲減三　北洲定千歳　西東半半減 (77)
此洲壽不定　後十初叵量　人間五十年　下天一晝夜 (78)
乘斯壽五百　上五倍倍增　色無晝夜殊　劫數等身量 (79)
無色初二萬　後後二二增　少光上下天　大全半爲劫 (80)
等活等上六　如次以欲天　壽爲一晝夜　壽量亦同彼 (81)
極熱半中劫　無間中劫全　傍生極一中　鬼月日五百 (82)
頞部陀壽量　如一婆訶麻　百年除一盡　後後倍二十 (83)
諸處有中天　除北倶盧洲

器世間を安立するに、風輪は最も下に居す。其の量は広さ無数にして厚さ十六洛叉なり。次に上なる水輪の深さは十一億二万にして、下の八洛叉は水なり。余は凝結して金を成す。此の水と金との輪の広さは、径十二洛叉三千四百半にして、周囲は此れに三倍す。

蘇迷盧は中に処し、次は踰健達羅と伊沙駄羅山と朅地洛迦山と蘇達梨舎那と頞湿縛羯拏と毘那怛迦山と尼民達羅山となり。大洲等の外に於いて、鉄輪囲山有り。前の七は金の所成にして、蘇迷盧は四宝なり。水に入ること皆八万なり。妙高は出づること亦然り。餘の八は半半に下り、広さは皆高さの量に等し。山の間に八海有り。前の七を名づけて内と為す。最初の広さは八万にして、四辺は各三倍なり。余の六は半半に陿し。第八を名づけて外と為す。三洛叉二万二千踰繕那なり。

中に於いて大洲の相は、南の贍部は車の如く、三辺は各二千、南辺は三半有り。東の毘提訶洲は其の相半月の如く、三辺は贍部の如く、東辺は三百半なり。西の瞿陀尼洲は其の相円にして欠くること無く、径二千五百、周囲は此の三倍なり。北の倶盧は畟方なり。面は各二千にして等し。中洲は復た八有り。四洲の辺に各二なり。

此の北に九つの黒山あり。雪と香酔との山の内に、無熱池ありて縦広五十踰繕那なり。

此の下、二万を過ぎて無間あり。深さと広さとが同じ。上の七捺落迦との八の増は皆に十六あり。謂く煻煨と屍糞と鋒刃と烈河との増なり。おのおの彼の四方に住す。余に八寒地獄あり。

日・月は迷盧の半ばにあり。五十一と五十となり。夜半と日没と中と日出とは四洲に等し。雨際の第二月の後の九より夜漸く増す。寒の第四も亦然り。夜減ぜば昼此れに翻ず。昼夜に臘縛を増す。南北の路を行く時なり。日に近づきて自ら影覆う。故に月輪の欠くるを見る。

妙高の層に四有り。あい去ること各十千なり。傍らに出ずること十六千と八・四・二千の量なり。堅手及び持鬘と恒憍と大王衆とが、次の如く、四級に居す。亦、余の七山にも住す。

妙高の頂は八万にして、三十三天居す。四角に四峰有り。金剛手の住する所なり。中の宮を善見と名づく。周り万踰繕那なり。高さ一半の金城にして、地を雑飾して柔軟なり。中に殊勝なる殿有り。周り千踰繕那にして、外は四苑あって荘厳す。衆車と麁と雑と喜となり。妙地四方に居してあい去ること各二十なり。東北に園生樹あり、西南に善法堂あり。

此の上の有色の天は、空に依る宮殿に住す。

六の欲を受くることは、交と抱と執手と笑と視とによる婬なり。

初めは五より十に至るが如し。色は円満にして衣有り。欲生の三は人と天となり。楽生の三は九処なり。

彼の下を去る量の如く、上を去る数も亦然り。通力と他に依るとを離れては、下は昇りて上を見ること無し。

四大洲と日・月と蘇迷盧と欲天と梵世との各一千なるを一小千界と名づく。此の小千の千倍を説きて一中千と名づく。此の千倍は大千なり。皆同一に成じ壊す。

贍部洲の人の量は、三肘半と四肘となり。東・西・北洲の人は倍倍に増すこと次の如し。欲天は倶盧舎の四分を一一に増す。色天は踰繕那にして初めの四は半半を増し、此の上は倍倍を増す。唯、無雲のみは三を減ず。

北洲は定んで千歳なり。西と東とは半半に減ず。此の洲の寿は不定なり。後は十にして、初めは量り叵し。

人間の五十年は下天の一昼夜にして、斯れに乗じて寿は五百なり。上の五は倍倍に増す。色は昼夜の殊り無し。劫数は身量に等し。無色は初めは二万なり。後後は二二を増す。少光の上と下との天は大の全と半とを劫と為す。

等活等の上の六は、次の如く欲天の寿を以て一昼夜とし、寿量も亦彼に同じ。極熱は半中劫、無間は中劫の全なり。傍生の極は一中なり。鬼は月を日として五百なり。頞部陀の寿量は一の婆訶の麻が、百年に一を除きて、尽くるが如くなり。後後は倍すること二十なり。
諸処に中天有り。北倶盧洲を除く。

≪洛叉≫ 数の単位。十万。≪十一億二万≫ 十一洛叉と二万、すなわち百十二万、の意。≪水に入る≫ 下部が水中につかっている、意。≪八万≫ 八万踰繕那。一踰繕那(ヨージャナ)は約八キロ。第86偈を見よ。≪出づる≫ 水面より上に出る、の意。≪半半に下る≫ 水面に出た高さがすぐ内側の山の半分という割合で外側にゆくほど低くなっている。≪最初の広さ≫ 八海の第一、すなわち蘇迷盧と踰健達羅との間の海、の幅をいう。≪捺落迦≫ 地獄のこと。奈落とも書く。≪八の増≫ 無間地獄とその上方に位置する七地獄との八に、それぞれ増と呼ばれる地帯が附属している。≪無間≫ 地獄界の最底部にある地獄の名。≪迷盧の半ばにあり≫ 蘇迷盧の中腹の周囲をめぐる、の意。≪煻煨≫ 籾がらを焼いた熱灰。≪彼の四方に≫ 一々の地獄の四方の門にそれぞれ四増がある、の意。≪梵世天≫ 梵衆・梵輔・大梵の三初静慮天の総称。≪雨際≫ 雨季。≪臘縛≫ 一昼夜の九百分の一(第87偈を見よ)。≪倶盧舎≫ krośa の音写。叫ぶ声が聞こえるだけの距離、の意。≪肘≫ 長さの単位。人のひじから中指の先までの長さを意味し、五十センチ弱。≪踰繕那≫ yojana の音写。馬具をつけた馬がひといきに駆ける距離、の意。一ヨージャナは八キロ弱。八分の一ヨージャナ(第86偈を見よ)。≪後≫≪初≫ 初は成劫における人間の初生(第90偈を見よ)のとき、後は劫末のとき、を意味する。≪劫数≫ 劫は、ほとんど数字ではその長さをいい表わせずただ譬喩によってだけ説明し得るほどの長遠な時間の単位(第89—第92偈を見よ)。≪大≫ 一大劫の意(第92偈を見よ)。≪頞部陀≫ 八寒地獄の一の名。≪婆訶≫ ある種の容器。また、その容量。≪麻≫ 胡麻の実を意味する。

世間を分って有情世間と器世間の二種とする。器世間とは有情がその中に収まっている器としての自然世界、有情世間とは器世間の中に生きているもろもろの有情の総称である。その二種のうち、まず器世間を説く。

器世間としての世界を支える最下底の基層は風輪と呼ばれる円盤状の大気の層である。その上に水輪すなわち水の層（水輪）が重なる。水輪の上層部は凝結して金の層（金輪）になっている。金輪の表面の中心に四宝から成る蘇迷盧（須弥山、妙高）が聳える。その外側を七重にとり囲んで、踰健達羅から尼民達羅までの回墻状の七金山がある。それぞれの山の間は淡水が充ちて、おのずから七重の内海となっている。尼民達羅山の外側は鹹水の外海であり、さらにその外側を環状の鉄輪囲山がめぐっている。外海の中には、中心の蘇迷盧から見て東西南北の各方向に、それぞれ大洲が浮かぶ。南はほぼ正三角形（南方に突き出た先端が少し欠けている）の贍部洲（閻浮提とも書く）。東は半月に似た毘提訶（勝身）洲、西は円形の瞿陀尼（牛貨）洲、北は方形の倶盧洲である。四大洲の近辺にはそれぞれ二つ、合計八つ、の中洲がある。南贍部洲の北部には三つの黒山が三重に、都合九つ、横たわり、その北に雪山、さらにその北に香酔山がある。雪山と香酔山とに挾まれた中間には無熱池（無熱悩池、阿耨達池）が八種の特性を具えた清水をたたえている（以上、第58偈まで。サンスクリット原文第57偈まで）。

南贍部洲の下方に八地獄があり、そのおのおのに十六の増が附随する。八地獄（八熱地獄）のかたわらに別に八寒地獄がある（以上、第59、第60偈。サンスクリット原文第58、第59偈）。

太陽と月とは直径がそれぞれ五十一および五十ヨージャナ、蘇迷盧の中腹の周囲をめぐる。北洲の夜半は東洲の日没、南洲の日中、西洲の日の出にあたる。太陽の運行路は一日に少しずつずれ、季節によって南北に異なりがあるから、一日に一臘縛ずつ昼夜の時間の延縮が生じ、季節によって日の長短がある。月が日に近づくと月宮自身の影によって月面が覆われるということから、月の盈満を見る、という（以上、第61—第63偈。サンスクリット原文第60—第62偈）。

蘇迷盧の中腹から下は四層に分かれて四大王衆天をなす。各層は一万ヨージャナの厚さで下層ほど広い。四層の最下層には堅手と呼ばれる薬叉（夜叉）らが、その上の層には持鬘らが、その上の層には恒憍らが住する。いずれも四天王に属する天衆である。最上層には四天王自身とその眷属が住する。これら四天王に属する天衆はまた七金山にも住する。

蘇迷盧の頂上には三十三天（忉利天）が住する。頂上は方形をなし、一辺が八万ヨージャナとも、二万ヨージャナともいう。四隅に一峰ずつがあり、金剛手という薬叉が守る。中央に善見宮という周囲一万ヨージャナ高さ一ヨージャナ半の都城がある。帝釈天がここに住む。その地は種々に飾られ、踏むに柔軟である。中に周囲千ヨージャナの宮殿がある。都城の四辺には衆車・麁悪・相雑・歓喜と呼ばれる四つの林があり、それぞれの外側二十ヨージャナのところに妙地があって、諸天衆がそこに遊ぶ。都城の外辺の東北隅には円生樹という巨木があって花開けば妙香が薫る。西南隅には善法堂があって天衆はときにここに集まって議論する。

これより上には、夜摩・都史多・楽変化・他化自在の四欲天（先の四大王衆天・三十三天を併せて六欲天）があり、さらにその上に色界の十六あるいは十七天があるが、これらの天衆はいずれも空中に懸かる天宮に住するから空居天と呼ばれる（先の二天は地居天である）。

六欲天における性行為は、二つの地居天では根を交え（ただし精はもらさぬ）、夜摩ではただ抱き、都史多ではただ手を執り、楽変化ではただ相対して笑み、他化自在ではただあい見るのみで、子は忽然と膝の上に化生する、という（以上、第70偈まで。サンスクリット原文第69偈まで）。

四大王衆天では初生児が人の五歳ほどの大きさであり、その上の諸欲天は順位に一歳を増し、他化自在天の初生児は人の十歳ほどになっている。いずれも出生後は速やかに成育を完了する。色界の諸天では初生のときすでに完全に成育した身量をもち、衣を着して生まれでる、という。

人と六欲天とを欲生といい、初静慮ないし第三静慮を楽生という。前者に三を分ち後者に九を分つが、説明は省略する。

六欲天と色界の十六天との二十二処の相互の上下の隔たりは、八海の水面から或る天までの距離が、その天からそのすぐ上の天までの距離であるという関係にある。海面から六欲天中の最下なる四大王衆天中の四天王の住所までの隔たりは四万ヨージャナであるから、海面から色界の最上処色究竟天(しきくきょうてん)までは $40,000 \times 2^{21}$ ヨージャナの隔たりがあるわけである。天界の下処に生じた者がより高処の天を見得るのは、自らの通力によるか、通力を得た他者あるいはより高処の天衆に導かれるか、いずれかの場合に限られる(以上、第72偈まで。サンスクリット原文第72偈まで)。

四大洲と日・月と蘇迷盧と六欲天と梵世天すなわち初静慮天とを合わせて一世界と考える。それが千集まって一小千世界を、それが千集まって一中千世界を、それが千集まって大千世界すなわち三千大千世界を成す。この大千世界(すなわち十億の世界の全体)は同じく生成し同じく壊滅する(第90偈以下を見よ)。

人趣の有情の身量は南・東・西・北洲の順に倍増する。欲天では、四大王衆天の身量が四分の一クローシャであり、それから一処昇るごとに四分の一クローシャずつ増すから、他化自在天では一クローシャ半となる。色天では、梵衆天が半ヨージャナ、梵輔天が一ヨージャナ、大梵天は一ヨージャナ半、少光天は二ヨージャナ。それより以上は倍増して、無量光天では四ヨージャナ、ないし、遍浄天では六十四ヨージャナとなる。次の無雲天だけは倍増して三を減じた百二十五ヨージャナを身量とし、それ以上はまた倍増して色究竟天の身量一万六千ヨージャナに至る。

有情の寿命は、北洲では千歳と定まり、以下西・東の順に半減する。南洲では人寿が時に応じて変わり、劫初には無量で劫末には十歳である、という。六欲天では、四大王衆天の寿命が人間の五十年を一昼夜として数えて五百歳であり、三十三天の寿命が人間の百年を一昼夜として数えて千歳、同様にして、他化自在天の寿命が人間の千六百年を一昼夜と数えて一万六千歳というに至る。色天では、昼夜の別がなく、寿命は身量の数字を劫の数としただけになる。すなわち梵衆天の寿命は半劫、色究竟天の寿命は一万六千劫である。無色天のそれは、空無辺処から順次に、二・四・六・八万劫である、という。ただその一劫とは少光天以上では一大劫すなわち八十中劫を意味し、大梵天以下では半大劫すなわち四十中劫を意味する。したがって、大梵天の寿命は六十中劫、梵衆天のそれは二十中劫である。

等活ないし炎熱の六地獄の寿は、四大王衆ないし他化自在の六天の寿をそれぞれ一昼夜として計算した各天の寿量に等しい。すなわち、四大王衆天の五百歳を一昼夜として計算した五百歳が等活地獄の寿であり、他化自在天の一万六千歳を一昼夜として計算した一万六千歳が炎熱地獄の寿である。大熱地獄の寿は半中劫、無間地獄のそれは一中劫。傍生の寿は種々であるが、最長のものは竜王のそれで一中劫である。鬼趣では人間の一箇月を一日として五百歳。八寒地獄のうち、第一の頞部陀地獄での寿命は、一ヴァーハの胡麻を百年に一粒ずつ除いてゆきそれが尽きるまでの長さ。以下順次にその二十倍を寿量とするから、第八の摩訶鉢特摩地獄ではその十二億八千万倍となる。

北倶盧洲だけには、寿命をまっとうせずに死ぬ者が無い、という（以上、第84偈前半まで。サンスクリット原文第85偈aまで）。

6　世間の生成と壊滅

極微字刹那　色名時極少（84）
極微微金水　兎羊牛隙塵　蟣蝨麥指節　後後增七倍（85）
二十四指肘　四肘爲弓量　五百倶盧舍　此八踰繕那（86）
百二十刹那　爲怛刹那量　臘縛此六十　此三十須臾（87）
此三十晝夜　三十晝夜月　十二月爲年　於中半減夜（88）
應知有四劫　謂壞成中大　壞從獄不生　至外器都盡（89）
成劫從風起　至地獄初生　中劫從無量　減至壽唯十（90）
次增減十八　後增至八萬　如是成已住　名中二十劫（91）
成壞壞已空　時皆等住劫　八十中大劫　大劫三無數（92）
減八萬至百　諸佛現世間　獨覺增減時　麟角喩百劫（93）
輪王八萬上　金銀銅鐵輪　一二三四洲　逆次獨如佛（94）
他迎自往伏　諍陣勝無害　相不正圓明　故與佛非等（95）
劫初如色天　後漸增貪味　由惰貯賊起　爲防雇守田（96）
業道增壽減　至十三災現　刀疾飢如次　七日月年止（97）

三災火水風　上三定爲頂　如次内災等　四無不動故（98）
然彼器非常　情倶生滅故　要七火一水　七水火後風（99）

極微と字と刹那とは、色と名と時との極少なり。

極微と微と金と水と兎と羊と牛と隙塵と蟣と蝨と麦と指節とは、後後に増して七倍なり。二十四指は肘なり。四肘を弓の量と為す。五百は倶盧舎なり。此れの八は踰繕那なり。

百二十刹那を怛刹那の量と為し、臘縛は此れの六十なり。此れの三十は須臾。此れの三十が昼夜は月。十二月を年と為す。中に於いて半は夜を減ず。

応に知るべし、四劫有り。謂く壊と成となり。中と大とあり。壊は獄に生ぜざる従り外器の都べて尽くるに至る。成劫は風の起る従り地獄に初めて生ずるに至る。中劫は無量従り減じて寿の唯十なるに至る。次に増減に十八あり。後は増して八万に至る。是くの如く成じ已りて住するを中の二十劫と名づく。成と壊と壊し已りて空なるとは、時、皆住劫に等し。八十の中は大劫なり。大劫の三無数にしてあり、八万を減じて百に至るまでに、諸佛は世間に現わる。独覚は増と減との時になり。麟角喩は百劫をもってす。

輪王は八万より上にあり。金・銀・銅・鉄の輪あり。一・二・三・四洲の逆次なり。独りなること佛の如し。他の迎うると、自ら往きて伏すると、諍・陣に勝るとにして、害すること無し。相は正・円・明なるにあらず。故に佛と等しきに非ず。

劫初は色天の如し。後に漸く味を貪ずることを増し、惰なるに由り貯えて賊起り、防がんが為に守田を雇う。業道増し寿減ずること十に至って三災現ず。刀・疾・飢は、次の如く、七の日・月・年にて止む。三災は火・水・風なり。上の三定を頂と為すこと次の如し。内災に等しければなり。四には無し。不動なる故なり。

然れども彼の器は常に非ず。情と倶に生滅する故なり。要らず七たび火あり、一たび水あり。七たびの水・火の後、風あり。

《極微》色法（無表色を除く）を分割した極点に考えられる微粒子。《字》一シラブル。《刹那》一瞬間。一昼夜の六四八万分の一、すなわち七五分の一秒、と計算される。《金》金塵の略。《水》水塵の略。《兎》兎毛塵の略。《羊》羊毛塵の略。《牛》牛毛塵の略。《隙塵》隙遊塵の略。隙間からさしこむ光の中に浮遊して見える塵〔ほどの粒子〕、の意。《蟣》シラミの卵〔ほどの粒子〕。《虱》シラミ〔ほどの粒子〕。《弓》この語は文字どおり弓の意であるが、長さの単位として用いられると一尋にあたる。《怛刹那》「その瞬間」を意味する語であるが、ここでは時間の単位に用いている。《蠟縛》lava の音写。「刈られた毛」を意味するが、これも時間の単位として用いられた。《四劫》成劫・住劫・壊劫・空劫。宇宙の生成の期間、維持の期間、崩壊の期間、空無の期間をいう。《中と大と》四劫の長さはおのおの二十中劫。あわせて八十中劫を一大劫とする。《獄》地獄の略。《外器》器世間のこと。《三無数》ここの「無数」とは数の単位で、10^{51}（あるいは10^{59}）を意味する。「大の劫三無数にしてあり」とは「大劫の三無数にして〔佛果の成ぜられることが〕あり」の意。一大劫の 3×10^{51}（あるいは 3×10^{59}）倍という久しい期間（三大阿僧祇劫というも同じ）にわたって精進修行することによって、初めて佛と成ることができる、という。《独覚》辟支佛というも縁覚というも同じ。師なく独りでさとり、他のために教えを説かない、とされる聖者。《麟角喩》独覚の一種。終始独居して修行を積みさとりに至る独覚。初めには僧伽の一員として修行しのちに佛の教導を離れて独りさとるところの「部行独覚」に対する。《輪王》転輪王の略。古代インド人にとっての理想の王者。《相》三十二相。すなわち佛と転輪王だけの身体に具わっているという三十二のすぐれた肉体的特徴。《劫初》成劫の初めをいうが、ここでは成劫において初めて人が生ずるときをさしている。《業道》ここでは十不善業道を意味する（分別業品第6偈を見よ）。《三災》第97偈に出るのは刀・疾・飢（小の三災）。第98偈に出るのは火・水・風（大の三災）。《上の三定》第二静慮から第四静慮まで。《頂》頂点。それ以下にしか災いは及ばない地点、の意。《内災》修行者の内なる災い、の意。初静慮の内災は尋と伺と、第二静慮のそれは喜、第三静慮のは呼吸。《彼の器》第四静慮の器世間、の意。《情》

有情の略。

物質的量の単位の最小を極微とし、七極微（中心に一極微とその前後左右上下に一極微ずつと）を一微、七微を一金塵、ないし、七麦を一指節とする。その三指節を縦に並べて長さの単位一指とする。二十四指が一肘、四肘を一弓、五百弓は一倶盧舎、八倶盧舎が一踰繕那である。

時間の最小単位刹那の百二十倍が一怛刹那、六十怛刹那が一臘縛、三十臘縛が一須臾、三十須臾が一昼夜となる。三十昼夜が一箇月であるが、年間十二箇月の中六箇月は一昼夜を減ずる（そして、五年弱に一回閏月を設ける）。

宇宙は成・住・壊・空の四劫、時間にすれば一大劫すなわち八十中劫、を周期として崩壊と生成を繰り返す。壊劫は地獄に有情が生まれないようになるときから始まって有情世間・器世間がすべて破滅して空無に帰するまで、空劫はただ空しい空間のみある期間、成劫はその空しい空間に有情の業力によって微風が吹きそめるときから始まって地獄にも有情が生まれ出る時まで、住劫はそれからやがて有情の減衰が始まるときまで、である。四劫はそれぞれ二十中劫にわたる。成劫において、そして住劫の初めにおいて、南洲の人寿は無限定であるが、住劫の最初の一中劫の間に次第に十歳までに減ずる。第二中劫の間に十歳より増して八万歳となり復び減じて十歳となる。第三より第十九中劫までも同様に増減が繰り返され、最後に第二十中劫では人寿十歳より次第に増して八万歳に至る。佛果を成ずるは三無数大劫にわたる修行の結果であるが、佛が人の世に出現するのは必ず人寿が八万歳から減じて百歳に至る間のことである。しかし独覚の出現は、人寿の減じゆく間にも増えてゆく間にもおこる。そのうち、麟角喩独覚は必ず百大劫にわたって独り修行を積んでさとりに至る、という。

転輪王の出現は人寿が八万歳より多いときにのみおこる。転輪王は輪をもってすべての衆を威伏するが、それに四種があって鉄の輪をもつ王は一洲の主となり、銅・銀・金の輪をもつ王は、それぞれ、二・三・四洲の主となる。一世界に同時に二佛が現われることのないごとく、二転輪王が現われることもない。転輪王が天下を制する仕方は、金輪をもつ王の場合は自ら帰服する人々の方から迎えられ、銀輪の王の場合はこちらから出向いていって人々を帰服せしめ、銅輪の王の場合は他と争いその威徳によって他に打ち勝ち、鉄輪の王の場合は他と争い武力を示して他に打ち勝つ。しかし、その場合でもけっして人を殺傷することはない。転輪王は佛と同じく三十二相を有するが、その相は佛ほどに正しく円満で明らかであるのではない。

劫初の人は色天の有情のごとくにすぐれたありさまであるが、次第に段食に対する貪欲を増し、懶惰の心から穀物を貯えてのちにそれを食しようとするようになり、それによって盗賊が生じ、したがって田を守る人を雇うことになる。これが王のおこりである。

住劫の中で、一中劫の終りに不善の業道が増し南洲の人寿が減じて十歳になるとき、武器による殺傷、疾病、飢饉という三つの災いが生ずる。第一の災いは七昼夜の間、第二の災いは七箇月と七昼夜の間、第三の災いは七年と七箇月と七昼夜の間続く。これを小の三災という。また、壊劫の第二十中劫で器世間の崩壊がおこるとき、七つの太陽が生じて火による破壊があり、大雨が降って水による破壊があり、暴風が吹いて風による破壊がある。これを大の三災という。第一の火災による破壊は第二静慮地までは及ばず、第二の水災は第三静慮地までは及ばず、第三の風災は第四静慮地までは及ばない。初静慮地ないし第三静慮地のおのおのの内災に応じて火・水・風の三災があるのである。災いが第四静慮地に及ばないのは、そこではすべての内災を離れていて、世尊によって不動と名づけられたからである。そうだからといって第四静慮地の器世間が常住であるわけではない。その天宮はそこの有情とともに生じ滅するのである。さて大の三災のおこる順序は、まず火災が引き続いて七回おこったのち水災が一回おこるということを七回繰り返し、そのあとにさらに火災が七回おこって次に風災がおこる、という。通じていえば、五十六回の火災と七回の水災と一回の風災とがおこることになる。

（この節における偈の番号は、第94偈前半まではほぼサンスクリット原文の偈の番号より1つ若い。それ以下第97偈前半まではほぼ1偈半若く、それ以後ではさらに差が拡がって、最後の偈はサンスクリット原文では第102偈になっている。）

分別業品第四

1　業の種類

世別由業生　思及思所作　思即是意業　所作謂身語　(1)

此身語二業　俱表無表性　身表許別形　非行動爲體　(2)

以諸有爲法　有刹那盡故　應無無因故　生因應能滅　(3)

形亦非實有　應二根取故　無別極微故　語表許音聲　(4)

說三無漏色　增非作等故　此能造大種　異於表所依　(5)

欲後念無表　依過大種生　有漏自地依　無漏隨生處　(6)

無表無執受　亦等流情數　散依等流性　有受異大生　(7)

定生依長養　無受無異大　表唯等流性　屬身有執受　(8)

無表記餘三　不善唯在欲　無表通欲色　表唯有伺二　(9)

欲無有覆表　以無等起故　勝義善解脫　自性慚愧根　(10)

相應彼相應　等起色業等　翻此名不善　勝無記二常　(11)

等起有二種　因及彼刹那　如次第應知　名轉名隨轉　(12)

見斷識唯轉　唯隨轉五識　修斷意通二　無漏異熟非　(13)

於轉善等性　隨轉各容三　牟尼善必同　無記隨或善（14）

世の別は業に由りて生ず。

思及び思の所作なり。思は即ち是れ意業なり。所作は身・語を謂う。此の身・語の二業は倶に表・無表を性とす。身表は別形なりと許す。行動を体と為すに非ず。諸の有為法は有刹那なるを以てなり。尽くるが故なり。無因なることを無かるべきが故に。生因は能く滅すべし。形も亦実有に非ず。二根の取なるべきが故なり。別の極微無きが故なり。語表は音声なりと許す。

三と無漏との色と増とを説くと、非作等の故なり。

此の能造の大種は、表の所依に異なれり。欲の後念の無表は、過の大種に依りて生ず。有漏は自地の依なり。無漏は生ずる処に随う。

無表は無執受なり。亦、等流なり。情数なり。散の依は等流の性なり。有受にして異なる大より生ず。定生の依は長養せらる。無受なる無異の大なり。表は唯等流の性なり。身に属するは有執受なり。無表は記なり、余は三なり。不善は唯欲に在り。無表は欲・色に通ず。表は唯有伺の二にあり。欲には有覆の表無し、等起無きを以ての故に。

勝義善は解脱なり。自性は慚と愧と根となり。相応は彼と相応す。等起は色業等なり。此れに翻ずるを不善と名づく。勝無記は二の常なり。

等起に二種有り。因及び彼刹那なり。次第の如く、応に知るべし、転と名づけ随転と名づく。見断の識は唯転なり。唯随転なるは五識なり。修断（しゅだん）の意は二に通ず。無漏と異熟とは非なり。転の善等の性において随転は各三を容る。牟尼の善は必ず同じきも、無記の随は或は善なり。

《世の別》 世間の種々相、の意。《別形》 別な法としての形色（かたち）、の意（分別界品第13偈を見よ）。《有刹那》 刹那に生滅するもの。《尽く》 滅する、意。《三と無漏との色》 経に三種の色が説かれ、無漏の色が説かれる。《増》 福徳の増大。《非作》 自ら業をなさず他をしてなさしめること。《能造》 所造に対する。《所依》 よりどころ〔たる大種〕。《欲》 欲界の略。《後念》 のちの刹那、の意。初めて欲界に生じた刹那を除く。《過》 過去の略。《無執受》 分別界品第33偈を見よ。《情数》 有情数の略。《散》 定に対する。三昧に入っていない、の意。静慮律儀・無漏律儀（すなわち定生の無表）でない、欲界に属する、三昧に関わりのない無表をいう。《依》 所依の略。《有受》 有執受の略。無執受の対。《身に属する》 現在の身表業を意味する。《記》 無記の対。善か不善か、の意。《有伺の二》 欲界と初静慮とにのみ伺がある（分別根品第29、第32偈を見よ）。《等起》 業をおこすはたらき。《根》 三善根、すなわち無貪・無瞋・無癡。《色業等》 色業は身・語業。等の語によって、それらとあい伴う得・四相などの心不相応行を含む。《二の常》 二つの無為、すなわち虚空と非択滅。《転》《随転》〔直接業を〕生ぜしめるもの、あい伴って〔業を〕生ぜしめるもの、の意。《見断の識》 五識は常に見所断。意識は八十八の見所断の煩悩とあい伴うとき見所断である。《修断の意》 修所断の意識、の意。《三を容る》 善・不善・無記のいずれもあり得る、の意。《牟尼》 聖者、の意。佛をさす。


有情世間の三界五趣四生（ししょう）の種々相はそれぞれ過去の業に由来する。

その業を分類すれば図6のようになる。

説一切有部の正統説では、身表業は形色（分別界品第13偈を見よ）であるとするが、正量部（しょうりょうぶ）などではそれを行動、すなわち動き、であるとする。しかし刹那に生滅する有為法の上に「動き」の実在性は考えられないとして、その説は否定される。有為性は因無くしておのずから尽きる（滅する）ものだか

図6

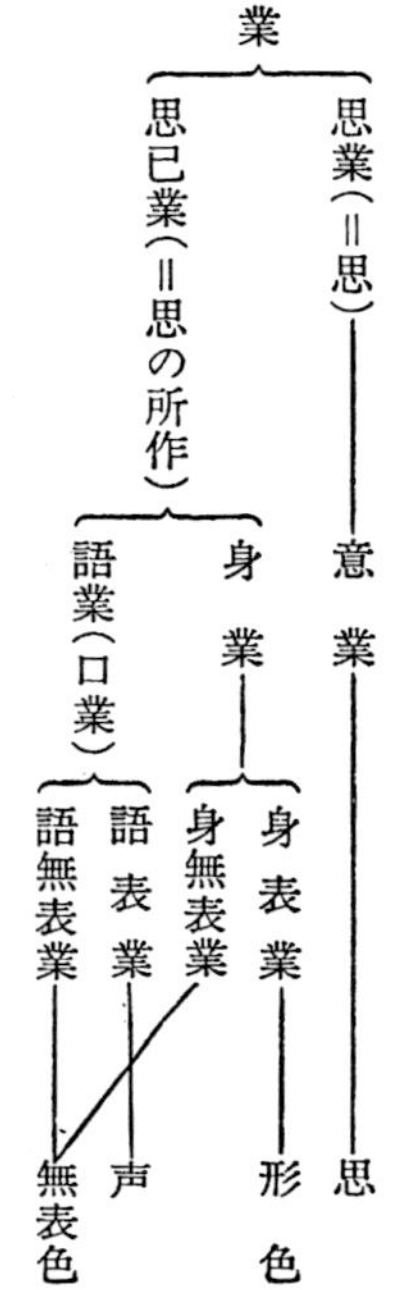

らである。もし有為法の滅が因をまつとすれば、いかなるものの滅も因をもたぬものは無いことになるはずだけれども、われわれが経験上知覚や音声や火焔が因をまたずに瞬時に滅することを知る以上、そのことは成立しないからである。また、薪などが滅するのは火などと合するを因とするというならば、その場合は、〔変化を〕生ずる因が滅する因だという不合理になるからである。ところで、身表業は形色だといったが、その形色も顕色（いろ）の上に仮立されたものに過ぎない、とヴァスバンドゥは主張する。もし顕色と別に形色があるとすれば、顕色は眼根によって形色は身根によって、すなわち同じ色処（色界）が二根によって、とらえられるということになってしまうからである。いっぽう、語表業は声であると説一切有部では説く。

無表業についても、説一切有部の正統説はその実在性を主張し、ヴァスバンドゥはそれを仮立されたものに過ぎないとする。説一切有部によれば、(1)経典に「色に三種あり」と説かれている中の、無見無対（眼に見えず、一定の空間を占有することもない）の色とは無表業をさすから、(2)経典に「無漏の色」が説かれているが、それは無表をおいてほかにないから、(3)経に「福増長す」とあるが無表業が無いとすれば、そのように福徳が増大することはあり得ないから、(4)自ら業をなさず他をしてなさしめるとき、無表業が無くば業道を成ずる（第68、79偈を見よ）ことにはならないから、などの理由によって無表業は実にあるというのであるが、ヴァスバンドゥ自身は釈論の中でそれを一々論破する（以上、第5偈前半まで。サンスクリット原文第4偈前半まで）。

次に表・無表業とその大種との関係を説く。表業も無表業も色法であり、したがって四大種所造であるが、表業の能造なる四大種と無表業のそれとは別である。所造なる業と能造なる四大とはふつう同時に生ずるが、初刹那を除いて欲界繫の無表は過去の大種をその能造とする。過去の大種が転の因となり、現在その業をなす者の身体を造っている大種が随転の因となる（転・随転については後述参照）からである。有漏の業の場合、欲界繫の身・語業はただ欲界繫の大種の、色界繫の身・語業はただ色界繫の大種の所造であるが、無漏の業の場合ではその業をなす者の生じている地に属する大種の所造ということになる（以上、第6偈まで。サンスクリット原文第5偈cまで）。

次は諸門分別。無表は無執受（むしゅうじゅ）、散位の無表の大種は有執受、定生の無表の大種は無執受、現在の身表業は有執受である。無表は等流性（ただし初めての無漏業の無表は一刹那）、散位の無表の大種は等流性、定生の無表の大種は所長養、表業は等流性である。散位の無表は有情数、身・語の表業も有情数である。別解脱律儀（第15偈を見よ）の無表の場合、身業の三種と語業の四種とは別々な大種より生ずる。定生の無表の場合は、そうでない。無表業は必ず善か不善であり、表業と意業とは善・不善・無記に通ずる。不善の表・無表はただ欲界にのみある。無色界にも定生の無表はあるように思われるけれども、実はけっして無い。定生の無表といっても色法であるから。表業は欲界と初静慮にだけある。尋・伺がなければ表業はおこらぬ（後述参照）から。有覆無記の表業は初静慮地にだけある。欲界にはそれをおこすべき有覆無記の修所断の煩悩はないから（以上、第10偈前半まで。サンスクリット原文第8偈bまで）。

ここで、善・不善の性がいかにして定まるかが説かれる。真の善（不善）と、本来善（不善）なるものと、本来善（不善）なるものに相応する（あい伴う）から善（不善）であるものと、それによってひきおこされるから善（不善）であるものと、が区別され、順次に勝義・自性・相応・等起の善（不善）と呼ばれる。勝義善とは解脱、すなわち涅槃、であり、勝義不善とは生死、すなわち迷いによって生存を繰り返すこと、である。自性善とは慚と愧と三善根とであり、自性不善とは無慚と無愧と三不善根（貪・瞋・癡）である。相応善とは自性善にあい伴う心・心所であり、相応不善とは自性不善にあい伴う心・心所である。等起善とは自性善・相応善によってひきおこされる善の身・語業とそれにあい伴う心不相応行であり、等起不善とは自性不善・相応不善によってひきおこされる不善の身・語業とそれにあい伴う心不相応行である。勝義無記とは虚空と非択滅の二無為である（もう一つの無為法、択滅、はすなわち涅槃であるから勝義善）。

業の等起（業をひきおこすもの）を二種に分ち、因等起と彼刹那等起とする。前者は、業のまさに生じようとする瞬間にあたってその業を未来から現在に引き出すはたらきをするから転と呼ばれ、後者はまさしく業の生じた瞬間にあたって、それにあい伴い、それの生起の条件を充足するから随転と呼ばれる。転は見・修所断の意識であり、随転は修所断の六識である（前五識に見所断はない）。無漏心と異熟生心は転でも随転でもない。転が善にせよ不善にせよ無記にせよ、その随転は一般に善・不善・無記のいずれでもあり得る。ただ佛にあっては、善なる転の随転は常に善、無記なる転の随転は善か無記かである（以上、第14偈まで。サンスクリット原文第12偈まで）。

2　表業・無表業の性質

無表三律儀　不律儀非二　律儀別解脱　靜慮及道生（15）
初律儀八種　實體唯有四　形轉名異故　各別不相違（16）
受離五八十　一切所應離　立近事近住　勤策及苾芻（17）
倶得名尸羅　妙行業律儀　唯初表無表　名別解業道（18）
八成別解脱　得靜慮聖者　成靜慮道生　後二隨心轉（19）
未至九無間　倶生二名斷　正知正念合　名意根律儀（20）
住別解無表　未捨恒成現　剎那後成過　不律儀亦然（21）
得靜慮律儀　恒成就過未　聖初除過去　住定道成中（22）
住中有無表　初成中後二　住律不律儀　起染淨無表（23）
初成中後二　至染淨勢終　表正作成中　後成過非未（24）
有覆及無覆　唯成就現在　惡行惡戒業　業道不律儀（25）
成表非無表　住中劣思作　捨未生表聖　成無表非表（26）
定生得定地　彼聖得道生　別解脱律儀　得由他教等（27）

別解脫律儀　盡壽或晝夜　惡戒無晝夜　謂非如善受　(28)
近住於晨旦　下座從師受　隨教說具支　離嚴飾晝夜　(29)
戒不逸禁支　四一三如次　爲防諸性罪　失念及憍逸　(30)
近住餘亦有　不受三歸無　稱近事發戒　說如苾芻等　(31)
若皆具律儀　何言一分等　謂約能持說　下中上隨心　(32)
歸依成佛僧　無學二種法　及涅槃擇滅　是說具三歸　(33)
邪行最可訶　易離得不作　得律儀如誓　非總於相續　(34)
以開虛誑語　便越諸學處　遮中唯離酒　爲護餘律儀　(35)
從一切二現　得欲界律儀　從根本恆時　得靜慮無漏　(36)
律從諸有情　支因說不定　不律從一切　有情支非因　(37)
諸得不律儀　由作及誓受　得所餘無表　由田受重行　(38)
捨別解調伏　由故捨命終　及二形俱生　斷善根夜盡　(39)
有說由犯重　餘說由法滅　迦濕彌羅說　犯二如負財　(40)
捨定生善法　由易地退等　捨聖由得果　練根及退失　(41)
捨惡戒由死　得戒二形生　捨中由受勢　作事壽根斷　(42)
捨欲非色善　由根斷上生　由對治道生　捨諸非色染　(43)
惡戒人除北　二黃門二形　律儀亦在天　唯人具三種　(44)
生欲天色界　有靜慮律儀　無漏幷無色　除中定無想　(45)

無表は三にして、律儀と不律儀と非二となり。

律儀は別解脱と静慮と及び道生なり。初めの律儀に八種あり。実には体は唯四有り。形転ずれば名異なるが故なり。各別なるも相違せず。五と八と十と一切との離るべき所を離るることを受くるに、近事と近住と勤策と及び苾芻を立つ。倶に尸羅・妙行・業・律儀と名づくることを得。唯、初めの表・無表のみを別解・業道と名づく。八は別解脱を成ず。静慮を得ると聖者とは静慮と道生とを成ず。後の二は随心転なり。未至の九無間と倶生する二を断と名づく。正知・正念と合するを意・根律儀と名づく。

別解に住する無表は、未だ捨せずば恒に現を成ず。刹那の後には過を成ず。不律儀も亦然り。静慮律儀を得るは恒に過・未を成就す。聖の初めには過去を除く。定と道とに住するは中を成ず。中に住して無表有るは、初めは中を成じ、後は二をなり。律・不律儀に住して染・浄の無表を起すは、初めは中を成じ、後は二をなり。染・浄の勢の終りに至る。表は正しく作すは中を成ず。後は過を成じ、未に非ず。有覆及び無覆は唯現在のみを成就す。悪行・悪戒・業・業道が不律儀なり。表を成ずるも無表をに非ざるは中に住する劣思の作なり。捨して未だ表を生ぜざる聖は、無表を成ずるも表をに非ず。

定生は定地にて得らる。彼の聖は道生を得。別解脱律儀の得は他の教等に由る。

別解脱律儀は尽寿或は昼夜なり。悪戒には昼夜無し。謂く、善受の如くには非ざればなり。

近住は晨旦に於いて、下座にて師従り受け、教えに随って説き、支を具す。厳飾を離る。昼夜なり。戒と不逸と禁との支なり。四と一と三とが、次の如く、諸性罪と失念と及び憍逸を防がんが為なり。近住は余も亦有るも、三帰を受けざれば無し。

近事なりと称うるに戒を発す。説くこと苾芻等の如し。若し皆律儀を具すとせば、何ぞ一分等と言うや。謂く、能持に約して説く。下・中・上は心に随う。佛と僧とを成ずる無学と二種との法と、及び涅槃択滅と、に帰依す。是れを三帰を具すと説く。邪行は最も訶すべく、離れ易く、不作を得。律儀を得るは誓いの如し。総じて相続に於いてするに非ず。虚誑語を開けば便ち諸学処を越ゆるを以てなり。遮の中に唯酒を離るるは余の律儀を護らんが為なり。

一切と二と現とに従って、欲界の律儀を得。根本と恒時とに従って、静慮と無漏とを得。律は諸有情に従る。支・因よりするは不定なりと説く。不律は一切の有情と支とに従り、因に非ず。諸の不律儀を得るは作及び誓受に由る。所余の無表を得るは田と受と重行とに由る。

別解の調伏を捨するは、故捨と命終と及び二形倶生と断善根と夜尽とに由る。有るが説かく、重を犯すに由る、と。余は説かく、法の滅するに由る、と。迦湿弥羅の説は、犯に二あり、負と財との如し、と。

定生の善法を捨するは、易地と退と等に由る。聖を捨するは、得果と練根と及び退失に由る。悪戒を捨するは、死と得戒と二形生とに由る。中を捨するは、受と勢と作と事と寿と根との断ずるに由る。欲の非色の善を捨するは、根の断と上生とに由る。対治道の生ずるに由って、諸の非色の染を捨す。

悪の戒は人にあり。北と二の黄門と二形とを除く。律儀は亦、天にも在り。唯人のみ三種を具す。欲天と色界とに生じて静慮律儀有り。無漏は并びに無色にもあり。中定と無想とを除く。

《律儀》 正しからぬ生活態度を去り悪を防ぐはたらき、を意味する。律儀無表とはそのようなはたらきを有する無表業をいう。《不律儀》 律儀の対。正しい生活態度から遠ざかり善を妨げるはたらき、を意味する。不律儀無表とはそのようなはたらきを有する無表業をいう。《非二》 非律儀非不律儀、の意。処中ともいう。処中無表とは、律儀や不律儀の場合のように別段の意図をもっての実践の結果ではなく、縁に応じて生ずるところの善・不善の心をもってなされる業の無表、をいう。《別解脱》 prātimokṣa（波羅提木叉）の訳。律における制戒の条項の総称。《道生》 無漏道より生ずる「律儀」、の意。無漏律儀のこと。《八種》 苾芻（比丘）・苾芻尼（比丘尼）・正学（śikṣamāṇā, 式叉摩那、比丘尼となる直前二年の特別な修行期間にある者)・勤策（沙弥）・勤策女（沙弥尼）・近事（優婆塞）・近事女（優婆夷）・近住(upavāsa 鄔波婆沙、在家の男女で八斎戒を保つ者)、をいう。**《四種》** 五・八・十・一切（具足）戒を受持することによって、四種に分けられる。五戒とは、(1)殺さぬ(2)盗まぬ(3)正しい夫婦間以外の性行為をなさぬ(4)嘘をいわぬ(5)酒類を飲まぬ。八戒（八斎戒）とは、上の(1)(2)(4)(5)に加えて、(3)性行為をせぬ(6)高座好床を用いぬ(7)化粧・装身をせず歌舞演劇を観聴せぬ(8)正午過ぎに食を摂らぬ。十戒とは、八戒の(1)ないし(6)および(8)に加えて、(7)を化粧・装身せぬのと歌舞演劇を観聴せぬのと二項に分け、さらに、金銀財宝を貯えぬの一項を加える。具足戒は比丘・比丘尼にそれぞれ二百余戒あるいは三百余戒が数えられる。**《形》** ここでは男・女の形相をいう。**《尸羅》** śīla の音写。戒と訳する。生活上の〔よい〕習慣、正しい暮しぶり、の意。**《随心転》** 心と生・住・滅をともにし、心と果を同じくし、心と（善・不善・無記の）性を同じくすること。**《未至》** 初静慮の近分定（三二三頁を見よ）。**《九無間》** 九無間道、すなわち九品の修所断の煩悩（分別賢聖品第32、第35偈を見よ）に対する無間道（分別賢聖品第68偈を見よ）。**《意・根律儀》** 意律儀・根律儀、の意。いずれも経典に見える語。それをここに説明して、これらは律儀といってもその体（自性）は無表色ではなく、正知（その体は慧）と正念（その体は念）とであることをいう。**《中》** 「中を成ず」の中は現在を、「中に住して」の中は非律儀非不律儀を、意味する。**《文を具す》** 八支、すなわち八斎戒の各条項、を具備する。**《戒と不逸と禁との支》** 八斎戒のうち、前四支は罪を離れるための戒の支、中の一支は散慢不注意を避けるための不放逸の支、あとの三支は憍りを去るための自禁自制の支である。**《性罪》** 遮罪の対。それ自体が罪である行為。**《失念》** 心にたるみがあり注意のゆき届かぬ状態。**《憍逸》** 心が憍り、締まりのない状態。**《三帰》** 三帰依。佛と法と僧に対する帰依。**《何ぞ一分等と言う》** 経に、一分を学する優婆塞、少分を学する優婆塞、などといわれている。それは何ゆえか、と問う。**《能持に約して》** われは優婆塞であるというそのとき、五戒のすべてを一時に受けるけれども、のちにそのいくつかを欠くことになる場合もある。欠くことなしによく持しているものについて、一分とか少分とかいうのである、との意。**《下・中・上》** いずれの別解脱律儀にも下品・中品・上品の別があるが、それは律儀を受けるときの心のいかんによって生ずる。**《無学と二種との法》** 佛を成ずる無学の法と、僧を成ずる学・無学の法と、の意。**《邪行》** 欲邪行の略。邪淫、すなわち正しい夫婦間以外の性行為。**《誓いの如し》** 先に欲邪行を離れることを誓い、のちに妻を娶っても、律儀は先のときの誓いのごとくに得られているので、のちに娶ったことによってそれを破ることにはならぬ、の意。**《総じて相続に於いてするに非ず》**

すべての有情の相続に対して離邪淫を誓ったのではない、の意。《**虚誑語**》 妄語というも同じ。嘘をいうこと。《**開く**》 とがめずに許すこと。《**学処**》 戒律の一々の条項。《**遮**》 遮罪、の略。そのこと自体は罪でないが、それによってよからぬ結果をひきおこすゆえに佛が遮止せられたところのことがら、の意。《**一切**》 業道の加行（準備的行為）と根本（完遂行為）と後起（附随的行為）とのすべて。《**因に非ず**》〔一切の〕因に〔従る〕に非ず、の意。《**所余**》 非律儀非不律儀をさす。《**調伏**》 律儀のこと。《**二形倶生**》 女根と男根とがともに生じている者、の意。両形人ともいう。《**重を犯す**》 殺しとか盗みとか性交とか〔さとらぬのにさとったと〕虚言するとかいう重罪（四波羅夷）の一つでも犯したときは、勤策および苾芻律儀を捨する、という。《**法の滅する**》 正法が世に行われなくなる。《**犯に二あり**》 重罪を犯しても、自らそれを告白し改悔する者は、なお戒を持するのであって、まったくの犯戒ではない。負債を返却し終われば富人といわれるようなものだ、との意。《**易地**》 地を易える、の意。《**練根**》 根を練って鋭利ならしめること。《**欲の非色の善**》 非色とは、無表業（色）でない、の意。欲の非色の善とは、欲界の生得（生まれつき得ているところ）の善と、聞慧（学習によって得られた慧）・修慧（修習によって得られた慧）すなわち加行善と、をいう。《**根の断**》 善根の断絶。《**対治道**》 煩悩法の対治である道、の意。《**諸の非色の染**》 三界の見所断・修所断の煩悩およびそれに伴う染汚の法。《**二の黄門**》 扇搋（男根を欠く者）と半択迦（男根の不完全な者）と。（扇搋はせんちともせんたいとも読む。）《**中定**》 中間静慮（三二六頁を見よ）のこと。《**無想**》 無想天の略。

無表業には律儀無表と不律儀無表と非律儀非不律儀無表との三がある。律儀は、別解脱律儀すなわち欲界繫の戒と、静慮律儀すなわち色界繫の戒と、無漏律儀すなわち無漏の戒と、の三種である。別解脱律儀はまた単に戒とも妙行とも律儀とも呼ばれる。その受戒の初刹那の表・無表を別解脱といい、また業道ともいう。不律儀は悪行とも悪戒とも〔不善〕業とも呼ばれ、その初刹那をまた〔不善〕業道ともいう。別解脱律儀無表は異心にも無心にも断絶せず続起するが、静慮律儀・無漏律儀の無表はそうでなく随心転である。また、未至定の九無間道における静慮律儀と無漏律儀は、欲界繋の悪戒およびそれをおこす煩悩を断じ去る位であるから、特に断律儀と呼ばれる。

別解脱律儀は五戒、八戒、十戒、あるいは具足戒を受持することによるのであり、優婆塞・優婆夷には五戒が、鄔波婆沙には八戒が、沙弥・沙弥尼・式叉摩那（しきしゃまな）には十戒が、比丘・比丘尼には具足戒が具（そな）わるが、その心ばえの如何によってそれに上・中・下品の別がある。静慮に入っている者には必然に静慮律儀が具わる。すべての聖者には無漏律儀が具わる。

波羅提木叉を受持する者には、捨戒しない限り、常に現在の別解脱律儀無表が具わり、また第二刹那以後には過去のそれも具わる。悪戒を持する者には、それを捨離しない限り、常に現在の不律儀無表が具わり、また第二刹那以後には過去のそれも具わる。静慮律儀を具えている者には常に過去と未来との静慮律儀無表が具わる。聖者に無漏律儀無表が具わるのも同様であるが、ただ、その初刹那には過去の無表は具わらぬ。そして、現に静慮に入っている者には現在の静慮律儀無表もまた具わり、現に聖道を実践している者には現在の無漏律儀無表もまた具わる。非律儀非不律儀にある者は、初刹那において現在の非律儀非不律儀無表が具わり、第二刹那以後には過去と現在のそれが具わる。悪戒を持する者でも強い信をもって善業をなすときは、彼には善の無表もまた具わり、律儀を保つ者でも、強い煩悩をもって悪業をなすときは、彼には不善の無表もまた具わる。その初刹那には現在の無表がであり、第二刹那以後には現在と過去との無表がである。

およそ現に業をなしつつある者にはすべて現在の表業が具わるほかに、第二刹那以後、業を捨するに至るまで、過去の表業もまた具わるが、未来のそれが具わることはない。ただ、無記の業については、有覆にせよ無覆にせよ、現在の表業のみが具わる。

非律儀非不律儀であって無記の業をなす者あるいは弱い意図だけをもって善・不善の業をなす者には、表業のみが具わり無表業はない。聖者が前生に死して、今生に生まれながら未だ表業をおこしていないとき、あるいはおこしてのちそれを捨離したとき、彼には無表業のみが具わり表業はない。

静慮律儀は、静慮地に属する有漏の心が得られるときに、得られる。無漏律儀は、同じその静慮地に属する無漏の心が得られるときに、得られる。別解脱律儀は師の教えなどによって得られる。不律儀は、不律儀の家に生まれ育って初めて殺生などの悪行の加行をおこすことによって、あるいは余他の家に生まれ育って新たに悪行をなそうと期することによって、得られる。非律儀非不律儀は、福田たる僧伽に園林を施すなどのことによって、あるいは自ら誓って善行を受持することによって、あるいはさらに意を用いて善・悪行をなそうとすることによって、得られる。

別解脱律儀を受持することを期するのはいのちの限り、あるいは（八戒の場合）一昼夜の間、である。しかし、不律儀については、一昼夜の間に限って悪業を期するということはないので、ただいのちの限りを期してそれをなすとき不律儀が生ずるのである。

八戒すなわち八斎戒は、朝、師によって受くべきものである。師の下座に坐し、その教えのとおりに戒文を唱する。そして、一昼夜の間、八つの条項のすべてを守り（その前の四によって罪を犯すことを、中の一によってすべきとすべからざるとを忘れることを、後の三によって憍りの気持におぼれることを、防ぐため）、身につけた装飾を去るのである。八戒を受持して律儀を得るのは優婆塞・優婆夷に限らず、三帰依を表白した者はみなそれを得る。三帰依とは佛を佛たらしめる無学の法と、僧を僧たらしめる学・無学の法と、勝義の法たる涅槃とに帰依することである。

五戒の律儀を得るのは、われは優婆塞（優婆夷）であるとことばをもって表明することによる。そうして優婆塞（優婆夷）としての律儀を得た者に、あらためて五戒の学処を誦させるのは、五戒をさらによく知らしめんがためであって、それは、具足戒の律儀を得て比丘になった者などの場合と同様である。五戒の中に、非梵行を離れることはいわれず、ただ離欲邪行のみがあげられているのは、欲邪行（邪淫）は世間一般において極めて非難されることだからであり、それは非梵行よりも離れ易いからであり、また、聖者たちがそれを犯すことはけっして無いからである。語言の戒に四つある中で特に離妄語のみがあげられるのは、もし妄語を警めなければ、いかなる戒の条項を冒してもそれを隠蔽して、その結果あらゆる戒を破ることになるから、それを防ぐためである。遮罪の中で特に飲酒（おんじゅ）だけが離るべきものとしてあげられているのは、酒を飲むことによって他の諸戒が守られなくなることがあるから、それを防ぐためである。

別解脱律儀は、業道の加行と根本と後起とのすべてによって得られ、有情と非有情とに関して性罪と遮罪とのいずれを離れることによっても得られ、ただ現在の蘊・処・界のみによって得られる。それに対して静慮律儀と無漏律儀は、根本業道のみによって得られ、もとより性罪を離れることのみによって得られ、過去・現在・未来のいずれの蘊・処・界によっても得られる。また、律儀は、すべての有情によって、業道の七支（身三・口四）のすべてによってあるいは四支（身三と離妄語）のみによって、また、無貪・無瞋・無癡のすべてによってあるいは下・中・上品の心のいずれかによって、得られる。それに対して非律儀は、すべての有情によって、常に七支のすべてによって、また、下・中・上品の心のいずれかによって、得られる。

別解脱律儀は、故意に学処を捨棄することによって、命終することによって、両形人として生まれることによって、あるいは、善根を断つことによって、捨てられる。その中で特に八斎戒の律儀は、また、夜があけて戒を守ることを期した一昼夜が終わることによっても、捨てられる。静慮律儀は、上地に生ずることによって、あるいは三昧の境から退失することによって、捨てられる。無漏律儀は、新たに果を得ることによって、修練して機根を鋭利ならしめることによって、あるいはすでに得た果から退失することによって、捨てられる。不律儀は、律儀（別解脱律儀・無漏律儀）を得ることによって、死することによって、あるいは、両形をもって生まれることによって、捨てられる。非律儀非不律儀は、強い信（煩悩）をもって善（悪）業をなす場合のその信（煩悩）の強さが失われることによって、自ら誓って善行を受持する心が失われることによって、誓ったごとく作すことをしないことによって、施与した物が壊れ失われることによって、命終することによって、あるいは、善根が断たれることによって、捨てられる。

非律儀は人界の有情にだけある。ただし扇搋・半択迦・両形人および北倶盧洲の住人の場合は除く。律儀については右と同様であるが、さらに天界の有情にもそれはある。もっとも、別解脱・静慮・無漏の三律儀がすべてあるのは人界の有情のみ。欲界天・色界天の有情には静慮律儀があり、無漏律儀も同様にあるが、ただ中間定と無想天の有情の場合を除く。無色界の有情には無漏律儀が具わってあるものとして考え得るが、現実には（無色界において律儀無表という色法は）あり得ない。

（この節、第15—第20偈はサンスクリット原文の第13—第18偈にあたる。第21—第24偈前半は同じく第19—第22偈に、第24偈後半—第45偈は同じく第23—第44偈にあたる。）

3 経典に見える業説

安不安非業　名善惡無記　福非福不動　欲善業名福 (46)
不善名非福　上界善不動　約自地處所　業果無動故 (47)
順樂苦非二　善至三順樂　諸不善順苦　上善順非二 (48)
餘說下亦有　由中招異熟　又許此三業　非前後熟故 (49)
順受總有五　謂自性相應　及所緣異熟　現前差別故 (50)
此有定不定　定三順現等　或說業有五　餘師說四句 (51)
四善容俱作　引同分唯三　諸處造四種　地獄善除現 (52)
堅於離染地　異生不造生　聖不造生後　幷欲有頂退 (53)
欲中有能造　二十二種業　皆順現受攝　類同分一故 (54)
由重惑淨心　及是恆所造　於功德田起　害父母業定 (55)
由田意殊勝　及定招異熟　得永離地業　定招現法果 (56)
於佛上首僧　及滅定無諍　慈見修道出　損益業卽受 (57)
諸善無尋業　許唯感心受　惡唯感身受　是感受業異 (58)
心狂唯意識　由業異熟生　及怖害違憂　除北洲在欲 (59)
說曲穢濁業　依諂瞋貪生　依黑黑等殊　所說四種業 (60)
惡色欲界善　能盡彼無漏　應知如次第　名黑白俱非 (61)

四法忍離欲　前八無間倶　十二無漏思　唯盡純黒業(62)
離欲四静慮　第九無間思　一盡雜純黒　四令純白盡(63)
有説地獄受　餘欲業黒雜　有説欲見滅　餘欲業黒倶(64)
無學身語業　即意三牟尼　三清淨應知　即諸三妙行(65)
惡身語意業　説名三惡行　及貪瞋邪見　三妙行翻此(66)

安・不安・非業を、善・悪・無記と名づく。

福・非福・不動あり。欲の善業を福と名づけ、不善を非福と名づく。上界の善が不動なり。自地の処所に約するに、業果に動無きが故なり。

順楽と苦と非二となり。善の三に至るまでが順楽なり。諸の不善が順苦なり。上の善が順非二なり。余は説かく、下にも亦有り、中の異熟を招くに由る、と。又、此の三業は非前後に熟すと許すが故なり。順受に総じて五有り。謂く、自性と相応と及び所縁と異熟と現前との差別の故なり。

此れに定・不定有り。定は三にして、順現等なり。或は説く、業に五有りと。余師は説く、四句ありと。

四は善なり。倶に作る容し。同分を引くは唯三なり。諸処に四種を造る。地獄の善は現を除く。堅は離染地に於いて、異生ならば生を造らず、聖ならば生と後とを造らず。并びに欲と有頂とよりの退もなり。

欲の中有は能く二十二種の業を造る。皆、順現受の摂なり。類の同分は一なるが故なり。

重惑と浄心とに由ると、及び是れ恒に造る所なると、功徳田に於いて起すと、父母を害すると、の業は定なり。

田と意との殊勝なるに由ると、及び定んで異熟を招くも永く地を離るるを得たると、の業は、定んで現法の果を招く。佛を上首とする僧と、及び滅定と無諍と慈と見・修道とより出づるに於いて、損益する業は即ち受く。

諸の善の無尋の業は、唯、心受を感ずと許す。悪は、唯、身受を感ず。是れ受を感ずる業の異なり。

心狂は唯、意識なり。業の異熟より生ずると、及び怖と、害と、違と、憂とに由る。北洲を除きて欲に在り。

曲・穢・濁の業は諂・瞋・貪に依って生ず、と説く。黒黒等の殊なりに依って、説く所の四種の業あり。悪と色・欲界の善と能く彼を尽くす無漏となり。応に知るべし、次第の如く黒・白・倶・非と名づく、と。四法忍と、欲を離るる前の八無間と倶なると、の十二の無漏の思は、唯、純黒業を尽くす。欲と四静慮とを離るる第九の無間の思は、一は雑と純黒とを尽くし、四は純白を尽きしむ。有るが説かく、地獄の受と、余の欲の業と、は黒と雑となり、と。有るが説かく、欲の見滅と余の欲の業とは、黒と倶となり。

無学の身・語業と、即ち意と、は三牟尼なり。三清浄は、応に知るべし、即ち諸の三妙行なり、と。悪の身・語・意業を説きて三悪行と名づく。及び貪・瞋・邪見なり。三妙行は此れに翻ず。

《**自地の処所に約す**》上界、すなわち色・無色界地、においては、ある地・処の業によって他の地・処の果を受けることがなく、業自らの処が果の処と定まって不動であるから、その業を不動業という、との解釈。《**中の異熟を招く**》中間静慮を修して中間静慮の異熟果を招く、の意。余の地の業が中間静慮の異熟果を感ずることは無い。《**非前後に**》非前非後、すなわち同一刹那、において、の意。同一の刹那において、順楽受業は色を異熟果として感じ、順苦受業は欲界の苦受と相応法を感じ、順非二業は命根(みょうこん)などを感ずる、ということがあるから、欲界においても順非二(順捨受)業はある、という主張。《**自性**》すべての苦・楽・不苦不楽(捨)の受を自性順受という。《**相応**》すべての触を相応順受という。《**所縁**》すべての境、すなわち色声香味触法、を所縁順受という。《**異熟**》異熟果を感ずべき業を異熟順受という。《**現前**》まさしく現在に生ずる苦、楽あるいは捨の受を現前順受という。《**順現等**》順現法受・順次生受・順後次生受。現生において果を受くべき業と、次生において果を受くべき業と、次次生以後において果を受くべき業と。《**五**》

不定業を二種に分つから、上記の三順受とあわせて五となる。二種とは、異熟果は定まっていてもそれを受ける時が不定なものと異熟果も時も不定なものと。**≪四句≫** 異熟の定まりと時の定まりとに関して四句分別が立てられる。**≪四は善なり≫** 順現受・順生受・順後受と不定の四種に分つ説がよい、の意。**≪倶に作る容し≫** 四種の業を同時に作ることもあり得る、の意。**≪同分≫** 衆同分のこと。**≪唯三≫** 現在の身の同分は先の業が引いたところであるから、順現受は除かれる。**≪諸処に≫** 三界・五趣のいずれにても、の意。**≪堅≫** 退堕することのない者、をいう。**≪生≫** 順生受業の略。**≪後≫** 順後受業の略。**≪并びに……退もなり≫** 聖者にして欲界および有頂（うちょう）において離貪した者はまた、そこから退堕した場合でも、順生受業と順後受業とを造らぬ、の意。**≪二十二種≫** 中有と母胎に在る間の五位と出生後の五位との十一位について、それぞれ定業と不定業とを数えるから、二十二種となる。**≪類の同分は一≫** 〔中有の位と自〕類の〔十位〕とは同一の衆同分にして一業の引くところである。**≪功徳田≫** 佛・法・僧あるいはすぐれた聖者は、徳を生む田であるから、功徳田という。**≪田と意との殊勝なるに由る≫** 田の殊勝に由るとは、僧伽の中などの殊勝な領域において造った業はたとえ軽い気持でやったことでも重いものであるから、順現法受となる。意の殊勝に由るとは、殊勝な意向をもって造った業にはたとえ小さなことでも重いものであるから、順現法受となる。**≪滅定≫** 滅尽定の略。**≪無諍≫** 他の有情をしておのれに対して煩悩をおこさしめまいと念ずる心（分別智品第42偈を見よ）。**≪慈≫** すべての有情に対して慈悲の心を持する三昧をいう。**≪損益する≫** 滅尽定・無諍・慈三昧・見道・修道より生じたすぐれた相続身を有する僧伽の成員に対して、損害を与えあるいは利益を与える、の意。**≪即ち受く≫** 即時に果を受ける、の意。**≪無尋≫** 尋の無い地、すなわち中間静慮より有頂まで。**≪心狂≫** 狂気のこと。五識には分別がないから、狂気はない。それはただ意識においてある。**≪害≫** 傷害。**≪違≫** 身内の四大種が調和を失うこと。**≪諂≫** 曲った心をもっておもねりへつらうこと（分別随眠品第48、第49偈を見よ）。**≪四法忍≫** 苦法智忍・集法智忍・滅法智忍・道法智忍（分別賢聖品第27偈を見よ）。**≪前の八無間≫** 修所断の九品の煩悩に対して九無間道・九解脱道がある中の前八無間道（分別賢聖品第32、第63、第68偈を見よ）。**≪尽くす≫** 滅する、の意。**≪雑≫** 黒白業のこと。**≪地獄の受≫** 地獄に生まれる果を受けるべき受、の意。**≪余の欲の業≫** 〔地獄〕以外の欲界の生を受くべき業、の意。**≪見滅≫** 見所断の業、の意。**≪余≫** 修所断をさす。**≪無学≫** もはや学ぶことが無い、の意で、阿羅漢をいう。**≪邪見≫** 因果の理、四諦の理を否定するあやまった考え方。五見の一（分別随眠品第7偈を見よ）。

経中に説かれる業として、次のものがあげられる。(a)善・不善・無記の三業――善業とは可愛の異熟を招きあるいは涅槃を得しめる安穏な業、不善業とは非可愛の異熟を招く不安穏な業。(b)福・非福・不動の三業――福業とは欲界の善業、非福業とは不善業、不動業とは上界の善業。(c)順楽受・順苦受・順不苦不楽受の三業――順楽受は欲界および下三静慮地の善業、順苦受とは不善業、順不苦不楽受とは第四静慮地および無色界の善業。しかし、順不苦不楽受業は下地にもあると考えられる。ここに「順受」というは「異熟順受」の意である。(d)順現受・順生受・順後受・不定の四種の業の説明に関連しては、種々な論究がある。(e)曲・穢・濁の三業――順次に、諂・瞋・貪より生じた身語意業をいう。(f)黒・白・黒白・非黒非白の四業――黒業とは不善業、白業とは色界の善業（無色界のそれについても、経中では白業とすることもある）、黒白業とは欲界の善業、非黒非白業とは無漏業。(g)三牟尼――身牟尼は無学の身業。語牟尼は無学の語業。意牟尼は無学の意であって意業でない。(h)三清浄――すなわち身・語・意の三妙行。(i)三悪行――すなわち不善の身・語・意業。また、別に業ならざる三種の意悪行があり、貪・瞋・邪見である。(j)三妙行――三悪行の逆、すなわち善の身・語・意業であり、また、無貪・無瞋・正見が三種の意妙行である。

（この節、第46―第66偈はサンスクリット原文第45―第65偈にあたる。）

4　十善業道、十不善業道

所說十業道　攝惡妙行中　麤品爲其性　如應成善惡 (67)
惡六定無表　彼自作婬二　善七受生二　定生唯無表 (68)
加行定有表　無表或有無　後起此相違　加行三根起 (69)
彼無間生故　貪等三根生　善於三位中　皆三善根起 (70)
殺麤語瞋恚　究竟皆由瞋　盜邪行及貪　皆由貪究竟 (71)
邪見癡究竟　許所餘由三　有情具名色　名身等處起 (72)
俱死及前死　無根依別故　軍等若同事　皆成如作者 (73)
殺生由故思　他想不誤殺　不與取他物　力竊取屬己 (74)
欲邪行四種　行所不應行　染異想發言　解義虛誑語 (75)
由眼耳意識　幷餘三所證　如次第名爲　所見聞知覺 (76)
染心壞他語　說名離間語　非愛麤惡語　諸染雜穢語 (77)
餘說異三染　佞歌邪論等　惡欲他財貪　憎有情瞋恚 (78)
撥善惡等見　名邪見業道　此中三唯道　七業亦道故 (79)
唯邪見斷善　所斷欲生得　撥因果一切　漸斷二俱捨 (80)
人三洲男女　見行斷非得　續善疑有見　頓現除逆者 (81)
業道思俱轉　不善一至八　善總開至十　別遮一八五 (82)

不善地獄中　麤雑瞋通二　貪邪見成就　北洲成後三 (83)
雑語通現成　餘欲十通二　善於一切處　後三通現成 (84)
無色無想天　前七唯成就　餘處通成現　除地獄北洲 (85)
皆能招異熟　等流増上果　此令他受苦　斷命壞威故 (86)
貪生身語業　邪命難除故　執命資貪生　違經故非理 (87)

説く所の十業道（じゅうごう）は、悪・妙行の中の麁品（そほん）を摂して其の性と為し、応の如く善・悪を成ず。悪の六には定んで無表あり。加行は定んで表有るも、無表は或は有無なり。後起は此れと相違す。唯無表なり。彼の自作と婬とには二あり。善の七の受より生ずるに二あり。定より生ずるは加行は三根より起る。彼の無間に生ずるが故に貪等は三根より生ず。善は三位の中に於いて、皆、三善根より起る。殺と麁語と瞋恚との究竟（くきょう）すること皆、瞋に由る。盗と邪行と及び貪は、皆、貪に由りて究竟す。邪見は癡にて究竟す。所余は三に由ると許す。

有情と具と名色と名身等との処に起る。倶に死すると及び前に死するとは根無し。依別なるが故なり。軍等の若し事を同じくするは皆、成ずること作者の如し。

殺生（せっしょう）は故思と他と想と不誤殺とに由る。与えざるに他の物を取るは、力と竊とをもって、取りて己れに属せしむ。欲邪行に四種あり、行ずべからざる所を行ず。染に異想して発言し、義を解すれば虚誑語（こおうご）なり。眼・耳・意の識と并びに余の三との所証に由りて、次第の如く、名づけて所見と聞と知と覚と為す。染心もて他を壊する語を説きて離間語（りけんご）と名づく。非愛は麁悪語なり。諸の染は雑穢語なり。余は説かく、三に異なる染にして佞と歌と邪論と等なり。他の財を悪欲するは貪なり。有情を憎むは瞋恚なり。善・悪等を撥する見を邪見業道と名づく。

此の中、三は唯、道なり。七は業にして亦、道なるが故なり。

唯、邪見のみ善を断ず。所断は欲の生得なり。因果を撥す。一切なり。漸に断ず。二は倶に捨す。人の三洲なり。男・女なり。見行なり。断は非得なり。続善は疑有と見とよりす。頓なり。現なり。逆者を除く。

業道の思と倶に転ずるは、不善は一より八に至り、善は総じて開けば十に至る。別しては一と八と五とを遮す。

不善は、地獄の中にて、麁と雑と瞋とは二に通じ、貪と邪見とは成就す。北洲にては後の三を成じ、雑語は現と成とに通ず。余の欲の十は二に通ず。善は、一切処に於いて、後の三は現と成とに通ず。無色と無想天とにて、前の七は唯、成就す。余の処にては成と現とに通ず。地獄と北洲とを除く。

皆能く異熟・等流・増上の果を招く。此れは他をして苦を受け命を断ち威を壊せしむるが故なり。

貪より生ずる身・語業は邪命なり。除き難きが故なり。命の資を貪ずるより生ずと執するは、経に違する故に、非理なり。

《十業道》 経中に、殺生（殺し）・不与取（盗み、偸盗）・欲邪行（正しからぬ性交、邪淫）・虚誑語（虚言、妄語）・離間語（人の仲を割く二枚舌、両舌）・麁悪語（粗暴な罵言、悪口）・雑穢語（煩悩心からでるいい加減なことば、綺語）・貪欲・瞋恚（憎しみ）・邪見（因果の理を否定する誤った考え）の十不善業道、そのおのおのを離れる十善業道、を説く。前三は身業、中四は語業、後三は意業である。**《六》** 三身業と四語業のうち、欲邪行を除く。**《自作》** 他人をして行わしめるのでなく自らが作す、の意。**《婬》** 欲邪行。**《二》** 表と無表と。**《受より生ずる》** 他から受戒することによって生ずる、の意。すなわち別解脱律儀をさす。**《定より生ずる》** 静慮律儀および無漏律儀をいう。**《三根》** 貪・瞋・癡の三不善根を意味する。七（身三語四）不善業道の加行はすべて三不善根のいずれよりしてもおこる。**《貪等》** 貪・瞋・邪見の三意不善業道。これらには加行はないが、貪・瞋・癡の無間に（直後に引き続いて）生ずるから、やはり三不善根よりおこる、とされる。**《三位》** 加行と根本と後起。**《究竟す》** 完了する、の意。**《所余》** 虚誑語・離間語・雑穢語。**《三》** 三不善根。**《処》** 不善業道がそれを対象としておこるところ。殺生と麁悪語と瞋恚は有情を処とし、不与取と欲邪行と貪欲は資具（妻妾などをもそれに含める）を処とし、邪見は名色（すなわち五蘊の法）を処とし、虚誑語と離間語と雑穢語は名・句・文を処とする。**《根無し》** 根本業道の成立することはない、の意。**《依》** 所依の略。相続のよりどころとしての身体。**《事を同じくす》** 大勢が同じ一つの殺生を行う、の意。**《作者》** 大勢して殺生を行った中で、直接相手を死に至らしめた当人。**《余の三》** 鼻識、舌識、身識。**《非愛》** 非愛の語、の意。非愛は愛と相違するものを意味するのでなく、愛の逆すなわち憎悪を意味する。**《染》** 染心によって発せられる語、の意。**《三に異なる》** 虚誑語・離間語・麁悪語と異なる、の意。**《佞》** へつらいの言辞。**《歌》** 倡妓らのざれ歌など。**《邪論》** 正しからぬ悲嘆やたわむれの言辞。**《所断》** 断ぜられる善根、の意。**《撥す》** 撥無する、すなわち否定する。邪見にも種々ある中で特に因果の理を認めない邪見によって善根は断たれる。**《一切なり》** この邪見は有漏・無漏すべての法を対象とする、の意。**《人の三洲》** 断善根は天趣にも悪趣にもなく、北洲にもない、という。**《男・女》** 扇搋などを除く意。**《見行》** 善根を断ずるはただ見行の人（人の言に従わず専ら自分の見解に基づいて行動する人）であり、愛行の人（他人のことばに従順な性格の人）でない。**《断は非得》** 断善根の自性は心不相応行の非得である。**《続善》** 続善根。いったん断善根しても、正しい見をもつに至ればまた善根を得るようになることをいう。**《疑有》**〔因果の理は〕有るのでなかろうかと疑うこと。**《見》** 正見のこと。邪見の対。**《頓》** 続善根は徐々にでなく一挙に生ずる。**《現なり》** 続善根は中有においてあるとする説もあるが、正しくはそうではなく、現身においてである、という。**《逆者》** 五逆罪を造った者。**《一より八に》** 一つの不善業道が思とともにおこる場合から、八つの不善業道が思とともにおこる場合まである。**《二に通じ》** 現行（現実におこる）と成就（未来におこる可能性を有する）との二をともにもち、の意。**《他をして苦を受け》** 殺生業の場合についていっている。**《威を壊す》** 威とは、生物の心臓において在る精気をいう。**《命の資を貪ず》** 生命の資具たるものに対して貪欲をおこす、の意。

三妙（悪）行のうち、細密隠微でなく粗大な、知り易い業を、十善（不善）業道と数える。まず、十のうち、身・語業に属する七支について表・無表の有無が、業道の加行・根本・後起にわたって、論ぜられる。次に、善（不善）業道とその生ずる本である三善（不善）根との関係が論ぜられる。次は、十不善業道のそれぞれが何を対象としておこるか、という問題。そして、殺生者が被殺者と同時にあるいは被殺者より先に死んだ場合、その殺生の根本業道はあるか、という特殊な問題。ついで、業道の一々がいかなる場合に成立するか、が説かれる。殺生業道は、殺生の意志があり、あやまたずに、他を、殺すところに成立する。不与取業道は（同じくあやまたずに）強奪あるいは竊盗して、他人の所有物をおのれのものとするところに成立する。欲邪行の業道は、相手とすべからざる者を相手として、あるいは異常な仕方で、あるいは場所をはばからず、あるいは時をはばからず、（同じくあやまたずに）淫を行うところに成立する。虚誑語の業道は、心に思うことと別なことを語り、相手に語ることの意味が通じる（通じなければそれは「雑穢語」となる）ところに成立する。離間語の業道は、染汚の心をもって、他の人々の間を裂こうとして語り、相手に語ることの意味が通じるところに成立する。麁悪語の業道は同じく染汚の心をもって悪罵のことばを語るところに、雑穢語の業道は、また、およそ染汚のことばを語るところに成立する。貪業道は他人の物を不当にわがものにしようという欲望をおこすところに成立する。有情に対する憎悪があるところに瞋業道が、善・不善の業などを「無い」と考えるところに邪見業道が、成立する。これら十業道のうち、後三はただ業（意業すなわち思）の道であり、前七は業（三は身業、四は語業）でありかつ業の道である。因・果をなしとする邪見によって断善根がある。

善・不善の諸業道と思の心所との倶起の関係が種々に考察される。また、いずれの界、いずれの趣、いずれの処において、善・不善の業道のいくばくが具わるか、そのいくばくが現実にあり得るか、が考察される。業道のもたらす果は異熟・等流・増上の三種である。八正（邪）道の中の正（邪）語・正（邪）業の二支と正（邪）命支との関係は、前者を瞋および癡より生ずる語・身業、後者を貪より生ずる身・語業、と解釈する。

5　業に関する雑多な事項

（この節、第67―第87偈はサンスクリット原文第66―第86偈にあたる。）

斷道有漏業　具足有五果　無漏業有四　謂唯除異熟(88)
餘有漏善惡　亦四除離繫　餘無漏無記　三除前所除(89)
善等於善等　初有四二三　中有二三四　後二三三果(90)
過於三各四　現於未亦爾　現於現二果　未於未果三(91)
同地有四果　異地二或三　學於三各三　無學一三二(92)
非學非無學　有二二五果　見所斷業等　一一各於三(93)
初有三四一　中二四三果　後有一二四　皆如次應知(94)
染業不應作　有說亦壞軌　應作業翻此　俱相違第三(95)
一業引一生　多業能圓滿　二無心定得　不能引餘通(96)
三障無間業　及數行煩惱　幷一切惡趣　北洲無想天(97)
三洲有無間　非餘扇搋等　少恩少羞恥　餘障通五趣(98)

此五無間中　四身一語業　三殺一誑語　一殺生加行（99）
僧破不和合　心不相應行　無覆無記性　所破僧所成（100）
能破者唯成　此虛誑語罪　無間一劫熟　隨罪增苦增（101）
苾芻見淨行　破異處愚夫　忍異師道時　名破不經宿（102）
贍部洲九等　方破法輪僧　唯破羯磨僧　通三洲八等（103）
初後皰雙前　佛滅未結界　於如是六位　無破法輪僧（104）
棄壞恩德田　轉形亦成逆　母謂因彼血　誤等無或有（105）
打心出佛血　害後無學無　造逆定加行　無離染得果（106）
破僧虛誑語　於罪中最大　感第一有思　世善中大果（107）
汚母無學尼　殺住定菩薩　及有學聖者　奪僧和合緣（108）
破壞窣堵波　是無間同類　將得忍不還　無學業爲障（109）
從修妙相業　菩薩得定名　生善趣貴家　具男念堅固（110）
贍部男對佛　佛思思所成　餘百劫方修　各百福嚴飾（111）
於三無數劫　各供養七萬　又如次供養　五六七千佛（112）
三無數劫滿　逆次逢勝觀　然燈寶髻佛　初釋迦牟尼（113）
但由悲普施　被析身無忿　讚嘆底沙佛　次無上菩提（114）
六波羅蜜多　於如是四位　一二又一二　如次修圓滿（115）
施戒修三類　各隨其所應　受福業事名　差別如業道（116）
由此捨名施　謂爲供爲益　身語及能發　此招大富果（117）

爲益自他倶　不爲二行施　由主財田異　故施果差別 (118)

主異由信等　行敬重等施　得尊重廣愛　應時難奪果 (119)

財異由色等　得妙色好名　衆愛柔軟身　有隨時樂觸 (120)

田異由趣苦　恩德有差別　脱於脱菩薩　第八施最勝 (121)

父母病法師　最後生菩薩　設非證聖者　施果亦無量 (122)

後起田根本　加行思意樂　由此下上故　業成下上品 (123)

由審思圓滿　無惡作對治　有伴異熟故　此業名增長 (124)

制多捨類福　如慈等無受　惡田有愛果　種果無倒故 (125)

離犯戒及遮　名戒各有二　非犯戒因壞　依治滅淨等 (126)

等引善名修　極能薰心故　戒修勝如次　感生天解脱 (127)

感劫生天等　爲一梵福量　法施謂如實　無染辯經等 (128)

順福順解脱　順決擇分三　感愛果涅槃　聖道善如次 (129)

諸如理所起　三業幷能發　如次爲書印　算文數自體 (130)

善無漏名妙　染有罪覆劣　善有爲應習　解脱名無上 (131)

断道の有漏業は、具足して五果有り。無漏業は四有り。謂く、唯、異熟を除く。余の有漏の善悪も亦四なり。離繋を除く。余の無漏と無記とは三なり。前の除く所を除く。善等を善等に於いてするに、初めは四・二・三有り。中には二・三・四有り。後には二・三・三果あり。過は三に於いて各四なり。現は未に於いても亦爾り。現は現に於いて二果あり。未は未に於いて果三なり。同地には四果有り。異地には二或は三なり。学は三に於いて各三なり。無学は一・三・二なり。非学非無学には二・二・五果有り。見所断の業等は、一一各三に於いてするに、初めには三・四・一有り。中には二・四・三果なり。後には一・二・四有り。皆、次の如く、応に知るべし。

染の業は不応作なり。有るが説かく、亦、軌を壊するも、と。応作業は此れに翻ず。倶に相違するは第三なり。一業は一生を引く。多業は能く円満す。二無心定と得とは引く能わず。余は通ず。

三障とは、無間業と、及び数行の煩悩と、并びに一切の悪趣と北洲と無想天となり。三洲にのみ無間は有り。余の扇搋等に非ず。恩少なく羞恥少なければなり。余の障は五趣に通ず。

此の五無間の中、四は身、一は語業なり。三は殺、一は誑語、一は殺生の加行なり。僧破は不和合なり。心不相応行なり。無覆無記の性なり。所破の僧の成す所なり。能破者は唯、此の虚誑語罪を成ず。無間にて一劫に熟す。罪の増すに随って苦増す。苾芻なり。見なり。浄行なり。破は異処にてなり。愚夫なり。異なる師と道とありと忍ずる時を破と名づく。宿を経ず。贍部洲にて九等が方に法輪僧を破す。唯、羯磨僧を破するは、三洲に通ず。八等なり。初めと、後と、皰と双との前と、佛滅と、未結界と、是くの如き六位に於いて破法輪僧無し。

恩と徳との田を棄て壊す。形を転ずるも亦逆を成ず。母は、謂く、彼の血に因る。誤る等は無し、或は有り。打たんとの心もて佛の血を出すと、後の無学を害するとは、無し。造逆の定まれる加行には、離染の得果無し。

破僧の虚誑語は罪の中に於いて最大なり。第一有を感ずる思は世善の中にて大果あり。

母なる無学の尼を汚すと、定に住する菩薩及び有学の聖者を殺すと、僧の和合の縁を奪うと、窣堵波を破壊するとは、是れ無間の同類なり。

まさに忍と不還と無学とを得んとするに、業は障を為す。妙相の業を修する従り、菩薩は定の名を得。善趣・貴家に生ずると、具と、男と、念と、堅固となり。贍部なり。男なり。佛に対す。佛の思にして思所成なり。余の百劫に方に修す。各百福もて厳飾す。三無数劫に於て各七万を供養し、又、次の如く、五・六・七千佛を供養す。三無数劫の満つるとき逆次に勝観・然灯・宝髻佛に逢う。初めは釈迦牟尼なり。但だ悲に由って普く施すと、身を析かれて忿無きと、底沙佛を讃嘆すると、次に無上の菩提と。六波羅蜜多は是くの如き四位に於いて、一と二と又一と二とを、次の如く、修して円満す。

施・戒・修の三類は各其の所応に随いて福・業・事の名を受く。差別は業道の如し。此れに由って捨するを施と名づく。謂く、供の為、益の為なり。身と語と及び能発となり。此れは大富果を招く。自と、他と、倶と、を益せんが為と、二の為にせずして施を行ずるとなり。主と財と田との異に由るが故に施の果に差別あり。主の異とは信等あるに由る。敬重等の施を行ずれば、尊重と広愛と応時と難奪との果を得。財の異とは色等に由り、妙色と、好名と、衆愛と、柔輭身と、随時の楽触有ることと、を得。田の異とは趣と苦と恩と徳とに差別有るに由る。脱の脱に於けると、菩薩と、第八との施は最勝なり。父と母と病と法師と最後生の菩薩とは、設い聖を証する者に非ざるも、施すに果亦無量なり。

後起と田と根本と加行と思と意業と、此れに下・上あるに由るが故に、業は下・上品を成ず。審思と、円満と、悪作と対治との無きと、伴と異熟との有ると、に由るが故に、此の業を増長と名づく。

制多は捨類の福なり。慈等の受無きが如し。悪田にも愛果有り。種と果とは無倒なるが故なり。

犯戒と及び遮とを離るるを戒と名づく。各二有り。犯戒と因とに壊せらるるに非ざると、治と滅とに依るとにて、浄なる等なり。等引の善を修と名づく。極めて能く心に熏ずるが故なり。戒と修とは勝れて、次の如く、生天と解脱とを感ず。

劫の生天を感ずる等を、一の梵福の量と為す。法施とは、謂く、実の如く無染に経等を弁ず。順福・順解脱・順決択分の三は、愛果・涅槃・聖道を感ずる善にして、次の如し。

諸の如理に起す所の三業并びに能発を、次の如く、書と印と、算と文と、数と、の自体と為す。

善の無漏を妙と名づく。染は有罪なり、覆なり、劣なり。善の有為は応習なり。解脱を無上と名づく。

≪断道≫ 煩悩を断ずる道、の意。無間道をさす。それに有漏と無漏とがある。有漏道については分別賢聖品第50偈を見よ。**≪五果≫** 分別根品第58、第59偈を見よ。**≪初め≫** 善業をさす。**≪四・二・三≫** 善業が善法を果とする場合は四種（異熟果を除く）、不善法を果とする場合は二種（士用果と増上果）、無記法を果とする場合は三種（等流果と離繫果を除く）ある。**≪中≫** 不善業をさす。**≪二・三・四≫** 不善業が善法を果とする場合は二種（士用と増上）、不善法を果とする場合は三種（士用と増上と等流）、無記法を果とする場合は四種（離繫を除く）ある。**≪後≫** 無記業をさす。**≪二・三・三≫** 無記業が善法を果とする場合が二種（士用と増上）、不善法を果とする場合が三種（士用と増上と等流）、無記法を果とする場合が三種（士用と増上と等流）ある。**≪三において≫** 過去・現在・未来の法を果とする場合に、の意。**≪各四なり≫** 離繫果を除く。**≪二果あり≫** 士用と増上。**≪三において≫** **≪果三なり≫** 士用と増上と異熟。**≪同地には≫** ある地に属する業が同じその地に属する法を果とする場合には、の意。**≪二或は三≫** 有漏業ならば士用と増上の二果が、無漏業ならば士用・増上・等流の三果がある。**≪三において各三≫** 有学の法をもって士用・増上・等流の三果とし、無学の法をもって同じ三果とし、非学非無学法をもって士用・増上・離繫の三果とする。**≪一・三・二≫** 増上、士用・等流・増上、士用・増上。**≪二・二・五果≫** 二とは士用と増上。**≪三・四・一≫** 増上・士用・等流、増上・士用・異熟・等流、増上。**≪二・四・三果≫** 士用・増上、士用・増上・異熟・等流、士用・増上・離繫。**≪一・二・四≫** 増上、士用・増上、士用・増上・等流・離繫。**≪亦、軌を壊するも≫** 世間のきまりを破るような身・語業もまた不応作業と呼ばれる、の意。

≪第三≫ 非応作非不応作業をさす。**≪一生を引く≫** 一生の果報を引く、すなわちある生に生まれることを決定する、の意。一生を引く業を引業といい、それは一業で一生を引く、とする。**≪能く円満す≫** その生における個体をまったからしめる、の意。そのはたらきをなす業を満業という。満業は必ず多数である、とする。**《無間業》** 分別世間品第44偈を見よ。**《数行》** しばしばおこる、あるいはつねにおこる、の意。**《恩少なく》** 彼に対して父母が恩を施すことは少ない。**《羞恥少なければ》** 彼はまた父母に対して慚愧の心が少ない。**《所破の僧の成す所》** 僧破は無間業そのものではなく、無間業なる虚誑語によってひきおこされた結果であるから、破壊せられた方の僧衆がそれを成ずる。**《無間にて一劫に熟す》** 無間地獄において一中劫の間にわたって苦を受ける。**《苾芻なり》** 破僧をなすのは必ず比丘である。**《見なり》** 見行の者であって愛行の者でない、の意。**《浄行なり》** 犯戒の者でなく浄らかな戒行を具する者である。**《異処》** 佛のあるところと別な場所、の意。**《愚夫なり》** 破せられるのは異生（凡夫）であって聖者でない。**《異なる師と道とありと忍ず》** 佛と異なる別なよき師があると考え、説かれた道と異なる別なよき道があると考える。**《宿を経ず》** いったん破僧しても一夜を経ぬうちに和合する。**《九等》** 九人かあるいはそれ以上、の意。最小限九人の比丘のあるときに法輪僧の破がおこる。**《法輪僧》《羯磨僧》** 法輪僧を破するとは、佛の法輪を拒否して別な教法を奉ずる僧衆を分立すること。羯磨僧を破するとは、佛の法輪を受持することは変わらないが、同一の僧団の中で戒法を護ることを嫌って別な僧団を分立すること。**《三洲に通ず》** 佛は贍部洲にしかとどまらぬが、聖教は北洲以外の三洲に流布しているから、破羯磨僧は三洲のいずれでもおこり得る。**《初》** 佛が法輪を転じて間もないとき。**《後》** 佛のまさに般涅槃しようとするとき。**《皰》** 邪戒・邪見を皰（できもの）にたとえる。皰の前とは、いまだ邪戒・邪見の生じない前、の意。**《双》** 二つひと組のものをいう。ここでは佛弟子の中の卓越した二人（釈迦牟尼の場合なら舎利弗と目連と）を意味する。それらがいて破僧を再び和合せしめる。それらが出現しない前に破法輪僧はおこらない、とする。**《未結界》** 現前僧伽がその領域を定めて戒法を行わない以前、の意。**《恩と徳との田》** 恩の生ずる田の意味で父母を恩田といい、徳の生ずる田の意味で阿羅漢などを徳田という。父母を害するは恩田を棄てること、阿羅漢・佛・僧を害しあるいは破するは徳田を破壊することで、そのゆえにいずれも五逆罪（五無間業）の一とされる。**《形を転ずる》** 父母がその性を転換する。そのような場合であってもやはり殺父母の逆罪は成立する。**《母は彼の血に因る》** 一人の子に二人の母が考えられるような場合、殺母の罪を成す母とは血統上の母であって養育上の母でない、の意。**《誤る等》** 父母に対して殺生の加行をなしながら誤って他を殺したときは逆罪とはならぬ。阿羅漢とは思わずに誤って殺したとしても、初めから殺意があったらそれは逆罪となる、等々。**《打たんとの心》** 殺そうとは思わずただ打とうと思って、結果として佛身より出血せしめても逆罪とはならぬ。**《後の無学》** 殺生の加行をなすとき相手は阿羅漢でなかったが、それが死する瞬間には阿羅漢になったという場合、その殺生は逆罪とはならぬ。**《定まれる加行》** 必ず根本業道を成ずることに定まった加行、の意。**《第一有を感ずる》** 有頂、すなわち非想非非想処、に生まれるべき果を受ける、の意。**《世善》** 世間的な善、有漏の善。**《窣堵波》** stūpa の音写。佛塔のこと。**《無間の同類》** 無間業ではないが無間業に似た重罪。**《忍》** 四善根（順決択分）の第三（分別賢聖品第19―第24偈を見よ）。**《不還》** 四沙門果の第三（分別賢聖品第37偈以下を見よ）。**《業は障を為す》** 忍位を得んとするときは悪趣を感ずる業が、不還果を得んとするときは欲界繋の業が、無学すなわち阿羅漢果得んとするときは色・無色界繋の業が障礙をなす。**《妙相の業》** 三十二相を具えた生を引くべき業。**《菩薩》** 佛果をを得べき人。**《定》** 菩薩として決定している、の意。**《具》** すぐれた根を具える、の意。**《男》** 必ず男身を有する。**《念》** 過去世の生涯を憶い出す。**《堅固》** 善をなすことにおいて退くことがない。**《贍部なり》** 妙相業を修するは必ず贍部洲においてである。**《佛の思》** 佛を対象として思いをおこす。**《思所成》** 聞所成でも修所成でもない、の意。**《余の百劫》** 菩薩の三無数劫の修行期間の残余の百劫、の意。**《各百福もて》** 一々の妙相について百の福徳をもって、の意。**《次の如く、五六七千佛を》** 初無数劫に七万五千佛を、第二無数劫に七万六千佛を第三無数劫に七万七千佛を、の意。**《勝観・然灯・宝髻佛》** いずれも過去七佛の一。勝観佛は毘婆尸（びばし）佛ともいい、宝髻佛は尸棄（しき）佛ともいう。**《初めは釈迦牟尼》** 釈迦牟尼佛が菩薩として修行中に、最初にまみえた佛は同じく釈迦牟尼と呼ばれる佛であった、という。**《一と二と又一と二とを》** 四位の第一において布施波羅蜜を、第二において持戒・忍辱（にんにく）波羅蜜を、第三において精進波羅蜜を、第四において禅定・智恵波羅蜜を、の意。**《差別》** 福でもあり業でもあり事でもあるもの（施類の中の身・語業、戒類のすべて）、福であり業であるが事でないもの（施類の思、修類の中の慈と倶なる思と戒と）、福であり事であるが業でないもの（修類の中の慈）、ただ福であるもの（施類の中の思と倶なる法、修類の中の慈と倶なる法で思と戒と以外のもの）の別。**《此れに由って捨する》** 「施」とは施される物を意味せず、施しを生ずるゆえんとなる身・語業とそれをおこす心、を意味する。**《供の為、益の為》** 供養のため、あるいは利益のため。**《二の為にせず》** 自らのためでも他のためでもなく恭敬報恩のために塔廟に布施をなす、などをいう。**《主》** 施主、すなわち施を行う者。**《田》**

施によって福徳を生む田、すなわち施を受ける側。《信等》信・戒・聞・慧・捨・慚・愧の七徳（七聖財）。《敬重等》敬重施（敬って施すこと。それによって他から尊重されるという果を得る）と自手施（手づから施すこと。それによって広大な財を愛楽するという果を得る）と応時施（適切なときに施すこと。それによって適切なときに財を得るという果を得る）と無損施（受者の気持を傷つけないで施すこと。それによって財を奪われたり失ったりしないという果を得る）。

《色等》色（いろ）と香と味と触。よい色が具わった物を施すことによって妙色（姿かたちの美しさ）の果を、よい香が具わった物を施すことによって好名（名声を得ること）の果を、よい味が具わった物を施すことによって衆愛（人々から愛せられること）の果を、よい触が具わった物を施すことによって柔軟身と随時に楽触あるとの果を得る。《趣》趣の差別とは、たとえば傍生に施すと人に施すとには果に差別がある、などのこと。《苦》苦の差別とは、病者に対する施、看病人に対する施、寒・暑・雨に苦しむ人に対する施などの別。《恩》恩の差別とは、父母に対する施、師に対する施などの別。《徳》徳の差別とは持戒の人に施せば大果がある、などのこと。《脱》解脱した者、離貪した者、の意。

《第八》八種の施がある中の第八、すなわち心を荘厳し心を資助し瑜伽の行を資けんがための施。《円満》悪趣におもむくだけ悪業の量が満ちていること。《悪作》悔いる気持。《対治》悪業をなして、いっぽうにその悪業の対治たるべき善き業がないのを、対治無し、という。《伴》不善業をなすとき不善の法がそれの助伴としてあるのを、伴有り、という。《制多》caitya の音写。佛の遺跡などに建てられた墳あるいは塔廟。ここでは、その制多に対する施を意味する。《慈等の受無きが如し》慈・悲・喜・捨の思いを限りなくすべての有情に及ぼすこと、すなわち四無量心、は別段特別の受者（その慈等の思いを受ける相手）がなくても福徳を生ずるごとく、制多に対する施も、受者は無いが、ただ自己の所有物を捨施することによって福徳が生ずる業、すなわち捨類の福、である。《愛果》可愛の果、よろこばしい果。《犯戒》性罪をさす。《遮》遮罪。《各二あり》それぞれに表と無表とがある。《犯戒と因と》犯戒すなわち性罪たる不善業と、その因すなわち諸煩悩。《治》犯戒およびその因たる煩悩の対治、すなわち四念住などの行。《滅》涅槃のこと。滅によるとは、涅槃を目指し、生天（天界に生まれること）などを目指さぬこと。《等引の善》三摩地（三昧）およびそれにあい伴う心・心所など。《勝れて》施も生天の果を感ずるが、よりすぐれている点から、戒が生天の果を感ずるとのみいい、戒も解脱の果を感ずるが、よりすぐれている点から、修が解脱の果を感ずるとのみいう。

《劫の生天を感ず》 天界に生まれて一劫の間快楽を受ける。**《弁ず》** 説き聞かせて正しく理解させる。**《能発》** 業をおこすところの心・心所など。**《書と印と》** 文字を書くこととスタンプやマークをすること。それは身業とその能発を体（自性）とする。**《算と文と》** 数を数えることと詩文を詠ずることと。それは語業とその能発を体とする。**《数》** 計算すること。それは意業とその能発を体とする。**《善の有為》** 有漏の善と無漏の善とを含む。**《応習》** ならわしとすべきもの、の意。

まず、有漏・無漏の業と五果との関係を論ずる。断道すなわち無間道の有漏は五果のすべてを、同じく無漏は異熟を除く四果を、有漏の善・不善業は離繫果を除く四果を、その他の無漏業と無記業は異熟と離繫とを除く三果を有する。ついで、善・不善・無記の業とその善・不善・無記の果、過去・現在・未来の業とその過去・現在・未来の果、ある地に属する業と同じその地に属するその果および異なる地に属するその果、学・無学・非学非無学なる業と学・無学・非学非無学なるその果、見所断・修所断・非所断なる業と見所断・修所断・非所断なるその果などの関係が仔細に考察される。次に、応作業・不応作業・非応作非不応作業ということ、引業と満業ということ、三障（業障・煩悩障・異熟障）ということなどが説かれている。

五無間業については種々の事項が論ぜられる。まず、その一である破僧伽についての考察、ついで、五が無間業でありそれ以外がそうでないゆえん、いったんその加行をおこした上はついに離欲し得果することのないこと、五のうちいずれの罪が最も重いか、それに対して有漏の善業のうちいずれが最も大きな果を生むか、という問題、五無間業と同類の悪業の説明等々である。

次には、菩薩の修する業、特に釈迦菩薩のそれが説かれる。そして、三福業事、すなわち施類福業事、戒類福業事、修類福業事のくわしい解説が続く。福業事とは何かの説明、第一の施についての究明、傍論としての業の軽重の説、制多に施す福のこと、田と施の果との関係、第二の戒についての論議、第三の修の説明、戒・修の果について、梵福について、法施についての解説、などである。最後に、経中所説の順福分・順解脱分・順決択分についての説明、その他一、二の余論があって、この「業の解説」の章は終わっている。

（この節、第88―第96偈あたりに相当するサンスクリット原文の偈の番号はほぼ1番若く、第100―第111偈あたりに相当するものはほぼ2番若く、第113―第115偈に相当するものは3番若く、第117―第130偈に相当するものは4番若い。）

分別隨眠品第五

1　九十八隨眠

隨眠諸有本　此差別有六　謂貪瞋亦慢　無明見及疑 (1)

六由貪異七　有貪上二界　於內門轉故　爲遮解脫想 (2)

六由見異十　異謂有身見　邊執見邪見　見取戒禁取 (3)

六行部界異　故成九十八　欲見苦等斷　十七七八四 (4)

謂如次具離　三二見見疑　色無色除瞋　餘等如欲說 (5)

忍所害隨眠　有頂唯見斷　餘通見修斷　智所害唯修 (6)

我我所斷常　撥無劣謂勝　非因道妄謂　是五見自體 (7)

於大自在等　非因妄執因　從常我倒生　故唯見苦斷 (8)

四顚倒自體　謂從於三見　唯倒推增故　想心隨見力 (9)

慢七九從三　皆通見修斷　聖如殺纒等　有修斷不行 (10)

慢類等我慢　惡作中不善　聖者而不起　見疑所增故 (11)

随眠は諸有の本なり。此の差別に六有り。謂く、貪と瞋と、亦、慢と、無明と見と、及び疑なり。六は貪の異なりに由って七なり。有貪は上二界なり。内門に於いて転ずるが故なり。解脱の想を遮せんが為なり。六は見の異なりに由って十なり。異なりとは、謂く、有身見と辺執見と邪見と見取と戒禁取となり。六は行と部と界との異なりの故に九十八を成ず。欲の見苦等の断は十・七・七・八・四なり。謂く、次の如く、具すると、三・二見と見・疑とも離るるとなり。色・無色は瞋を除く。余は等しくして欲の説の如し。

忍所害の随眠の有頂なるは唯、見断なり。余は見・修断に通ず。智所害は唯、修なり。

我・我所と、断・常と、撥無と、劣を勝と謂うと、因・道に非ざるを妄（みだ）りに謂うと、是れ五見の自体なり。

大自在等に於いて、非因を妄りに因と執するは、常・我の倒従（よ）り生ず。故に、唯、見苦断なり。

四顚倒の自体は、謂く、三見従（よ）りなり。唯、倒と推と増との故なり。想と心とは見の力に随う。

慢は七あり。九は三従りなり。皆、見・修断に通ず。聖には殺纏等の如く修断なるも行ぜざる有り。慢類等と我慢と悪作の中の不善とは、聖者には起らず。見と疑との所増なるが故なり。

≪随眠≫　本来は、心の中に眠る潜在的な煩悩性を意味するが、説一切有部の術語としては六種の基本的な煩悩そのものをそう呼ぶ。≪諸有≫　有は有情の輪廻的生存を意味する。≪有貪≫　貪に欲貪と有貪との別があり、有貪を色・無色界の貪、欲貪を欲界の貪、と解する。≪内門に転ずる≫　上二界の貪は、多く、三昧に対する貪であって、外境に向けてはたらく貪でない。≪解脱の想を遮す≫　上二界における三昧の境地を解脱の境と誤り解することの無いようにするために上二界の貪を特に別出して示す。≪行≫　行相の略。はたらくすがた、の意。見をそのはたらくすがたによって五に分つをいう。≪部≫　見苦諦所断・見集諦所断・見滅諦所断・見道諦所断・修所断の五部。≪界≫　欲界・色界・無色界の三。≪十・七・七・八・四≫　五部のそれぞれに属する随眠の数を示す。≪忍所害≫≪智所害≫　忍とは八忍（苦・集・滅・道に対する法智忍と類智忍と。分別賢聖品第27、第28偈、分別智品第1偈を見よ）を、智とは無漏智および世俗智（有漏智）を、意味する。《我・我所》われ・わがもの、の意。われあり、わがものありとするが有身見。《断・常》そのわれあるいはわがものが断滅すると、あるいは常住であると、執するのが辺見。《撥無》四諦を無しとし、因果を否定するのが邪見。《因・道》世間の因（世界の創造者）でない大自在天などを因であるとし、生天の因でない沐浴行などを因であるとし、解脱への道でないサーンキャ・ヨーガの学などを道であるとするのが戒禁取見。《四顚倒》無常を常と執し、苦を楽と執し、不浄を浄と執し、無我を我と執すること。《三見》辺見の中の常見と、見取と、有身見と。《倒と推と増》倒は顚倒。推は見の作用である推究判断。増は増益、すなわち無いものをあるとすること。四顚倒はどの点からも倒であるから、戒禁取はそうでない。推であるから、五見以下はそうでない。増であるから、断見はそうでない。《想と心と》経の中に想の顚倒と心の顚倒と見の顚倒ということが説かれているが、顚倒といえば実は見の顚倒のみであって、想と心はそれと相伴うからいわれたのに過ぎない。《慢は七》慢・過慢・慢過慢・我慢・増上慢・卑慢・邪慢。《九》我勝慢類・我等慢類・我劣慢類・有勝我慢類・有等我慢類・有劣我慢類・無勝我慢類・無等我慢類・無劣我慢類。《三従り》慢・過慢・卑慢の三より分けて詳説したにすぎぬ、の意。《殺纏》殺生纏の略。殺生をひきおこす煩悩、の意。《行ぜざる》現行せざる、の意。修所断の煩悩（今の場合、慢）としてあげられていても聖者にはけっして現行しないというものもある。《悪作》悪いことをしたと後悔する心の動き。

第5偈までは九十八随眠の数えあげである。七随眠をあげるのが本来の経説であって、それを論書で六随眠にまとめたことは上記（三〇頁）のとおりであるが、説一切有部では逆に、六随眠の中の貪を、欲貪すなわち欲界の貪と有貪すなわち色・無色界の貪とに分けて、七随眠と数える、というように解している。九十八の随眠は上に図示した（四六頁）。

第6偈は忍所害の煩悩と智所害の煩悩との分別である。見道の八忍による忍所害の煩悩はもとより見所断である。修道の無漏智による智所害の煩悩はもとより修所断である。以上は無漏道の場合である。ところで、有漏道の六行観（分別賢聖品第50偈を見よ）による修所断の煩悩の上には、忍所害と智所害との両方が考えられるので、このように説かれる。

第7偈は五悪見を順次に解説し、第8偈は、戒禁取見の中で非因を誤って因と執するものが、なぜ見集（集は因の意である）所断でないか、を説明する。第9偈は四顚倒がただ三悪見から生ずることの説明。

第10偈は慢についての細説。第10偈後半から第11偈にかけては、修所断の慢としてあげられている中に、聖者の上には（たとえ未断であっても）現行することのないものがあることと、その理由を説く。

2 九十八随眠の分類的考察

見苦集所斷　諸見疑相應　及不共無明　遍行自界地 (12)
於中除二見　餘九能上縁　除得餘隨行　亦是遍行攝 (13)
見滅道所斷　邪見疑相應　及不共無明　六能縁無漏 (14)
於中縁滅者　唯縁自地滅　縁道六九地　由別治相因 (15)
貪瞋慢二取　并非無漏縁　應離境非怨　靜淨勝性故 (16)
未斷遍隨眠　於自地一切　非遍於自部　所縁故隨增 (17)
非無漏上縁　無攝有違故　隨於相應法　相應故隨增 (18)
上二界隨眠　及欲身邊見　彼俱癡無記　此餘皆不善 (19)
不善根欲界　貪瞋不善癡　無記根有三　無記愛癡慧 (20)

非餘二高故　外方立四種　中愛見慢癡　三定皆癡故 (21)
應一向分別　反詰捨置記　如死生殊勝　我蘊一異等 (22)
若於此事中　未斷貪瞋慢　過現若已起　未來意遍行 (23)
五可生自世　不生亦遍行　餘過未遍行　現正緣能繫 (24)
三世有由說　二有境果故　說三世有故　許說一切有 (25)
此中有四種　類相位待異　第三約作用　立世最爲善 (26)
何礙用云何　無異世便壞　有誰未生滅　此法性甚深 (27)
於見苦已斷　餘遍行隨眠　及前品已斷　餘緣此猶繫 (28)
見苦集修斷　若欲界所繫　自界三色一　無漏識所行 (29)
色自下各三　上一淨識境　無色通三界　各三淨識緣 (30)
見滅道所斷　皆增自識行　無漏三界中　後三淨識境 (31)
有隨眠心二　謂有染無染　有染心通二　無染局隨增 (32)
無明疑邪身　邊見戒見取　貪慢瞋如次　由前引後生 (33)
由未斷隨眠　及隨應境現　非理作意起　說惑具因緣 (34)

見苦・集所断の諸見と、疑と、相応及び不共の無明とは、自らの界・地に遍行す。中に於いて二見を除いて余の九は能く上をも縁ず。得を除きて余の随行も亦是れ遍行の摂なり。

見滅・道所断の邪見と、疑と、相応及び不共の無明と、の六は能く無漏を縁ず。中に於いて、滅を縁ずる者は、唯、自地の滅を縁ず。道を縁ずるは六・九地のなり。別治と相因とに由る。貪と瞋と慢と二取とは并び無明と疑と邪・身・辺見と戒・見取と貪と慢と瞋と、次の如く、前に由って後を引きて生ず。

有随眠の心に二あり。謂く、有染と無染となり。有染心は二に通ず。無染は随増に局る。

断は皆、自識の行を増す。無漏は三界の中の後の三と浄との識の境なり。

見苦・集と修との断にして若し欲界の所繋ならば、自界の三と色の一と無漏との識の所行なり。色のは、自と下との各三と上の一と浄との識の境なり。無色のは、通じて三界の各三と浄との識の縁なり。見滅・道所

見苦の已断に於ける余の遍行の随眠と、及び前品の已断に於ける余の此れを縁ずるとは、猶お繫す。

何が礙うるや。用は云何。異無くば世便ち壊せん。有ならば誰か未生と滅となる。此の法性は甚深なり。

此の中に四種有り。類と相と位と待との異なり。第三の作用に約して世を立つるを最も善と為す。

三世の有は、説に由ると、二と、境を有すると、果と、の故なり。三世の有を説くが故に、説一切有と許す。

若し此の事の中に於いてあるは、未断なる貪・瞋・慢の過・現に若しくは已に起れるなり。未来の意は遍行なり。五の可生なるは自世なり。不生なるは亦遍行なり。余の過・未なるは遍行なり。現なる、正しく縁ずるは、能く繫す。

応一向と分別と反詰と捨置との記なり。死と、生と、殊勝と、我と蘊とは一か異か等と、の如し。

不善根は欲界の貪と瞋と不善の癡となり。無記根に三有り。無記の愛と癡と慧となり。余は非ず。二と高との故なり。外方は四種を立つ。中の愛と見と慢と癡となり。三よりの定にして、皆癡なるが故なり。

上二界の随眠と及び欲の身・辺見と彼と倶なる癡とは無記なり。此の余は皆不善なり。

未断の遍随眠は自地の一切に於いて、非遍は自部に於いて、所縁の故に随増す。無漏と上縁とは非ず。摂して有とすること無く、違するが故なり。随って相応の法に於いて相応の故に随増す。

に無漏縁に非ず。離すべきと、境の怨に非ざると、静と、浄と、勝との性なるが故なり。

未だ随眠を断ぜざると、及び応に随う境の現ずると、非理作意が起ると、に由って、惑は因縁を具すると説く。

《二見》 有身見と辺見と。**《相応及び不共の無明》** 相応の無明とは見・疑とあい伴う無明、不共の無明とは独立におこる無明。**《遍行の摂》** 遍行の中に含める、の意。**《六・九地の》** 欲界繫の煩悩は未至・中間・四根本静慮（二五八頁を見よ）の六地の法智品の道を、色・無色界繫の煩悩はそれに下三無色（有頂地を除く無色界地）を加えた九地の類智品の道を、所縁とする。**《別治》** 類智品はただ上界のみを対治し、法智品では滅・道法智は欲界をも上界をも対治する（分別智品第9偈参照）が苦・集法智はただ欲界のみを対治する。それゆえに欲界繫の煩悩は六地を、無色界繫の煩悩は九地を縁ずる。**《相因》** 諸地の道は相互に因となる。それゆえ道を縁ずる煩悩は、自地のみに限らず六地あるいは九地の道を縁ずる。**《二取》** 見取と戒禁取と。**《離すべき》** 貪は捨離すべきものであるのに、もし滅や道を貪するならそれは捨離すべきでないことになってしまう。**《境の怨に非ざる》** 瞋は怨なる境に対しておこるのであるのに、もしそれが滅や道を縁ずるとすればその境は怨にあらざるものとなってしまう。**《静》** 慢は麁動なものに対しておこるのであるのに、もしそれが滅や道を縁ずるとすれば寂静なものをその境とすることになってしまう。**《浄》** 非浄の法を浄の因であるとして執するのが戒禁取であるのに、もしそれが滅や道を縁ずるとすれば、浄なるものをその境とすることになってしまう。**《勝》** 非勝の法を最勝であると執するのが見取であるのに、もしそれが滅や道を縁ずるとすれば、勝なるものをその境とすることになってしまう。**《摂して有とすること無く》** 有身見あるいは愛が、無漏あるいは上地の境を、おさめいれておのれの有とすることはない。**《違する》** 無漏あるいは上地の法は、（下地の）煩悩と、相違する。**《随って相応の法に於いて》** いかなる随眠もその相応法において、の意。**《二と高と》** 疑はああかこうかと二つの方向の中間で迷うところにおこり、慢は心が高あがりするところにおこるから、根とみなし得ない。**《外方》** 外方師の略。外国師ともいう。カシュミーラから見てガンダーラの論師らをこう呼ぶ。**《応一向》** 一方的に、断定的に、答えるべき問いを応一向記という。**《分別》** これはこうであり彼はそうでないと、区分けして答えるべき問いを応分別記という。**《反詰》** 答える前に反問をなすべき問いを応反詰記という。**《捨置》** 答えぬままに置くべき問いを応捨置記という。**《死》** 「すべての有情は死ぬであろうか」という問い、の意。**《生》** 「すべての死する者は〔次の生涯に〕生まれるであろうか」という問い、の意。《殊勝》「人はすぐれているか劣っているか」という問い、の意。《事》煩悩の対象となりそれに繋せられる事物。《未来の意》意は、意識相応の略。未来世の意識相応の貪・瞋・慢をさす。《五の可生なる》五は五識相応の略。可生は不生に対する。《自世》未来世を意味する。《説に由る》経に三世の有が説かれていることによる、の意。《二》識は二縁より生ずる、と経に説かれている、の意。《境を有する》識のおこるときは必ず境を有する、の意。《果》すでに過去に入った業に未来の果がある、の意。《類》状態、あり方。《相》あらわれ、様相。《位》位置。《待》関連、相対。《何が礙うるや》何が作用を礙えるによって作用の無いことがおこるのか、の意。《用》作用の略。《異無くば》作用が法と別異でないならば、の意。《有ならば》未来あるいは過去が現在と同様に有るというならば、の意。《余の遍行の随眠》見苦所断以外の、すなわち見集所断の、見・疑あるいは無明。《余の此れを縁ずる》修道において、前品の已断の随眠以外、すなわち未断の品の諸随眠、であって、この已断の随眠の対象と同じ対象を所縁とするもの。《自界の三》欲界繋の見苦所断・見集所断・修所断を縁ずる随眠と相応する識。《色の一》色界繋の修所断を縁ずる随眠と相応する識。《所行》所縁、の意。《色のは》色界繋の法は、の意。《自と下と》色界と欲界と。《上の一》無色界繋の修所断を縁ずる随眠と相応する識。《浄》無漏、の意。《識の縁》識の所縁、の意。《自識の行》自識は自らを縁ずる識、の意。行は行境、すなわち所縁。《後の三》見滅所断・見道所断・修所断〔を縁ずる〕識、の意。《二に通ず》随増と不随増とに通ずる。《応に随う》それぞれの煩悩に応ずる。《非理作意》染汚の作意。作意は十大地法の一（分別根品第25偈を見よ）。

まず、遍行・非遍行の分類（第12、第13偈）。見苦所断の五見と疑と無明と、見集所断の見取・邪見と疑と無明との十一（七見二疑二無明）を遍行の随眠という。自界・自地の五部の諸法にわたってそれを縁じ、染する力を有するからである。十一遍行のうち、身見・辺見を除いた九は自界のみならず上界をも縁ずるから、上縁の惑と呼ばれる。遍行の随眠にあい伴う法は同じく遍行であるが、ただ得は、所得の随眠と必ずしも果を一にしないから、遍行の法とは見なされない。遍行の法が現在に生起すれば、それは遍行因（九八頁を見よ）となって、等流果を引く。遍行か非遍行か、上縁か非上縁か、によって煩悩の随増のしかたに異なりがある（第17、第18偈参照）。また、遍行の随眠が存するところに断と離繫とが必ずしも常に一でないことが生ずる、と考えられる（第28偈参照）。

次は有漏縁・無漏縁の分別（第14—第16偈）。無漏縁惑とは、見滅および見道所断の煩悩のすべてではない。六以外はそうでない理由をそれぞれあげている。六のうち、道諦を縁ずる欲界繫の惑は六地にわたっての道を縁じ、同じく色・無色界繫のそれは九地にわたっての道を縁ずることも、理由をあげて説かれている。無漏縁の惑の所縁は無漏法なのであるから、当然所縁随増ということはない（第18偈を見よ）。

第三は所縁随増と相応随増の分別（第17、第18偈）。煩悩の随増（分別界品第4偈を見よ）には、煩悩がある法を所縁とすることによってその法の上に随増をおこす所縁随増と、煩悩とある法とが相応する（分別根品第35偈を見よ）ことによってその法の上に随増をおこす相応随増と、の二種が考えられる。上記のごとく、無漏縁と上縁の惑は相応随増のみ。また上地を縁ずる遍行の惑も相応随増のみである。他はみな二種の随増があるが、遍行の惑の所縁随増は自地の五部の法を通じておこり、非遍行の惑の所縁随増はただ自部の法のみにおいておこること已説のごとくである。

第四は三性分別（第19偈）。上界には苦の異熟果が無いから、上界の随眠はすべて有覆無記と見なされる。欲界の随眠の中では有身見と辺執見とおよびそれと相応する無明とが有覆無記とされる。この二見は自らの身心の相続に対して誤った考えをおこすのみで他の有情を侵害することがないからである。他の随眠はすべて不善である。随眠に善なるものがないことはいうまでもない。

三性分別に因んで、次に、随眠の中のいくばくが不善根であり、いくばくが無記根であるか、が説かれる（第20、第21偈）。貪瞋癡の三不善根は、欲界の貪随眠・瞋随眠および不善なる無明随眠に相当する。無記根としては、カシュミーラの毘婆沙師の説によれば、愛・癡（無明）・慧（見）の三を数えるから、上界の貪・無明および諸見と欲界の有身見・辺執見およびそれと相応する無明とがそれにあたる。疑と慢は無記である場合も根とはならぬ。瞋に無記のものはない。ただ西方師の説によれば無記根は愛・見・慢・無明の四である。凡夫で色・無色界の定を修する者は、愛・見あるいは慢のたかまりによってそれをなすのであり、それはまた無明の力によって生ずるのであるから、この四を無記根と数える。

無記根を論じたのに因んで、次に、問いに四種あることを説き、そのうち、応捨置記問に対してのみ無記があるべきことを示す（第22偈）。

次は、煩悩がその対象を繫する仕方についての分類（第23、第24偈）。六随眠のうち、貪・瞋・慢は自相惑（その対象が特定の様相をもつ煩悩）、見・疑・無明は共相惑（ぐうそうわく）（対象の様相に種別なく、広く縁ずる煩悩）である。いま、(1)自相惑の過去（已生未断）なると現在（已生）なると、(2)自相惑の未来の第六意識相応と、(3)自相惑の未来の前五識相応（これは貪・瞋のみで、慢はない）の可生法と、(4)同じく不生法と、(5)共相惑の過去および未来なると、(6)共相惑の現在なると、の六種に分け、それぞれの繫する事（じ）（対象）を考察すると、(1)はそれぞれ過去の事および未来の事にわたり、(2)は遍く三世の事にわたり、(3)は未来の事にわたり、(4)(5)も遍く三世の事にわたるが、(6)はただその所縁とする事のみを繫するにとどまる。

それに因んで、次には、説一切有部の基本的な教説の一つである三世実有説を吟味する（第25―第27偈）。まず、二つの教証と二つの理証をあげて正統派説一切有部の説を示す。次に、三世の法が同じく実有であるとすればいかにして三世の別が立つか、という問題について四つの説をあげる。(1)三世において法の体は異ならぬが類に異なりがある。金の器を壊して他の物を作っても金に変わりがないごとくである、というのは法救（ダルマトラータ）の説。(2)相の異なりによって三世の別が立つ。過去はまさしく過去の相と合していてしかも現・未の相と離れていない、というのは妙音（ゴーシャカ）の説。(3)位の不同によって、三世が分けられる。算盤の玉を一の位に置けば一、十の位に置けば十、となるごとくである、というのは世友（ヴァスミトラ）の説。(4)相対的に三世の別が立てられること、同じ女性が子からいえば母、親からいえば娘であるごとくである、というのは覚天（ブッダデーヴァ）の説。(3)は、法の作用し終わった位が過去、現に作用している位が現在、まだ作用していない位が未来、というのであって、最もよい説だ、とされる。最後に、三世実有説に対するヴァスバンドゥ自身の反論を掲げる。あるときは法に作用があり、あるときはないということがどうしておこるのか。その作用に過去・現在・未来の別はどうして立つか。法と作用とは別でないとするなら、三世の意味は成立しないことになるではないか。過・未も有であるというなら、未生も已滅も成じないではないか、と。そして「此の法性は甚深なり」の句を置いて、この論議を結んでいる。

断ぜられることと離繋することとは必ずしも同一といえないことが次に説かれる（第28偈）。離繋されてあれば常に断ぜられているのだけれども、断ぜられていても離繋されてはいないということはあり得る。すなわち、苦諦を知る智がすでに生じたことによって見苦所断の随眠の所縁である事は断ぜられていても、見集所断の遍行の随眠（見・疑あるいは無明）がなお断ぜられずしてあるときは、それが右の見苦所断の随眠の所縁なる事を縁ずるから、この事はなお離繫されていないことになる。また、修道においても、たとえば欲界の修惑の上上品が断じられてあるときも、上中品以下の随眠であって右の上上品の随眠と同じ事を縁ずるものの所縁である事は、なお離繫されていないことになるからである。

次は、十六種の法のうち、いずれがいずれの識の境となり得るかが論ぜられる（第29―第31偈）。十六種とは三界の各五部と無漏とである。それらが、(1)欲界繫の見苦・見集・修所断、(2)色界繫の見苦・見集・修所断、(3)無色界繫の見苦・見集・修所断、(4)欲界繫の見滅所断、(5)同じく見道所断、(6)色界繫の見滅所断、(7)同じく見道所断、(8)無色界繫の見滅所断、(9)同じく見道所断、(10)無漏法、の十に分けて考察される。(1)は五識、(2)は八識、(3)は十識の所縁たり得る。(4)(6)(8)はそれぞれ(1)(2)(3)の場合に見滅所断を縁ずる随眠と相応する識を加えた六・九・十一識、(5)(7)(9)は同様に見道所断を縁ずる随眠と相応する識を加えた六・九・十一識、(10)は十識、の所縁たり得る。このように論じられるのはいずれも、遍行の随眠や他界縁の随眠の性質を考えるからである。

次は、ある随眠によってある心が有随眠であるとき、その随眠はその心において随増するか否か、という問題（第32偈）。染汚心（ぜんま）が有随眠とされる場合が二つある。その心と相応するおよびその心を所縁とする未断の随眠がそこで随増するときと、その心と相応する随眠がすでに断ぜられていて随増はしないけれどもその心と同伴しているときとである。不染汚心はただそれを所縁とする未断の随眠がそこで随増するとき有随眠とされる。したがって、この三つの場合のうち、第一と第三とで随眠は随増し、第二では随増しないということになる。

十随眠が順次に生ずるとき、いずれが前に、いずれが後に、生ずるかが説かれる(第33偈)。しかしこれはただ一応そう考えられる順序に過ぎず、この次第にならぬこともある、という。

最後(第34偈)に、随眠のおこるのには三つの原因がある、と説く。この三つが具わって随眠がおこるのが通常であるが、ときにはその中の一つだけによってもおこることがある、という。

3　経典に見える諸煩悩説

欲煩惱幷纒　除癡名欲漏　有漏上二界　唯煩惱除癡(35)

同無記內門　定地故合一　無明諸有本　故別爲一漏(36)

暴流軛亦然　別立見利故　見不順住故　非於漏獨立(37)

欲有軛幷癡　見分二名取　無明不別立　以非能取故(38)

微細二隨增　隨逐與隨縛　住流漂合執　是隨眠等義(39)

由結等差別　復說有五種　結九物取等　立見取二結(40)

由二唯不善　及自在起故　纒中唯嫉慳　建立爲二結(41)

或二數行故　爲賤貧因故　遍顯隨惑故　惱亂二部故(42)

又五順下分　由二不超欲　由三復還下　攝門根故三(43)

或不欲發趣　迷道及疑道　能障趣解脫　故唯說斷三(44)

順上分亦五　色無色二貪　掉擧慢無明　令不超上故(45)

縛三由三受　隨眠前已説　隨煩惱此餘　染心所行蘊 (46)
纏八無慚愧　嫉慳并悔眠　及掉擧惛沈　或十加忿覆 (47)
無慚慳掉擧　皆從貪所生　無愧眠惛沈　從無明所起 (48)
嫉忿從瞋起　悔從疑覆諍　煩惱垢六惱　害恨諂誑憍 (49)
誑憍從貪生　害恨從瞋起　惱從見取起　諂從諸見生 (50)
纏無慚愧眠　惛掉見修斷　餘及煩惱垢　自在故唯修 (51)
欲三二餘惡　上界皆無記　諂誑欲初定　三三界餘欲 (52)
見所斷慢眠　自在隨煩惱　皆唯意地起　餘通依六識 (53)
欲界諸煩惱　貪喜樂相應　瞋憂苦癡遍　邪見憂及喜 (54)
疑憂餘五喜　一切捨相應　上地皆隨應　遍自識諸受 (55)
諸隨煩惱中　嫉悔忿及惱　害恨憂俱起　慳喜受相應 (56)
諂誑及眠覆　通憂喜俱起　憍喜樂皆捨　餘四遍相應 (57)
蓋五唯在欲　食治用同故　雖二立一蓋　障蘊故唯五 (58)

欲の煩悩并びに纏にして、癡を除くを欲漏と名づく。有漏は上二界の唯煩悩のみにして癡を除く。同じく無記・内門・定地の故に合して一とす。無明は諸有の本なり。故に別して一漏と為す。暴流と軛とも亦然り。別に見を立つるは利なるが故なり。見は住に順ぜざるが故に、漏に於いては独り立つに非ず。欲と有との軛に癡を并すると、見を二に分つと、を取と名づく。無明は別に立てず。能取に非ざるを以ての故なり。微細と二随増と随逐と随縛と住と流と漂と合と執と、是れ随眠等の義なり。結等の差別に由りて、復た五種有りと説く。

結は九なり。物と取と等しければ、見と取との二結を立つ。二は唯不善なると及び自在起なるとに由るが故に、纏の中に唯、嫉と慳とを建立して二結と為す。或は二は数行するが故に、賤と貧との因と為るが故に、遍く随惑を顕わすが故に、二部を悩乱するが故に。

又、五順下分あり。二に由って欲を超えず。三に由りて復た下に還る。門と根とを摂するが故に、三なり。或は発趣せんと欲せず、道に迷い、及び道を疑うは、能く解脱に趣くことを障うるが、故に唯、三を断ずと説く。順上分も亦五なり。色・無色の二貪と掉挙と慢と無明となり。上を超えざらしむるが故なり。

縛は三なり。三受に由る。随眠は前に已に説けり。随煩悩は此の余の染の心所なる行蘊なり。

纏は八なり。無慚・愧と嫉と慳と并びに悔と眠と及び掉挙と惛沈となり。或は十なり。忿と覆とを加う。無慚と慳と掉挙とは皆、貪従り生ずる所。無愧と眠と惛沈とは無明従り起る所。嫉と忿とは瞋従り起る。悔は疑従りなり。覆は諍あり。

煩悩垢は六なり。悩・害・恨・諂・誑・憍なり。誑と憍とは貪従り生ず。害と恨とは瞋従り起る。悩は見取従り起る。諂は諸見従り生ず。

纏の無慚・愧と眠と惛と掉とは見・修断なり。余及び煩悩垢は、自在なる故に唯、修なり。欲の三は二なり。余は悪なり。上界は皆無記なり。諂と誑とは欲と初定とにあり。三は三界にあり。余は欲なり。見所断と慢と眠と自在の随煩悩とは皆、唯、意地に起る。余は通じて六識に依る。

欲界の諸煩悩のなか、貪は喜・楽と相応す。瞋は憂・苦と、癡は遍く、邪見は憂及び喜と、疑は憂と、余の五は喜と、一切は捨と、相応す。上地は皆、応に随って自識の諸受に遍くす。諸随煩悩の中、嫉・悔・忿及び悩・害・恨は憂と倶起す。慳は喜受と相応す。諂・誑及び眠・覆は憂・喜に通じて倶起す。憍は喜・楽と、皆は捨と、余の四は遍く、相応す。

蓋は五なり。唯、欲に在り。食と治と用とが同じき故に、二と雖も一蓋と立つ。蘊を障うるが故に、唯五あるのみ。

《纒》次下の第47、第48偈を見よ。《利》鋭利、の意。《二随増》所縁随増と相応随増（第18、第19偈を見よ）。《随逐》常に有情を逐いそれに随って過患をなすこと。《随縛》遮ろうとしても次々とおこってきて止まぬこと。《住》生死（まよいの境涯）に住せしめること、の意。《流》生死に流転せしめること。《瀑》善をおし流し運び去ること。《合》有情をある趣に、あるいは所縁に、結合束縛すること。《執》欲望の対象などに執着しとらえて離さぬこと。《物と取と等し》三見を三界・五部の上に見ると十八となり（見苦所断の身見・辺見・邪見と見集・滅・道所断の邪見が各三界にある）、二取も同じく十八となる（見苦・道所断の戒禁取と見苦・集・滅・道所断の見取が各三界にある）のを物が等しいといい、三見は二取に取せられ二取は三見を取するのを取が等しいという。《自在起》他によらず自らおこる、の意。《二》嫉と慳と。《数行》しばしば現われる、の意。《二部》在家と出家と。《二に由って》五のうち、のちの二（欲貪と瞋恚）によって、の意。《三に由って》前の三（有身見・戒禁取・疑）によって。《門》ただ見苦所断なると、見苦・道所断なると、見苦・集・滅・道所断なると、の三種をここで門と呼んでいる。《根》根は根本の意。有身見・戒禁取・疑の三は根本で、辺見・見取・邪見はそれぞれそこから派生する、と見る。《発趣》行くこと。出発すること。《自在》上説の自在起に同じ。《余の四は遍く》無慚・無愧・惛沈・掉挙の四はあまねく五受と相応する。《食》蓋を支え助ける資糧。《治》食の逆で、蓋を対治するもの。《用》はたらき、作用。《蘊》無漏の五蘊（戒・定・慧・解脱・解脱知見）をさす。

経典に説かれる三漏（欲漏・有漏・無明漏）、四暴流（欲・有・見・無明）、四軛（欲・有・見・無明）、四取（欲・見・戒禁・我語）の説を九十八随眠説にあてはめて示す。欲漏は欲界の随眠および纏。ただし無明漏が別立されるから癡（＝無明）は除く。色・無色界（上界）の煩悩はいずれも無記であり、主として内門転（定地および自身を縁じておこる）であり、定地によるから、一つにまとめて有漏と呼ぶ。上界では纏は少なく自在起でもないから、数に入れない。四暴流・四軛のうち、三は漏と同じであるが、そこから見を別立するのは、見は理智的な煩悩で鋭利なはたらきだからである。しかし生死の中に住留せしめる性質はないから、漏の一としては立てられぬ。欲取は見を除いた欲界の諸随眠・纏（無明を含む）。我語取は同じく上界の諸随眠。見取は見暴流（＝見軛）から戒禁取を除いたもの。取の中に無明を別立しないのはそれは鋭利でなく積極的に取する（とらえて離さぬ）はたらきに乏しいからである。

煩悩法の語義解釈として、随眠を微細・随増・随逐・随縛の四義に、漏を住・流の二義に、暴流を漂の義に、軛を合の義に、取を執の義に、解釈する。

さらに経には結・縛・随眠・随煩悩・纏などの説がある。

九結は愛・恚・慢・無明・見・取・疑・嫉・慳である。愛は九十八随眠説にあてれば三界の貪、恚は欲界の瞋、慢は三界の慢、無明は三界の癡、見は三界の有身見・辺執見・邪見、取は三界の見取・戒禁取、疑は三界の疑である。嫉・慳は欲界の纏に属する。

有身見・戒禁取・疑・欲貪・瞋恚を五順下分結という。下は欲界の義。五のうち、後二のゆえに欲界を超えず、たとえ欲界を超えても前三のゆえにまた欲界に還る。預流を得るときは、五見と疑との六種の随眠を断ずるのであるのに、ただ三結断尽とのみ経に説かれているのは、三結でもって三門・三根を摂するからであり、また、有身見によって発趣することを欲せず、戒禁取によって道に迷い、疑によって道を疑うことから、解脱に趣くことを障碍するゆえである。色貪・無色貪・掉挙（第47偈を見よ）・慢・無明を五順上分結という。これらによって、上界を越えて解脱に至らしめることが障えられるからである。

縛は貪・瞋・癡の三縛である。楽受に対して貪が、苦受に対して瞋が、主として捨受に対して癡が随増する。随眠はすでに詳説された。余他の随煩悩の中では十纏・六垢が主要なものである。無慚・無愧（以上二、分別根品第33偈を見よ）・嫉・慳（以上二、分別根品第28偈を見よ）・悔（悪作に同じ。分別根品第29偈を見よ）・睡眠（分別根品第31偈を見よ）・掉挙・惛沈（以上二、分別根品第27偈を見よ）を八纏といい、それに忿・覆（以上二、分別根品第28偈を見よ）を加えて十纏という。覆は諍あり、というのはそれが無明よりおこるという説と貪と無明とよりおこるという説とがあるからである。

六垢、すなわち六煩悩垢、のおのおのは先に小煩悩地法の一として説かれた（分別根品第28偈）。次に、十纏六垢の諸門分別が説かれる。まず見所断・修所断分別。第二に三性分別。欲の三は二（不善と無記と）なり、というのは欲界繫の睡眠と惛沈と掉挙とである。第三に界繫分別。十六のすべては欲界繫、諂と誑とは色界の初静慮地にもあり、惛沈と掉挙と憍とはまた色界にも無色界にもある。次に、煩悩・随煩悩を通じて、その相応する識の分別。ただ意識相応なるは、すべての見所断の煩悩と、修所断の慢と睡眠と、自在起の随煩悩（嫉・慳・忿・覆・悔および六垢）と、である。その他はすべて通じて六識相応である。

煩悩・随煩悩と五受との相応の関係が次に分別される。そのうち、上界の煩悩の場合は左のとおりである。まず初静慮には眼・耳・身・意の四識があるが、前三識相応の煩悩はそれぞれその識と相応する受（すなわち楽受と捨受）と相応し、意識相応の煩悩は意識相応の受（すなわち喜受と捨受）と相応する。第二静慮以上はただ意識のみあるから、第二静慮では意識相応の喜受と、第三静慮では意識相応の楽受と、第四静慮以上は意識相応の捨受と、それぞれ相応する。

五蓋（ごがい）とは欲貪・瞋恚・惛沈睡眠・掉挙悪作・疑である。第三蓋・第四蓋が二つの随煩悩をあわせて一蓋としている理由、五つだけを蓋と数える理由がここに説かれている。

（この節、第50偈後半—第52偈はサンスクリット原文第51—第53偈に、第53—第58偈はサンスクリット原文第54—第59偈にあたる。）

4　煩悩の断滅

遍知所緣故　斷彼能緣故
斷彼所緣故　對治起故斷 (59)

對治有四種　謂斷持遠厭
應知從所緣　可令諸惑斷 (60)

遠性有四種　謂相治處時
如大種尸羅　異方二世等 (61)

諸惑無再斷　離繫有重得
謂治生得果　練根六時中 (62)

斷遍知有九　欲初二斷一
二各一合三　上界三亦爾 (63)

餘五順下分　色一切斷三
於中忍果六　餘三是智果 (64)

未至果一切　根本五或八
無色邊果一　三根本亦爾 (65)

俗果二聖九　法智三類二
法智品果六　類智品果五 (66)

得無漏斷得　及缺第一有
滅雙因越果　故立九遍知 (67)

住見諦位無　或成一至五
修成六一二　無學唯成一 (68)

越界得果故　二處集遍知
捨一二五六　得亦然除五 (69)

所縁を遍知するが故に、彼の能縁を断ずるが故に、彼の所縁を断ずるが故に、対治起るが故に、断ず。対治に四種有り。謂く、断と持と遠と厭となり。応に知るべし、所縁従り（より）して諸惑を断ぜしむべしと。遠性に四種有り。謂く、相と治と処と時となり。大種と尸羅（しら）と異方と二世等との如し。諸惑に再断無し。離繋に重得有り。謂く、治生と得果と練根との六時の中なり。

断遍知に九有り。欲の初めの二断の一と、二の各一と、合して三なり。上界の三も亦爾り（しか）。余は五順下分と色と一切との断なる三なり。

中に於いて、忍の果は六にして、余の三は是れ智の果なり。未至の果は一切、根本のは五或は八なり。無色の辺の果は一なり。三の根本のも亦爾り。俗の果は二、聖は九なり。法智のは三、類のは二なり。法智品の果は六、類智品の果は五なり。

無漏の断の得を得ると及び第一有を欠くと双因を滅すると界を越ゆるとの故に、九遍知を立つ。見諦の位に住するは、無なり。或は一より五に至るまでを成ず。修は六と一と二とを成ず。無学は唯、一を成ず。界を越ゆると果を得るとの故に二処に遍知を集む。一と二と五と六とを捨す。得も亦然り。五を除く。

《持》 よく断の得を持する（たもつ）こと。《遠》 煩悩の得を遠ざからしめること。《厭》 迷いの世界の禍いを見てそれを厭患すること。《相》 相の遠とは、実質があい異なること。《治》 治の遠とは対治としての遠の意。互いに否定し合う性質であること。《二世》 たとえば、過去世と未来世と。《治生》 対治たる道の生ずること。《練根》 鈍根が転じて利根となること。《初めの二断の一》 見苦断と見集断とについて、あわせて一の遍知を数える。《二の各一》 見滅断に一遍知、見道断に一遍知を数える。《余》 修所断の煩悩の断、をさす。《無色の辺》 空無辺処定の近分。《俗》 世間道、の意。《法智品》 法智と法智忍とをひとまとめにしていう。《類智品》 類智と類智忍とをひとまとめにしていう。《断の得》 離繋得、の意。《第一有》 有頂のこと。

まず、煩悩を断ずる因を説く。断ぜられる煩悩を五種に分つ。すなわち、見苦・見集所断の煩悩を自界縁（九上縁の惑以外）と他界縁（九上縁の惑。第13偈を見よ）との二種とし、見滅・見道所断の煩悩を有漏縁と無漏縁（第14偈を見よ）との二種とし、修所断の煩悩をもう一種とする。見苦集断の自界縁と見滅道断の無漏縁の煩悩は、その所縁を（すなわち苦集諦、あるいは滅道諦を）遍知することによって断ぜられる。見苦集断の他界縁の煩悩はそれを縁ずる煩悩（すなわち自界縁の煩悩）を断ずることによって断ぜられる。見滅道断の有漏縁の煩悩は、それによって縁ぜられる煩悩（すなわち無漏縁の煩悩）を断ずることによって断ぜられる。修所断の煩悩は、それぞれその対治たる道（上上品の煩悩には下下品の道が、ないし、下下品の煩悩には上上品の道が、対治となる）の生ずるとき断ぜられる（以上、第59偈。サンスクリット原文第60偈）。

対治には断対治すなわち無間道と、持対治すなわち解脱道と、遠対治すなわち勝進道と、加行道を主とする厭患対治との四種がある（分別賢聖品第68偈を見よ）。断とは所縁の境から能縁の煩悩を引き離すことである。遠に四種がある。四大相互（たとえば、地と水と）のごとく体相があい異なると、持戒と犯戒とのごとく相互に対治となると、空間的にあい隔ると、時間的にあい隔ると、である（以上、第60、第61偈。サンスクリット原文第61、第62偈）。

無間道においていったん断じた煩悩をのちに、解脱道あるいは勝進道において、再び断ずるということはないが、いったん煩悩からの離繋（すなわち択滅）を得てのち重ねて離繋を得るということはある。それは解脱道のおこるとき、預流果・一来果・不還果・阿羅漢果を得るとき、および転根するとき、においてである（以上、第62偈。サンスクリット原文第63偈）。

遍知に智遍知と断遍知とがある。前者は無漏の智をいい、後者はそれによって得られる煩悩の断をいう。その断遍知に九種がある。(1)欲界繫の見苦・見集所断の煩悩の断と、(2)同じく見滅所断の煩悩の断と、(3)同じく見道所断の煩悩の断と、(4)(5)(6)色・無色界繫の見所断の煩悩の同様な三種の断と、(7)欲界繫(8)色界繫(9)無色界繫の修所断の煩悩の断と、である。(7)を五順下分結尽遍知と、(8)を色愛尽遍知と、(9)を一切結永尽遍知という。九遍知のうち、(1)—(6)は見道における忍（八忍）の果、(7)—(9)は修所断であるからすべて智の果である。未至定の果としては九のすべてがあり、根本定の果としては(4)(5)(6)(8)(9)の五種のみ、あるいは(7)を除く八種とする。根本静慮は欲界の煩悩の対治道とはならぬとされ、あるいは欲界繫の修惑（しゅわく）の対治道とはならぬとされるからである。無色定の果としては、空無辺処定の近分の果が(8)、空無辺処・色無辺処・無所有処の根本定の果が(9)、である。世間道の果は(7)(8)、聖道の果は九種のすべて。法智の果は(7)(8)(9)、類智の果は(8)(9)。法智忍の果は(1)(2)(3)であるから法智品の果は六種、類智忍の果は(4)(5)(6)であるから類智品の果は五種である（以上、第63—第66偈。サンスクリット原文第64—第67偈）。

無漏の離繫得を得ると、有頂地の煩悩の少なくとも一部分を断じていると、両（ふた）つの遍行因（見苦所断および見集所断の遍行の煩悩）をともに断じていると、の三条件を満たしていることによって、(1)—(6)の断は遍知と呼ばれる。智の果である(7)—(9)の断は、さらに加えて、界を越えている（その界の煩悩のすべてから離貪している）という条件をも満たしていることによって、遍知と呼ばれる。見道に入った聖者のうち、集法智をおこす以前（集法智忍の位まで）は遍知を一つも具えていない。集法智をおこして初めて(1)を具え、集類智をおこして(4)を加え、滅法智をおこして(2)を加え、滅類智をおこして(5)を加え、道法智をおこして(3)を加え、次に、道類智をおこすことによって修道に入れば(6)を加えてあわせて六遍知を具える。なお欲界の修惑のすべてを離れるまでには至らぬ間、あるいは、いったん離貪したのにそれから退堕した場合において、である。進んで、欲界のすべての修惑を離れる（全離欲）に至れば、右の六遍知の代わりに、(7)を具える。見道に入る以前有漏の六行観（分別賢聖品第50偈を見よ）によって欲界の修惑を離れている場合（すなわち超越証の人の場合）も同様である。さらに進んで、色界の修惑をすべて離れる（色愛尽）に至れば(8)を加える。あらゆる煩悩を離れて無学道に至れば、ただ(9)を具えることになる。欲界のすべての修惑を離れるときはただ(7)の一遍知のみを具えるとされ、あらゆる煩悩を離れるときはただ(9)の一遍のみを具えるとされるのは、前者においては欲界を越え離れるとともに不還果を得るし、後者においては三界を越え離れるとともに阿羅漢果を得るからである。遍知を捨する場合を考えると、無学より退するとき(9)を捨し、色愛尽より退するとき(8)を捨し、全離欲より退するとき(7)を捨する。不還果の者が欲界の纏をおこして色愛尽より退するとき(7)と(8)とを捨し、不還果の者が色愛尽より進んで阿羅漢果を得るとき(7)(8)を捨して(9)を得る。超越証の人が見道に入り道類智に至るとき(1)—(5)を捨して(7)を得る。次第証の人が全離欲に至るとき(1)—(6)を捨して(7)を得る。また、遍知を得る場合を考えると、未得の遍知を得る場合は必ず各一を得るし、色界の煩悩をおこして無学より退する場合は(7)を得る。無色界の煩悩をおこして無学より退する場合は(7)(8)を得る。欲界の煩悩をおこして不還果より退する場合は(1)—(6)を得る（以上、第67—第69偈。サンスクリット原文第68—第70偈）。

分別賢聖品第六

1　道についての総説

已説煩惱斷　由見諦修故　見道唯無漏　修道通二種（1）

已に、煩悩の断は見諦と修とに由るが故なりと、説けり。見道は唯、無漏なり。修道は二種に通ず。

四諦を見ることによって断ぜられる煩悩が見所断。その見諦の道（見道）は必ず無漏。三昧の修習（分別業品第12偈を見よ）によって断ぜられる煩悩が修所断。その修習の道（修道）は有漏もあり無漏もある。有漏道とは有漏の六行観による断惑である。

2　諦

諦四先已説　謂苦集滅道　彼自體亦然　次第隨現觀（2）

苦由三苦合　如所應一切　可意非可意　餘有漏行法（3）

彼覺破便無　慧析餘亦爾　如瓶水世俗　異此名勝義（4）

諦は四なること、先に已に説けり。謂く、苦・集・滅・道なり。彼の自体も亦然り。次第は現観に従う。苦は三苦と合するに由る。所応の如く一切の可意と非可意と余との有漏の行の法なり。

彼の覚、破すれば便ち無し。慧もて余を析くも亦爾り。瓶・水の如きが世俗なり。此れに異なるを勝義と名づく。

《彼の自体》 苦・集がすべての有漏法であることは分別界品第8偈に、滅すなわち択滅が離繋であることは同第6偈に、道が有為・無漏の法であることは同第5偈に説かれている。**《現観》** 観察して明らかに知ること。**《三苦》** 苦苦・壊苦・行苦。苦苦とはそれがただちに苦と感ぜられる苦をいう。壊苦とはそれは一応楽と感ぜられるが、無常性のゆえにその楽が永続せず壊れるから、壊れるとき苦となるのをいう。行苦とは、およそ有為の諸法（すなわち、行）は因縁によって作り成されていて無常性を免れぬことが苦と受けとられるべきをいう。**《可意と非可意と》** 可意は心に叶うこと、快いこと。非可意は心に叶わぬこと、快からぬこと。**《覚》** それと覚知すること。**《慧もて析く》** 弁別判断力をもって分析する。

諦に四あることと、その四諦のおのおのの自性とは先にすでに分別界品において説かれている。苦を初めとし道を最後とするその順序は、現観の順序に従っている。すなわち、先に現観されるものが先に置かれているのである。

可意の有漏法は壊苦と結びつく。非可意の有漏法は苦苦と結びつく。その他の有漏有為の諸法は行苦と結びつく。ゆえに、いずれも苦である。

第4偈は世俗諦・勝義諦の二諦を説明する。ものが破壊されるとき、それに対する覚も無くなるようなのを世俗諦という。瓶が壊れたら瓶という覚も成立しなくなるごときである。また、知的な弁別判断によって分析されるときその実在性が覚知されなくなるものも世俗諦である。水を分析的に考察すればそれは色・香・味などの聚合にすぎないがごときである。そうでなくて、いかなるときもその覚が成り立つのが勝義諦である。

3　三賢・四善根

將趣見諦道　應住戒勤修　聞思修所成　謂名倶義境 (5)

具身心遠離　無不足大欲　謂已得未得　多求名所無 (6)

治相違界三　無漏無貪性　四聖種亦爾　前三唯喜足 (7)

三生具後業　爲治四愛生　我所我事欲　暫息永除故 (8)

入修要二門　不淨觀息念　貪尋增上者　如次第應修 (9)

爲通治四貪　且辯觀骨鎖　廣至海復略　名初習業位 (10)

除足至頭半　名爲已熟修　繫心在眉間　名超作意位 (11)

無貪性十地　緣欲色人生　不淨自世緣　有漏通二得 (12)

息念慧五地　緣風依欲身　二得實外無　有六謂數等 (13)

入出息隨身　依二差別轉　情數非執受　等流非下緣 (14)

依已修成止　爲觀修念住　以自相共相　觀身受心法 (15)

自性聞等慧　餘相雜所縁　説次第隨生　治倒故唯四 (16)
彼居法念住　總觀四所縁　修非常及苦　空非我行相 (17)
從此生煖法　具觀四聖諦　修十六行相　次生頂亦然 (18)
如是二善根　皆初法後四　次忍唯法念　下中品同頂 (19)
上唯觀欲苦　一行一刹那　世第一亦然　皆慧五除得 (20)
此順決擇分　四皆修所成　六地二或七　依欲界身九 (21)
三女男得二　第四女亦爾　聖由失地捨　異生由命終 (22)
初二亦退捨　依本必見諦　捨已得非先　二捨性非得 (23)
煖必至涅槃　頂終不斷善　忍不墮惡趣　第一入離生 (24)
轉聲聞種姓　二成佛三餘　麟角佛無轉　一坐成覺故 (25)
前順解脱分　速三生解脱　聞思成三業　植在人三洲 (26)

将(まさ)に見諦の道に趣かんとせば、戒に住して聞・思・修の所成を勤修(ごんしゅ)すべし。謂く、名と倶と義との境なり。身心の遠離を具す。不足と大欲と無し。謂く、已得と未得とに多求するを所無と名づく。治は相違す。界は三なり。無漏なり。無貪の性なり。四聖種も、亦、爾り。前三は唯喜足なり。三は生具なり。後は業なり。四愛の生ずるを治せんが為なり。我所と我との事の欲を暫く息め、永く除くが故なり。

修に入る要に二門あり。不浄観と息念となり。貪と尋の増上なる者、次第の如く応に修すべし。

通じて四貪を治せん為に、且(しばら)く骨鎖(こっさ)を観ずることを弁ず。広く海に至って復(ま)た略するを初習業の位と名づく。足より頭半に至るまでを除くを名づけて已熟修と為す。心を繋けて眉間に在るを超作意の位と名づく。無貪の性なり。十地なり。欲の色を縁ず。人生なり。不浄なり。自世縁なり。有漏なり。二得に通ず。

息念は慧なり。五地なり。風を縁ず。欲の身に依る。二得なり。実なり。外には無し。六有り。謂く、数等なり。入出息は身に随う。二の差別に依りて転ず。情数なり。非執受なり。等流なり。下縁に非ず。巳に止を修成するに依って観の為に念住を修す。自相と共相とを以て身・受・心・法を観ず。自性は聞等の慧なり。余は相雑と所縁となり。説の次第は生ずるに随う。倒を治するが故に、唯、四なり。彼は法念住に居して、総じて四の所縁を観じて非常及び苦・空・非我の行相を修す。

此れ従り煖(なん)法を生ず。具に四聖諦を観じ十六行相を修す。次に頂を生ずること亦然り。是くの如き二善根は皆初めは法、後は四なり。次に忍は唯、法念なり。下・中品は頂に同じ。上は唯欲の苦を観ず。一行一刹那なり。世第一も亦然り。皆、慧なり。五なり。得を除く。

此の順決択分は四、皆、修所成なり。六地なり。二は或は七なり。欲界の身に依る。九なり。三は女も男も二を得。第四は女は亦爾り。聖は失地に由りて捨す。異生は命終に由る。初めの二は亦退捨す。本に依るは必ず諦を見る。捨し已りて得るは先に非ず。二の捨性は非得なり。

煖は必ず涅槃に至る。頂は終(つい)に善を断ぜず。忍は悪趣に堕せず。第一は離生に入る。声聞の種姓を転じて、二は成佛す。三は余なり。麟(りん)角と佛とは転ずること無し。一坐に覚を成ずるが故なり。前に順解脱分あり。速やかなるは三生にて解脱す。聞・思の成なり。三業なり。植うること人の三洲に在り。

《聞・思・修の所成》 聞によって成される慧と、思によって成される慧と、修によって成される慧と。聞とは教えを耳に聞いて学ぶこと。思とはそれを心に思惟すること。修とは三昧の修習。《名》 名辞。《義》 名辞の表わす意義。《治》 不足と大欲との対治、すなわち知足（足るを知ること）と少欲。《四聖種》 衣服喜足聖種と飲食喜足聖種と臥具喜足聖種と楽断修聖種と。すなわち衣・食・住について得るところに随って喜んで満足し、貪愛を断じ聖道を修するのを楽しむこと。聖種とは聖者を生み出すもと、の意。《生具》 生活のために必要な道具。《業》 生活行為、の意。

≪四愛≫　衣服愛・飲食愛・臥具愛・有無有愛（有と無有とに対する貪愛）。≪我所と我との事≫　我所はわがものの意。我所事とは衣服などをいい、我事とは自身をいう。≪不浄観≫　人間の肉体の不浄を観想して貪愛を離れる行法。≪息念≫　持息念。数息（すそく）観ともいう。出入りの息を数えて心を静める行法。≪四貪≫　顕色貪（色彩に対する貪欲）・形色貪（形・容姿に対する貪欲）・妙触貪（触覚に対する貪欲）・供奉貪（起居動作に対する貪欲）。≪十地≫　四静慮・四近分・中間静慮・欲界。≪自世縁≫　過去世なるは過去世を、現在世なるは現在世を、未来世なるは未来世を縁ずる。≪二得≫　離染得（煩悩から離れるときおのずから得られるもの）と加行得（努力の結果得られるもの）と。≪五地≫　初・第二・第三の近分と、中間静慮と欲界と。≪実なり≫　真実の作意と相応する、の意。≪外≫　外道の人々、の意。≪六≫　数（息を数える）・随（息の行く方向に随って思念をめぐらす）・止（思念を身中の一点にとどめて息のはたらきを観察する）・観（息を観察し、さらに広く身体・心を構成する五蘊を観察する）・転（その思念をもって転進して四念処ないし世第一法の境地に入る）・浄（さらに昇進して見道などに入る）。≪二の差別≫　特定の身・心、の意。≪下縁≫　下地の心の所縁、の意。≪相雑≫　慧と相応する心・心所・四相。≪倒≫　四顛倒、すなわち常・楽・我・浄。≪十六行相≫　苦諦について非常・苦・空・非我、集諦について因・集・生・縁、滅諦について滅・浄・妙・離、道諦について道・如・行・出、の各四行相を数える（分別智品、二二六頁以下を見よ）。≪初めは法、後は四なり≫　煖法も頂法も、その観察の初めは法念住に在り、のち増進して具に四念住にわたる。≪下・中品≫　煖・頂も下品から漸次に中品・上品と進むが、忍においても下・中・上品の別があり、下・中品は頂と同様に四諦を十六行相において具に観察する。ただ中品においては減縁減行ということがあって次第に観察の対象の範囲を減じてゆき、最後に上品の忍に至っては、欲界の苦諦の一行相のみをただ一刹那の観察の対象として、世第一法に入る。≪世第一も亦然り≫　世第一法においても、上品の忍と同様に、欲界の苦諦の一行相のみの観察をただ一刹那修する。≪五なり≫　あい伴う法をあわせていえば、五蘊のすべてにわたる、の意。但し得を除く。≪順決択分≫　煖・頂・忍・世第一法の四善根のこと。聖道の一分である見道に向かう行、の意（分別業品第129偈を見よ）。≪本に依る≫　根本地によって四善根をおこす。≪必ず諦を見る≫　その生の間に必ず見道に入る、の意。≪二の捨性≫　失地によって捨するのと退堕によって捨するのと。≪離生≫　正性離生、すなわち見道。≪声聞種姓≫　声聞として阿羅漢果に至るべき資質の者をいう。≪麟角≫　麟角喩独覚の略（分別世間品第93偈を見よ）。

《順解脱分》 やがて必ず解脱をもたらすべき有漏の善根を修める段階、の意。順決択分（すなわち四善根）に先立つが、ただちに三賢と同じではない。

見道に入るに先立って有漏の善根を修める準備的な修行段階を、三賢・四善根に分つ。それを修めるための用意として、まず、(1)戒に住する（自制ある浄らかな生活を守る）ことと、(2)聞所成の慧より思所成の慧をおこし思所成の慧より修所成の慧をおこすというように次第に慧を養うことと、を要する。そして、自らを修道に堪える器たらしめ修習を完成するために、(1)身心遠離（衆人の中に交わり住むことを避け、よからぬ心の動くことを避けること）と(2)喜足少欲とに心がくべきであり、それによって四聖種を具えることとなる（以上、第8偈まで）。

さて三賢の第一は、入修の要門とされる不浄観と持息念である。生来肉体的性的欲望の強い者は前者を、心の動揺の多い者は後者を、修めるべきである。不浄観とは、死屍が腐敗してついに白骨化するまでを九あるいは十相に分けて観想するのであるが、そのうち、骨鎖相を観ずるのは四貪のすべてに通ずる対治となるので、それを特に取りあげてここに説明している（以上、第9—第11偈。サンスクリット原文第9偈—第11偈前半）。次は不浄観の諸門分別である（第12偈。サンスクリット原文第11偈後半）。

持息念は慧を自性とする。五地による。風界を所縁とする。欲界の北洲以外の人趣あるいは六欲天に在る有情の身にのみおこる。二得に通じ、実なる作意と相応し、外道がそれを修することはなく、数などの六相を具することによって完全なものとなる。持息念において、出入りする息は行者の身の属する地に属する（したがって、たとえ持息念が色界を依地としても息は欲界に属する）。二の差別によって転ずるとは、たとえば無色界や二無心定や母胎内に在る有情には念はおこらぬことをいう。

三賢の第二・第三は別相念住・総相念住と呼ばれ、四念住（四念処）の実修である。不浄観・持息念が止（奢摩他、心の静止）の修練であったのに対して、四念住は観（毘鉢舎那、智恵による観察）の修練である。四とは身・受・心・法であり、それらの自相とは、大種と所造色、心所の受、心すなわち六識、およびその他のすべての法、である。共相とは、有為法についていえば非常性、有漏法についていえば苦性、おおよそ一切の法についていえば空・非我性である。四念住の自性は聞・思・修所成の慧である（その慧とともに生ずる諸法を相雑念住といい、それの所縁である諸法を所縁念住という）。四念住は所縁の麁大なものから順次に生ずるから、身・受・心・法の順に説かれるのであり、四顚倒の対治としてであるから四のみが説かれるのである、という。この四念住を修するのに、初めは身・受・心・法を個別に観じ、次に身と受、身と心というように二を合して観じ、次に身と受と心というように三を合して観じ、次に身受心法の四を合して観ずる。これが別相念住であり、続いて、身受心法の四を総じて非常・苦・空・非我の四行相において観察するのを総相念住という。

次に煖・頂・忍・世第一法という四善根の実修に入る。それは四聖諦を、有漏の慧をもって、十六行相において、繰り返し、観察するのである。この四善根すなわち順決択分は修所成の慧を自性とする。依地は四根本静慮・未至定・中間定の六とされるが、一説には、煖・頂の二は欲界をも依地とするという。依身はただ欲界に属する。すなわち六欲天と人界の三洲との九である。次に扱われているのは四善根位にある者の男・女根の問題、四善根の得・捨の問題である（以上、第23偈まで。サンスクリット原文第22偈まで）。

次に、四善根のそれぞれに特有の徳が説かれる（第24偈。サンスクリット原文第23偈前半）。また、声聞種姓の者（そのゆえに成佛することのないはずの者）が善根を修し、転根して、成佛する場合のあることを示す。煖・頂位にあってはそれが可能であるが、忍位に至ればあり得ない（悪趣に往って有情を化することができないから）。しかし、声聞種姓より転じて独覚を成ずる可能性は、煖・頂・忍の三位において、あるという。逆に、麟角喩独覚や佛の煖などの善根が転じて余に向かうことはない。一坐にして覚を成ずるからである。最後に、順解脱分を説く。順決択分をおこす前の生において必ず順解脱分をおこす。順解脱分をおこしてから解脱を得るまで、最も速やかな者も三生を経る。順解脱分の体は、聞所成・思所成の慧と相応する意業、およびそれからおこされる身・語業である。順解脱分という善根を植えるのはただ人の三洲に限られる。そこでは人が厭離の心をおこし、また、正慧を具えているからである（以上、第26偈まで。サンスクリット原文第25偈前半まで）。

4　見道・修道

世第一無間　即縁欲界苦　生無漏法忍　忍次生法智 (27)
次縁餘界苦　生類忍類智　縁集滅道諦　各生四亦然 (28)
如是十六心　名聖諦現觀　此總有三種　謂見縁事別 (29)
皆與世第一　同依於一地　忍智如次第　無間解脱道 (30)
前十五見道　見未曾見故　名隨信法行　由根鈍利別 (31)
具修惑斷一　至五向初果　斷次三向二　離八地向三 (32)

至第十六心　隨三向住果　名信解見至　亦由鈍利別　(33)
諸得果位中　未得勝果道　故未起勝道　名住果非向　(34)
地地失德九　下中上各三　未斷修斷失　住果極七返　(35)
斷欲三四品　三二生家家　斷至五二向　斷六一來果　(36)
斷七或八品　一生名一間　此即第三向　斷九不還果　(37)
此中生有行　無行般涅槃　上流若雜修　能往色究竟　(38)
超半超遍歿　餘能往有頂　行無色有四　住此般涅槃　(39)
行色界有九　謂三各分三　業惑根有殊　故成三九別　(40)
立七善士趣　由上流無別　善惡行不行　有往無還故　(41)
經欲界生聖　不往餘界生　此及往上生　無練根并退　(42)
先雜修第四　成白一念雜　爲受生現樂　及遮煩惱退　(43)
由雜修五品　生有五淨居　得滅定不還　轉名爲身證　(44)

世第一の無間に、即ち欲界の苦を縁じて、無漏の法忍を生ず。忍の次に法智を生ず。次に余界の苦を縁じて類忍・類智を生ず。集・滅・道諦を縁じて各四を生ずること亦然り。是くの如き十六心を聖諦現観と名づく。此れに総じて三種有り。謂く、見と縁と事との別なり。皆、世第一と同じく一地に依る。忍と智とは、次第の如く、無間と解脱との道なり。前の十五は見道なり。未曾見を見るが故なり。

随信・法行と名づくるは根の鈍・利の別に由る。修惑を具すると、一より五に至るまでを断ずるとは、初果に向かう。次の三を断ずるは二に向かう。八地を離るるは三に向かう。第十六心に至りて、随って三向の果に住するを、信解・見至と名づけ、亦、鈍・利の別に由る。諸の得果の位の中にては未だ勝果道を得ず。故に未だ勝道を起さざれば、住果と名づく。向に非ず。

地地の失と徳とは九なり。下・中・上に各三あり。

未だ修断の失を断ぜずして果に住するは極七返なり。欲の三・四品を断じて三・二生なるは家家なり。断ずること五に至るは二向なり。六を断ずるは一来果なり。七或は八品を断じて一生するを一間と名づく。此れ即ち第三向なり。九を断ずるは不還果なり。

此れに、中と生と有行と無行との般涅槃あり。上流の若し雑修するは能く色究竟に往く。超と半超と遍歿となり。余は能く有頂に往く。無色に行くに四有り。此に住しても般涅槃す。色界に行くに九有り。謂く、三に各三を分つ。業と惑と根とに殊なり有り。故に三・九の別を成ず。七善士趣を立つるは上流の別無きに由る。善と悪とを行ずると行ぜざると、往くこと有りて還ること無きとの故なり。

欲界の生を経る聖は、余界に往きて生ぜず。此と、及び上に往きて生ずると、は練根并びに退無し。

先に第四を雑修す。成は一念の雑に由る。受生と、現楽と、及び煩悩による退を遮すると、の為なり。雑修の五品に由りて生に五浄居有り。

滅定を得る不還を転じて身証と為す。

《法忍》《法智》《類忍》《類智》 無間道において煩悩を断ずる慧のはたらきを忍といい、解脱道において真理を証する慧のはたらきを智という。欲界の四諦を現観する忍・智を法忍（または法智忍）・法智といい、色・無色界の四諦を現観する忍・智を類忍（または類智忍）・類智という。苦・集・滅・道についておのおのそれら四があるから八忍・八智、あわせて十六心となる。 **《見と縁と事と》** 見現観とは無漏の慧によって諦を現観すること。縁現観とは無漏の慧およびそれと相応する受などの諸法によって諦を縁ずること。事現観とは無漏の慧、相応する諸法、および四相・得などの心不相応法によって苦諦を遍知し集諦を断じ滅諦を現証し道諦を修習すること。《随信・法行》随信行と随法行。見道の位にある鈍根の者を随信行といい、同じく利根の者を随法行という。前者は教法を他人から聞いて信じ、それに随って行ずるのが習いとなっている。後者は他によらず自ら教法に随って行ずる。《一より五》欲界の九品の修惑のうち、第一品から第五品まで。《初果》預流果。《二に向かう》二とは第二果すなわち一来果。それに向かうとは一来向の意。《信解》修道の位にある鈍根の称。《見至》修道の位にある利根の者の称。《勝果道》《勝道》よりすぐれた果（たとえば預流果からいえば一来果など）を得べき道。《失》過失、すなわち断ぜらるべき煩悩の障り。《徳》過失を対治する功徳。《修断》修所断の煩悩、の意。《極七返》極七返生あるいは極七返有ともいう。最も永く輪廻する場合も人界と天界（六欲天）にそれぞれ七生するを限りとする、の意。《家家》欲界修惑の前三品あるいは前四品を断じた者の称。人界（あるいは天界）の家から天界（あるいは人界）の家に至る者、の意。《二向》第二向、すなわち一来向。《一間》欲界修惑の第七、第八品までを断じながら、第九品を断ずるに至らずに命終してさらに欲界に一生を重ねる者。《中》

中般涅槃。不還の聖者が欲界に死して色界に生まれようとするその中間の中有において般涅槃するをいう。《生》生般涅槃。同じく、色界に生まれて久しからずして般涅槃するをいう。《有行》有行般涅槃。同じく、色界に生まれてそこで修行してから般涅槃するをいう。《無行》無行般涅槃。同じく、色界に生まれてそこで修行することなくて長く時をへて般涅槃するをいう。《上流》上流般涅槃。同じく、色界に生まれてさらにそこから上の天に進み、ついに色究竟天あるいは有頂天に生まれてそこで般涅槃するをいう。《雑修》無漏の静慮と有漏の静慮とを交互に修すること。《超》

全超の略。色界最下の梵衆天に生まれ、次に、中間の全十四天を超えて、色究竟天に生まれるをいう。《半超》梵衆天に生まれ、それから浄居天に至るまでに一生ないし十三生して（すなわち、十三天ないし一天を超えて）、そのあと色究竟天に生まれるをいう。《遍歿》同じく、途中一天をも超えないで（すなわち十四生して）、そのあと色究竟天に生まれるをいう。《一念の雑》一刹那の無漏の次に一刹那の有漏が続き、その次に一刹那の無漏が続く、というような雑修の仕方。《現楽》現法楽住の略（二五五頁を見よ）。《身証》涅槃に似た法を身に証得する者、の意。

世第一法はすぐ続いて無漏の慧をおこして見道に入る。苦法智忍・苦法智・苦類智忍・苦類智・集法智忍・集法智・集類智忍・集類智・滅法智忍・滅法智・滅類智忍・滅類智・道法智忍・道法智・道類智忍が見道十五心である。第十六心刹那の道類智によって見惑を断じ尽くして修道に入る（以上、第27偈—第31偈前半。サンスクリット原文第25偈後半—第28偈）。

見道の聖者はその根の利鈍によって随法行あるいは随信行と呼ばれる。無漏道に入る以前に修惑をまったく断じていない場合、あるいは欲界の修惑の前五品までしか断じていない場合、彼らは預流向（よるこう）である。前六品は断じ尽くしているが第九品を断ずる（すなわち、欲界の修惑のすべてを断ずる）までには至っていない場合、彼らは一来向である。欲界の修惑を断じ尽くしていても、有頂地の修惑を断じて（すなわち上界の修惑のすべてを断じて）いることは見道の聖者にはあり得ないのであって、彼らは不還向である（阿羅漢向ではあり得ない）。第十六心に至って、それぞれ、預流果あるいは一来果あるいは不還果に住する修道の聖者となれば、利・鈍の別によって見至あるいは信解と呼ばれる。その時点では、果を得るけれどもさらにすぐれた果に向かって修行道を歩み出していないから、預流（・一来・不還）果に住するとはいわれるが、一来（・不還・阿羅漢）向ではない（以上、第31偈後半—第34偈。サンスクリット原文第29偈—第32偈）。

各地において、対治道もそれによって対治せられる煩悩障もそれぞれ上上品・上中品、ないし、下中品・下下品の九品に分たれる。下下品の道によって上上品の煩悩障を断ち、ないし、上上品の道によって下下品の煩悩障を断つ（第35偈前半。サンスクリット原文第33偈）。

上記のごとく、行者が、無漏道に入る以前に有漏道の六行観によって修惑を断ずるということなしに、聖諦現観の第十六心に至れば、預流果に住する。彼は必然に極七返生である。預流の聖者が、修道において欲界修惑の断に向かい（すなわち、一来向に進み）、その前三品あるいは前四品を断じ、欲界に三生あるいは二生を受ければ、彼は家家と呼ばれる。前五品を断ずるまでが一来向の過程で、第六品を断ずれば一来果を得る。さらに進んで不還向に入り、欲界修惑の七、八品を断じ、もう一生を欲界に受ける者が一間と呼ばれる。欲界九品の修惑をすべて断じた者は不還果を得る（以上、第35偈後半―第37偈。サンスクリット原文第34―第36偈）。

次に五種不還が説かれる。(1)中般涅槃(2)生般涅槃(3)有行般涅槃(4)無行般涅槃(5)上流である。上流のうち、雑修する者は最後に色究竟天に、不雑修の者は最後に有頂天（非想非非想処）に生まれてそこで般涅槃する。前者には全超と半超（半とは、部分的の意）と遍歿（あらゆる処に生まれてそこで歿する者、の意）との別がある。また、第六の不還として無色般涅槃、すなわち色界に生を受けず欲界に在って色界を離貪してただちに無色界に往ってそこで般涅槃する者、がある。これにも生般・有行般・無行般・上流の四種がある。さらに、第七の不還として現般涅槃がある。欲界に在るまま般涅槃する者である。ところで、色界に行く五種不還を総じて三種（有行と無行とを生般に含める）とし、それぞれをさらに三類に分って、九種不還を数える。すなわち、中般を(1)速般（速やかに般涅槃する者）、(2)非速般（暫くして般涅槃する者）、(3)経久（久しく経て般涅槃する者）、に分け、生般を(4)生般(5)有行般(6)無行般に分け、上流を(7)全超(8)半超(9)遍歿に分けるのである。つまり(1)(4)(7)は速、(2)(5)(8)は非速、(3)(6)(9)は経久に般涅槃に至るわけであるが、また、全体として中般は速、生般は非速、上流は経久である。そういう差違は、その造る業と、そこに現行する煩悩の品類と、行者の機根とに差別があるところからくる。九種のうち、(7)(8)(9)をまとめて一に数えて、七善士趣を立てる。預流・一来果には立てぬのに不還果にのみそれを立てる理由は、不還果では、その善を行ずる仕方に凡夫と簡別されるところがあり、ただ善のみを行じて悪を行ぜず、上界に往って欲界に還ることがない、などの点で前二果とは異なるからである、とする（以上、第38―第41偈。サンスクリット原文第37―第40偈）。

聖者にして欲界または色界で多生をへたのち般涅槃するのを経生の聖者という。欲界で経生した者は色・無色界に行かず、不還果を得てのちその生に在って般涅槃する。色界で経生した者は無色界に行くこともある。彼らはともにけっして練根すること無く、退堕することも無い（第42偈。サンスクリット原文第41偈）。

次は雑修についての説明。四静慮を雑修するときは、まず第四静慮に入って、多刹那の無漏の静慮を現じ、続いてそれから多刹那の有漏の静慮を生じ、さらに続いて多刹那の無漏を現ずるというようにして、次第にその長さを減じ、ついに一刹那の無漏から一刹那の有漏を生じ引き続いて一刹那の無漏を現ずるに至って、雑修の定は完成する。利根の者が静慮を雑修するのは、浄居天へ受生するためと、現法楽住のためであり、鈍根の者はその二つのためと、退堕することなきようにするために、雑修を修する。浄居天には無煩天・無熱天・善現天・善見天・色究竟天の五があるが、それは雑修静慮に下・中・上・上勝・上極の五品があることに応じているのである（第43偈、第44偈前半。サンスクリット原文第42偈、第43偈前半）。

最後に、経典に不還のことを身証と名づけていることの説明。不還の聖者で、その身中に滅尽定を得ているのを身証という。心は無いから、身によって涅槃に近い寂静の境地を得ることによって、そう呼ばれるのである（以上、第44偈後半。サンスクリット原文第43偈後半）。

5　無学道とそれに関連する諸事項

上界修惑中　斷初定一品　至有頂八品　皆阿羅漢向 (45)

第九無間道　名金剛喩定　盡得俱盡智　成無學應果 (46)

有頂由無漏　餘由二離染　聖二離八修　各二離繫得 (47)

無漏未至道　能離一切地　餘八離自上　有漏離次下 (48)

近分離下染　初三後解脱　根本或近分　上地唯根本 (49)

世無間解脱　如次縁下上　作麤苦障行　及靜妙離三 (50)

不動盡智後　必起無生智　餘盡或正見　此應果皆有 (51)

淨道沙門性　有爲無爲果　此有八十九　解脱道及滅 (52)

五因立四果　捨曾得勝道　集斷得八智　頓修十六行 (53)

世道所得斷　聖所得雜故　無漏得持故　亦名沙門果 (54)

所説沙門性　亦名婆羅門　亦名爲梵輪　眞梵所轉故 (55)

於中唯見道　説名爲法輪　由速等似輪　或具輻等故 (56)

三依欲後三　由上無見道　無聞無縁下　無厭及經故 (57)

阿羅漢有六　謂退至不動　前五信解生　總名時解脱 (58)

後不時解脱　從前見至生　有是先種性　有後練根得 (59)

四從種性退　五從果非先　學異生亦六　練根非見道 (60)

應知退有三　已未得受用　佛唯有最後　利中後鈍三 (61)
一切從果退　必得不命終　住果所不爲　慚増故不作 (62)
練根無學位　九無間解脱　久習故學一　無漏依人三 (63)
無學依九地　有學但依六　捨果勝果道　唯得果道故 (64)
七聲聞二佛　差別由九根　加行根滅定　解脱故成七 (65)
此事別唯六　三道各二故　倶由得滅定　餘名慧解脱 (66)
有學名爲滿　由根果定三　無學得滿名　但由根定二 (67)

上界の修惑の中に、初定の一品を断ずるより有頂の八品に至るまでは、皆、阿羅漢向なり。第九の無間道を金剛喩定と名づく。尽の得と倶なる尽智は無学の応果を成ず。

有頂は無漏に由り、余は二に由りて染を離る。聖は二もて八の修を離る。各二の離繫得あり。無漏の末至の道は能く一切の地を離る。余の八は自と上とを離る。有漏は次下を離る。近分にして下の染を離るるに、初めの三の後の解脱は根本或は近分なり。上地は唯、根本なり。

世の無間・解脱は、次の如く、下・上を縁じて、麁・苦・障の行と及び静・妙・離の三とを作す。

不動は尽智の後に必ず無生智を起す。余は尽、或は正見なり。此れは応果に皆有り。

浄道は沙門の性なり。有為と無為との果あり。此れに八十九の解脱道及び滅あり。五因をもって四果を立つ。曾を捨すると、勝道を得ると、断を集むると、八智を得ると、頓に十六行を修すると、なり。世道所得の断と聖の所得と雑するが故に、無漏の得が持するが故に、亦沙門果と名づく。

所説の沙門の性を亦、婆羅門と名づく。亦、名づけて梵輪と為す。真の梵の転ずる所なるが故なり。中に於いて、唯、見道を説きて名づけて法輪と為す。速等は輪に似、或は輻等を具するに由るが故なり。三は欲に依る。後は三になり。上に見道無きに由る。聞無く、下を縁ずる無く、厭無く、及び経あるが故なり。阿羅漢に六有り。謂く、退より不動に至る。前の五は信解より生じ、総じて時解脱と名づく。後は不時解脱なり。前の見至従り生ず。是れ先よりの種性なる有り。後に練根して得る有り。四は種性より退す。五は果従りす。先に非ず。

学と異生とに亦、六あり。練根は見道に非ず。応に知るべし、退に三有り。已・未得と受用となり。佛は唯最後のみ有り。利は中・後あり、鈍は三なり。一切の果従り退するは必ず得。命終せず。果に住して為さざる所は慚増すが故に作さず。

練根は無学の位には九の無間・解脱あり。久習なるが故なり。学は一なり。無漏なり。人の三に依る。無学は九地に依る。有学は但六に依る。果と勝果との道を捨して、唯、果道を得る故なり。

七声聞と二佛あり。差別は九根に由る。

加行と根と滅定と解脱との故に、七を成ず。此の事の別は唯六なり。三道に各二ある故なり。倶は滅定を得るに由る。余は慧解脱と名づく。有学を名づけて満と為すは、根・果・定の三に由る。無学が満の名を得るは、但根・定の二に由る。

《尽の得》 択滅の得。**《尽智》** 苦を知り集を断じ滅を証し道を修した、と知る智（分別智品第7偈を見よ）。**《無学》** 有学の対。すべてを学び終わってもう学ぶべきものが無い、の意。**《応果》** 阿羅漢果。**《二に由りて》** 有漏道と無漏道によって。**《八の修》** 有頂地を除く下八地の修惑。**《各二の離繋得あり》** 有漏道で離染する場合も無漏道で離染する場合も、おのおのに有漏と無漏との二つの離繋得がある。**《余の八》** 四根本・下三無色・中間静慮。**《次下》** 自地のすぐ下の地。**《初めの三の後の解脱は》** 初静慮と第二静慮と第三静慮との近分において下地の染を離れるとき第九解脱道が現前すれば、の意。**《麁・苦・障》** 静・妙・離に対する。下地は上地に比して粗大で、心を悩ませ、出離をさまたげる。**《行》** 行相の略。すがた、様相、の意。**《静・妙・離》** 上地は下地に比して寂静で、卓越していて、煩悩から遠離している。**《不動》** 不動法阿羅漢のこと（第58偈を見よ）。**《無生智》** 苦を知った、さらに知るべき苦はない、集を断じ……、滅を証し……、道を修した、さらに修すべき道はない、と知る智（分別智品第7偈を見よ）。**《勝道》《此れ》** 正見をさす。**《浄道》** 無漏道。**《曾を捨す》** 曾ての道（すでに得た果あるいは向の道）を捨離する。

第34偈を見よ。**《八智》** 苦・集・滅・道の法智・類智。**《十六行》** 四諦の十六行相。**《真の梵》** 梵は梵天の意。真の梵とは佛陀をさす。**《三は》** 四沙門果の中の前三は、の意。**《後は三に》** 後の果、すなわち阿羅漢果は、三界の身による、の意。**《先よりの種性》** 先天的に有している資質。**《学と異生と》** 有学の聖者と凡夫と。**《人の三》** 三洲。**《九地》** 未至・中間・四根本・下三無色。**《但六に依る》** 下三無色を除く。**《九根》** 下下品ないし上上品の九根。**《倶》** 倶解脱の略。**《満》** 完全な状態、の意。

上界の修惑を一品でも断ずれば阿羅漢向に入り、有頂の前八品を断ずるまでに至る。次に、有頂の修惑の第九品を断ずる無間道は、すべての随眠を破するという点から、金剛喩定と呼ばれる。そこにおいて、第九品の惑を断じ、その択滅の得にともなって尽智が生ずる。それが最後の解脱道で、そのとき無学の阿羅漢果が完成する。これを無学道と呼ぶ。

有頂からの離染（離貪）はただ無漏道による。他の八地からの離染は無漏道および有漏道（有漏の六行観によって修惑を断ずる）による。未至定（初静慮の近分）における無漏道によって、欲界から有頂までの九地のいずれの煩悩をも離れ得るが、それ以外の定における無漏道によっては、それぞれ自地および上地の煩悩を離れ得るだけで下地からの離染はない。下地からはすでに離染し終わっているからである。また、有漏道によってはすぐ下の地からの離染のみがある。次に、四静慮・四無色の八近分と九地からの離染との関係が考察される。近分定によっては下地からの離染のみがあり得る。そのうち、初ないし第三静慮の近分によって欲界・初静慮・第二静慮の三地よりの離染があるときは、各地の第九品の煩悩を断ずる解脱道においては根本定に入ることもあり、近分定のままのこともある。それ以上の五近分によってそれぞれのすぐ下の地よりの離染があるときは、各地の第九品の煩悩を断ずる解脱道においては必ず根本定に入る。

世間の（すなわち、有漏の）智によって修惑を断ずるときは、無間道においてある地およびそれより下の地の有漏法を縁じて麁・苦・障の行相を観じ、解脱道においてそれより上の地の有漏法を縁じて静・妙・離の行相を観ずる。これがすなわち有漏の六行観といわれるものである。

六種阿羅漢（下記）のうち、不動法阿羅漢は尽智の次に無生智をおこすが、またあるときには無学の正見をおこしあるいは同じ尽智をおこすこともある。他の五阿羅漢は尽智に続いて同じ尽智をおこすかあるいは無学の正見をおこす（以上、第51偈まで。サンスクリット原文第50偈まで）。

無漏道は沙門性にほかならず、それによって得らるべき四沙門果（預流・一来・不還・阿羅漢）には有為（無漏の五蘊）と無為（択滅）とがある。見惑を断ずるのに八無間道（八忍）と八解脱道（八智）があり、修惑を断ずるのに八十一無間道・八十一解脱道（九地×九品）がある。四沙門果は、また、一方からいえば、これら八十九解脱道（有為）およびその一々によって得られる択滅（無為）である。四つが沙門果として立てられる条件は、(1)先に得た向道を捨て、(2)新たに果道を得、(3)一の得をもって多くの煩悩の断を得、(4)八智を得、(5)同時に十六行相を修する、という五つである。ところで、超越証によって一来果・不還果を得る場合は、有漏道によって煩悩の断を得るのだけれども、それも無漏の見道による断とあわせて一果を成ずるのであるし、有漏道による断を保持するのは無漏の得なのであるから、それもやはり沙門果と呼ばれるのである（第52—第54偈。サンスクリット原文第51偈—第53偈）。

無漏道は沙門性であり、それはすなわち婆羅門性であり、また、梵輪ともいう。そのうち、見道は、速やかに回転し（ただ十五の刹那に四諦を見る）、前を捨てて後を取るなどの点から、あるいは八聖道（はっしょうどう）という輻（や）を有する点から、車輪に似ているので、経中に特に見道をさして法輪と呼んでいることもある（第55、第56偈。サンスクリット原文第54偈）。

四沙門果のうち、前三の依身は欲界、第四のそれは三界に属する。超越証の場合不還果の依身は上界に属するのでないかと思われるが、そうではない。色界には苦受がないから厭離の心が生じない。それらのゆえに、上界には見道がないのである。したがって超越証の場合でも第三果の依身はただ欲界に属する。経にも「五不還は此の処に通達し、彼の処に究竟する」という句がある。此の処とは欲界、彼の処とは色界をさすのである（第57偈。サンスクリット原文第55偈）。

阿羅漢に六種が数えられる。退法・思法・護法・安住法・堪達法・不動法である。前五は信解から生じ、時愛心解脱（常時に既得の徳性を愛護する心解脱者、の意）あるいは時解脱（適当なときをまってはじめて解脱する者、の意）と呼ばれる。不動法阿羅漢は見至から生じ、不動心解脱（退堕することのない心解脱者、の意）あるいは不時解脱（解脱するにときをまたぬ者、の意）と呼ばれる。このような六つの種性の差は先天的なものであるか、後天的な修養などによって劣った種性からすぐれた種性へ転根するものであるか、といえば、退法阿羅漢はただ先天的な資質により、他の五は転根によって得ることもある。すぐれた種性から劣った種性に退堕することがあるか、あるいは、すでに得た沙門果から退堕することがあるか、といえば、不動法にはいかなる退もないが、他の五には果から退することがあり、退法を除いた四には種性から退することがある（退法は最も劣った種性だから退しようがない）。いずれにしても、先の位（無学位からいえば有学位、有学位からいえば凡夫位）において保持した種性を今の位において退失することはなくて、ただ今の位において練根して得た種性のみに退失がある。また初めて得た沙門果から退することは無いとされるから、次第証の場合には一来・不還・阿羅漢の三果から、超越証の場合には不還・阿羅漢の二果あるいはただ阿羅漢果からのみ、退することがあり得る（第58偈—第60偈前半。サンスクリット原文第56偈—第58偈前半）。

六つの種性は有学位においても凡夫位においても見出されることは、右の記述から明らかである。見道において練根が無いのは、わずか十五刹那にしかわたらぬからである。退に已得退（すでに得た徳性を退失すること）と未得退（得べき徳性を未だ得ていないこと）と受用退（得た徳性が顕現していないこと）との三種があり、佛には第三のみが、利根なる不動法阿羅漢には第二と第三とのみがある。他の五種性は鈍根であるから三種の退のいずれもがある。ふつう退といえば第一を意味することはいうまでもない。さて、果より退する者は、同じその生涯の間に必ず再び得果する。退したままで命終することはない。果を得ている間にはなすことのなかったその果にふさわしからぬ悪事を、果から退している間になすということはけっして無い。いったん得果した者には慚（おのれの悪しき点を恥じる心）が増しているからそれを許さないのである（第60偈後半—第62偈。サンスクリット原文第58偈後半—第60偈前半まで）。

練根は、無学においては九無間道・九解脱道をもってしてはじめてなし遂げられる。鈍根の性が有学位・無学位を通じて久しく慣習になっているからである。練根を修する場合、その依身はただ人趣の三洲に属し、その依地は、無学では九地（未至・中間・四根本・下三無色）にわたるが、有学では六地（下三無色を除く）だけである。果と鈍根の勝果道を捨して利根種性の果道を得るとき、有学の果で無色界地に摂せられないからである（第63、第64偈。サンスクリット原文第60偈後半―第62偈前半）。

無学位の聖者を九種数える。声聞（すなわち、阿羅漢）に退法などの五と練根による不動法と先に有学位において得られている不動法との七種があり、佛に独覚（辟支佛）と佛との二種がある。根に上上から下下まで九品の別があることによる（第65偈前半。サンスクリット原文第62偈後半）。

有学位・無学位にわたって聖者を七種にわけることがある。(1)随信行(2)随法行(3)信解(4)見至(5)身証(6)慧解脱(7)倶解脱である。(1)(2)は加行を修するに他の教えを聞くか自ら法に随うかの別による。(3)(4)は根の鈍・利による。(5)は滅尽定を得るによる。(6)は慧により、(7)は慧と定とによる。七種のうち、身証は信解・見至の他にあるわけではないから、結局、行者の区別としては、見・修・無学の三道においておのおの鈍根・利根の違いを立てることによる六となる。見道の随信行・随法行、修道の信解・見至、無学道の時解脱・不時解脱である。倶解脱とは滅尽定を得た阿羅漢をいうのである。また、経の中に、聖者に満なる者とそうでない者との別を説かれることがある。(1)利根であれば、根満であり、(2)沙門果を得れば果満であり、(3)滅尽定を得れば定満であって、有学の場合は(1)だけによって満と呼ばれる者、(2)だけによってそう呼ばれる者、(1)と(2)によってそう呼ばれる者、(2)と(3)とによってそう呼ばれる者、および(1)(2)(3)を具してそう呼ばれる者がある。無学の場合は(1)と(3)によるのと、ただ(1)によるのと、ただ(3)によるのとである。無学位に在って果を得ていない者は無いから(2)については考えないのである（第65偈後半—第67偈。サンスクリット原文第63偈—第65偈前半）。

6 種々の道

應知一切道　略說唯有四　謂加行無間　解脫勝進道 (68)

通行有四種　樂依四靜慮　苦依所餘地　遲速鈍利根 (69)

覺分三十七　謂四念住等　覺謂盡無生　順此故名分 (70)

此實事唯十　謂慧勤定信　念喜捨輕安　及戒尋爲體 (71)

四念住正斷　神足隨增上　說爲慧勤定　實諸加行善 (72)

初業順決擇　及修見道位　念住等七品　應知次第增 (73)

七覺八道支　一向是無漏　三四五根力　皆通於二種 (74)

初靜慮一切　未至除喜根　二靜慮除尋　三四中除二 (75)

前三無色地　除戒前二種　於欲界有頂　除覺及道支 (76)

證淨有四種　謂佛法僧戒　見三得法戒　見道兼佛僧 (77)

法謂三諦全　菩薩獨覺道　信戒二爲體　四皆唯無漏 (78)

學有餘縛故　無正脫智支　解脫爲無爲　謂勝解惑滅 (79)

有爲無學支　卽二解脫蘊　正智如覺說　謂盡無生智 (80)

無學心生時　正從障解脱　道唯正滅位　能令彼障斷(81)
無爲說三界　離界唯離貪　斷界斷餘結　滅界滅彼事(82)
厭緣苦集慧　離緣四能斷　相對互廣狹　故應成四句(83)

応に知るべし、一切の道は、略説するに、唯四有り。謂く、加行と無間と解脱と勝進との道なり。

通行に四種有り。楽は四静慮に依る。苦は所余の地に依る。遅速は鈍利の根よりなり。

覚分は三十七なり。謂く、四念住等なり。覚は謂く、尽と無生となり。此れに順ずるが故に分と名づく。此の実事は唯、十なり。謂く、慧・勤・定・信・念・喜・捨・軽安及び戒・尋を体と為す。四念住と正断と神足とは増上に随って説きて慧・勤・定と為す。実は諸加行善なり。初業と順決択と及び修・見道との位に、念住等の七品は、応に知るべし、次第に増す。七覚と八道支とは一向に是れ無漏なり。三の四と五の根と力とは皆、二種に通ず。初静慮には一切あり。未至には喜根を除く。二静慮には尋を除く。三と四と中とには二を除く。前の三無色地は、戒と前の二種とを除く。欲界と有頂とに於いては覚及び道支を除く。

証浄に四種有り。謂く、佛・法・僧・戒なり。三を見るに法と戒とを得す。道を見るに佛と僧とを兼ぬ。法は謂く三諦の全と菩薩と独覚との道なり。信と戒との二を体と為す。四は皆唯無漏なり。

学には余の縛有るが故に、正脱・智支無し。解脱には為と無為とあり。謂く、勝解と惑の滅となり。有為は無学の支なり。即ち二は解脱蘊なり。正智は覚の説の如し。謂く、尽・無生智なり。無学の心生ずる時、正しく障より解脱す。道は唯、正滅の位に能く彼の障をして断ぜしむ。無為を三界と説く。離界は唯貪を離る。断界は余の結を断ず。滅界は彼の事を滅す。

厭は苦・集を縁ずる慧なり。離は四を縁じて能く断ず。相対して互いに広狭あり。故に四句を成ずべし。

《加行と無間と解脱と勝進》 加行道は次に無間道を生ずべき位、無間道はまさしく断惑する位、解脱道は択滅を証得する位、勝進道はそれら三以外の道をいう。 **《通行》** 苦遅・苦速・楽遅・楽速の四通行がある。 **《覚分》** 三十七道品、あるいは三十七覚支などということもある。四念住・四正断・四神足・五根・五力・七覚支（七菩提分）・八正道。 **《加行善》** 加行によって得られる有漏・無漏の聞・思・修所成の慧をさす。 **《初業》** 別相念住・総相念住の段階。 **《三の四》** 四念住・四正断・四神足。 **《三と四と中》** 第三静慮と第四静慮と中間静慮。 **《二を除く》** 喜と尋とを除く。 **《証浄》** 佛・法・僧に対する証浄および聖者の愛するところの戒の証浄の四。証浄とは不壊の浄信をいう。 **《三を見る》** 見道において苦・集・滅の三諦を現観する。 **《道を見る》** 道諦を現観する。 **《学》** 有学の位。 **《正脱・智支》** 正解脱と正智との二支。 **《為と無為》** 有為と無為。 **《解脱蘊》** 戒・定・慧・解脱・解脱知見の五無漏蘊の第四。

《覚の説》 三十七覚分の説明（第70偈）の中で「覚」に関して述べたこと、の意。 **《三界》** 経に説かれるところの断界と離界と滅界の三。 **《彼の事》** その随眠の随増する所縁たる有漏の諸法。

四道・四通行・三十七覚分・四証浄など経中に説かれる諸道がここに解説される。覚分の覚とは尽智・無生智であり、それに順ずる（調和する、適合する）から覚分である、とする。三十七あるがその自体は慧などの九心所と戒（=律儀無表）との十に過ぎない。すなわち、四念住と慧根（五根の第五）と慧力（五力の第五）と択法覚支（七覚支の第二）と正見（八正道の第一）とは慧。四正断と精進根（五根の第二）と精進力（五力の第二）と精進覚支（七覚支の第三）と正精進（八正道の第六）とは勤。四神足と定根（五根の第四）と定力（五力の第四）と定覚支（七覚支の第六）と正定（八正道の第八）とは定。信根（五根の第一）と信力（五力の第一）とは信。念根（五根の第三）と念力（五力の第三）と念覚支（七覚支の第一）と正念（八正道の第七）とは念。喜覚支（七覚支の第四）は喜。捨覚支（同じく第六）は捨、軽安覚支（同じく第五）は軽安。正語・正業・正命（八正道の第三、第四、第五）は戒、正思惟（同じく第二）は尋である。もっとも四念住・四正断・四神足を慧・勤・定とするはそれらの中心となっている力すぐれた法だけをあげたのであって、相応・倶有の諸法をあわせていえば、すべての加行の功徳法を含む。さて、これら諸覚分は修行道の諸段階においてそれぞれ増大する、とされる。すなわち別相・総相念住の位では四念住が、煖位では四正断が、頂位では四神足が、忍位では五根が、世第一法では五力が、修道では七覚支が、見道では八正道が増す、という。このうち、七覚支と八正道はただ無漏のみ。他の覚分はすべて有漏・無漏に通ずる。また、三十七覚分の依地もそれぞれ分別されている。

四証浄のうち、三諦現観のときは法証浄・戒証浄を得、道諦現観のときは四証浄のすべてを得る。法に対する証浄というときの法とは三諦と菩薩・独覚の道とである。佛・法・僧の三証浄は信を自体とし、聖戒証浄は戒を自体とする。証浄はすべて無漏である。

経には、無学位では八正道のほかに正解脱・正智の二支を加え、総じて十支を具える、とされている。有学位にその二支が無いのは、なおすべての煩悩の縛から解脱しておらず、したがって私は解脱したとの智も無いからである。解脱には有為の解脱と無為の解脱との二があり、前者は無学の無漏の勝解（分別根品第25偈を見よ）をいい、後者はすべての煩悩の滅をいう。前者によって後者を得るのである。今、無学位の正解脱支とは前者を意味し、それに心解脱・慧解脱の二がある。五分法身（五無漏蘊）の第四がそれである。また、無学の正智支とは、先に述べた覚のことであり、すなわち尽智と無生智とをその体とする。無学の境地に入るには、まず金剛喩定（正滅の位。第46偈を見よ）において、道によって最後に残った煩悩を断じ、次の刹那に、初めての無学の心が生ずる時、まさしく煩悩の障りから解脱するのである。ところで、経には、無為解脱について離界・断界・滅界の三を説く。貪を離れ、その他の煩悩を断じ、煩悩の随増する所縁となる有漏の諸法を滅するのをいう。

最後に、厭と離との関係が考察される。苦・集諦を縁じておこす忍・智を厭という。四諦を縁じておこす忍・智の煩悩を断ぜしめるものを離という。厭であって離でないのは、苦・集を縁じながら煩悩を断ぜしめない忍・智。離であって厭でないのは滅・道を縁じて煩悩を断ぜしめる忍・智。厭でも離でもあるのは、苦・集を縁じて煩悩を断ぜしめる忍・智。厭でも離でもないのは、滅・道を縁じて煩悩を断ぜしめることのない忍・智である。

（この節は、サンスクリット原文では第65偈後半から第79偈までにあたる。）

分別智品第七

1　忍・智・見

聖慧忍非智　盡無生非見　餘二有漏慧　皆智六見性（1）

聖慧の忍は智に非ず。尽と無生とは見に非ず。余は二なり。有漏の慧は皆、智なり。六は見の性もあり。

《聖慧の忍》　無漏の八忍。分別賢聖品第27、第28偈を見よ。

慧に無漏と有漏とがある。無漏慧のうち、八忍は見であるが智でない。尽智・無生智は智であるが見でない。その他の無漏慧は智でもあり見でもある。有漏慧のうち、染汚の五見（分別随眠品第3偈を見よ）と世間の正見とは智であり見である。その他はただ智である。

2　十智とその行相など

智十總有二　有漏無漏別　有漏稱世俗　無漏名法類（2）

世俗遍爲境　法智及類智　如次欲上界　苦等諦爲境　(3)
法類由境別　立苦等四名　皆通盡無生　初唯苦集類　(4)
法類道世俗　有成他心智　於勝地根位　去來世不知　(5)
法類不相知　聲聞麟喩佛　如次知見道　二三念一切　(6)
智於四聖諦　知我已知等　不應更知等　如次盡無生　(7)
由自性對治　行相行相境　加行辨因圓　故建立十智　(8)
緣滅道法智　於修道位中　兼治上修斷　類無能治欲　(9)
法智及類智　行相俱十六　世俗此及餘　四諦智各四　(10)
他心智無漏　唯四謂緣道　有漏自相緣　俱但緣一事　(11)
盡無生十四　謂離空非我　淨無越十六　餘說有論故　(12)
行相實十六　此體唯是慧　能行有所緣　所行諸有法　(13)
性俗三九善　依地俗一切　他心智唯四　法六餘七九　(14)
現起所依身　他心依欲色　法智但依欲　餘八通三界　(15)
諸智念住攝　滅智唯最後　他心智後三　餘八智通四　(16)
諸智互相緣　法類道各九　苦集智各二　四皆十滅非　(17)
所緣總有十　謂三界無漏　無爲各有二　俗緣十法五　(18)
類七苦集六　滅緣一道二　他心智緣三　盡無生各九　(19)
俗智除自品　總緣一切法　爲非我行相　唯聞思所成　(20)
異生聖見道　初念定成一　二定成三智　後四一一增　(21)

修道定成七　離欲増他心　無學鈍利根　定成九成十(22)
見道忍智起　即彼未來修　三類智兼修　現觀邊俗智(23)
不生自下地　苦集四滅後　自諦行相境　唯加行所得(24)
修道初刹那　修六或七智　斷八地無間　及有欲餘道(25)
有頂八解脱　各修於七智　上無間餘道　如次修六八(26)
無學初刹那　修九或修十　鈍利根別故　勝進道亦然(27)
練根無間道　學六無學七　餘學六七八　應八九一切(28)
雜修通無間　學七應八九　餘道學修八　應九或一切(29)
聖起餘功德　及異生諸位　所修智多少　皆如理應思(30)
諸道依得此　修此地有漏　爲離得起此　修此下無漏(31)
唯初盡遍修　九地有漏德　生上不修下　曾所得非修(32)
立得修習修　依善有爲法　依諸有漏法　立治修遣修(33)

智に十あり。総じては二有り。有漏と無漏との別なり。有漏は世俗と称し、無漏は法・類と名づく。世俗は遍く境と為し、法智及び類智は、次の如く、欲と上界との苦等の諦を境と為す。法と類とは境の別に由って苦等の四の名を立つ。皆、尽と無生とに通ず。初めは唯、苦と集との類なり。法と類と道と世俗とは他心智を成ずること有り。勝れたる地と根と位と去・来世とに於いては、知らず。法と類とは相知らず。声聞と麟喩と佛とは、次の如く、見道の二・三念と一切とを知る。

智の四聖諦に於いて、我已に知る等と、更に知るべからず等とを知るは、次の如く、尽と無生となり。自性と、対治と、行相と、行相と境と、加行と、弁と、因の円とに由るが故に、十智を建立す。

滅・道を縁ずる法智は、修道の位の中に於いて、兼ねて上の修断を治す。類は能く欲を治すること無し。

法智及び類智の行相は倶に十六なり。世俗は此れと及び余なり。四諦の智は各四あり。他心智の無漏なるは唯、四あり。謂く、道を縁ずるなり。有漏は自相縁なり。倶に但一事を縁ず。尽と無生とは十四なり。謂く、空と非我とを離る。

浄は十六を越ゆること無し。余は有りと説く。論の故なり。

行相は実として十六あり。此の体は唯是れ慧なり。能行は所縁有り。所行は諸有の法なり。

性は、俗は三、九は善なり。依地は、俗は一切、他心智は唯四、法は六、余の七は九なり。現起の所依身は、他心は欲・色に依り、法智は但欲に依り、余の八は三界に通ず。

諸智の念住の摂は、滅智は唯最後、他心智は後の三、余の八智は四に通ず。

諸智互いに相縁ずること、法・類・道は各九、苦・集の智は各二、四は皆十、滅は非なり。所縁は総じて十有り。謂く、三界と無漏と無為とに各二有り。俗は十を縁じ、法は五を、類は七を、苦・集は六を、滅は一を縁じ、道は二を、他心智は三を縁じ、尽・無生は各九をなす。俗智は自品を除いて、総じて一切の法を縁じて非我の行相を為す。唯、聞・思所成なり。

異生と、聖の見道の初念とは、定んで一を成ず。二には定んで三智を成ず。後の四にては一一に増す。修道には定んで七を成ず。離欲は他心を増す。無学の鈍・利根は定んで九を成じ、十を成ず。

見道の忍・智起るとき即ち彼を未来に修す。三類智には兼ねて現観辺の俗智を修す。不生なり。自・下地なり。苦・集は四なり。滅は後なり。自諦の行相と境となり。唯、加行の所得なり。

修道の初刹那には六或は七智を修す。八地を断ずる無間及び有欲の余道と有頂の八解脱とは各七智を修す。上の無間と余の道とは、次の如く、六と八とを修す。

無学の初めの刹那には九を修し或は十を修す。鈍・利の根の別の故なり。勝進道も亦然り。練根の無間道にして、学は六、無学は七なり。余にては、学は六・七・八、応は八・九と一切なり。雑修と通との無間にては、学は七、応は八・九なり。余道にては、学は八を修し、応は九或は一切なり。聖の余の功徳を起すと、及び、異性の諸位の所修の智との多少は、皆、理の如く応に思うべし。

諸道の此れに依ると得るとは、此の地の有漏を修す。此れを離れ、得、起さんと為るは此れと下との無漏を修す。唯、初めの尽のみ遍く九地の有漏の徳を修す。上に生じては下を修せず。曾ての所得は修に非ず。

得修と習修とを立つるは善の有為法に依る。諸有漏法に依って治修と遺修とを立つ。

《二・三念》 声聞は加行を修して、他心智をもって他の有情の見道の第一・第二の二刹那の心を知る。麟角喩独覚は同じく二刹那の心を知り、あるいは第一・第二・第十五の三刹那の心を知る。**《弁》** なすべきことはなし終えられたということ。**《因の円》** すべてを因とするということ。**《自相縁》** ただ自相を縁じて共相を縁じないこと。**《論》** 識身(足)論をさす。**《自品》** それ自らとそれと相応する法とそれと倶有の法とをあわせて自品という。**《現観辺》** 諦現観のあとに続いて生ずべき、の意。**《八地を断ずる無間》** 欲界地と四静慮地と下三無色地との修惑を断ずる無間道、の意。**《有欲》** 欲界の修惑を断じていない、の意。**《余の道》** 勝進道のこと。**《有頂の八解脱》** 有頂地の修惑を断ずる八解脱道、の意。**《上の無間》** 有頂地の修惑を断ずる九無間道、の意。**《応》** 阿羅漢、すなわち無学。**《雑修》** 分別賢聖品第38、第43偈を見よ。**《通》** 六通の中の五についていう。以下第47、第48偈を見よ。**《得修》** 現在に善法を修することによって未来にその善法を修する可能性を得ること。**《習修》** 善法をくり返し現前せしめること。**《治修》** 対治修、すなわち煩悩の対治としての道。**《遺修》** 除遺修、すなわち煩悩の得の断。

まず、十智が枚挙される。(1)世俗智(2)法智(3)類智(4)苦智(5)集智(6)滅智(7)道智(8)他心智(9)尽智(10)無生智である。(1)は有漏智、(2)(3)は無漏智。有漏智の境は有為法・無為法のすべてであり、無漏智をその境によって分類すると⑷⑸⑹⑺となる。⑵〜⑺のうち、無学に属し見を自性としないものが⑼⑽である。⑼⑽が初めて生ずるときは、苦諦の非常・苦の二行相と集諦の四行相とをもって有頂地の五蘊を観ずるのであるから、苦類智・集類智である。⑵⑶⑺と⑴とだけが⑻を成ずる。他者の心を知る智といっても、下地の者の他心智は上地の者の心を知り得ない。鈍根は利根の心を知り得ぬ。不還は阿羅漢を、阿羅漢は独覚を、独覚は佛の心を知り得ない。また現在の心を知り得るのみで、過去・未来の心は知り得ない。法智と類智とは互いに他を知り得ない。所縁がまったく異なるからである。声聞と麟角喩独覚（分別世間品第93偈を見よ）は一定の加行を修して、他の見道の心の二・三刹那を知ることができ、佛は加行によることなく他の見道十五心のすべてを知る。

尽智とは、無学位において、われすでに苦を知り集を断じ滅を証し道を修したと知る智。無生智とは、同じく、われすでに苦を知りさらに知ることはない、ないし、すでに道を修しさらに修することはないと知る智、である。

十智のおのおのが、それとして捉えられる契機が一つずつあげられる。世俗智は他の智とその自性（この場合、基本的性質の意）を異にする点から立てられる。法智と類智とは互いに対治する境を異にする点から、その自体に別はないけれども、それぞれ別立される。苦智と集智とは、境に別はないけれども、境の行相が互いに異なる点から、別立される。滅智と道智とは、互いに、境も異なり、境の行相も異なる点から、別立される。他心智は、加行を修するとき専ら他者の心を知ろうとして努める点から、その名をもって立てられる。心を知って心所を知らぬわけではない。尽智は、無学位に至ってなすべきことはなし終えられたと知るとき初めて生ずるという点から、別立される。無生智は、すべての無漏道を因として生ずるという点から、別立される。

修道に摂せられる滅法智・道法智は三界の修所断の対治となる。しかし類智はけっして欲界の対治とならぬ。

次に十智と十六行相との関係。法智・類智には四諦十六行相のすべてがある。世俗智はその他になお一切法の自相・共相をも縁ずる。苦・集・滅・道智にはそれぞれの諦を縁ずる四行相がある。無漏の他心智にはただ道諦を縁ずる四行相があり、有漏の他心智はその所縁なる心・心所法の自相を行相とする。この他心智は同時に一つのものをしか縁じない。たとえば、心を縁ずるときは心所を縁じない。受を縁ずるときは想を縁じない、というようにである。尽智・無生智の行相は空と非我とを除いた十四である。

説一切有部の正統説では、無漏智の行相はこの十六以外にないとするが、ガンダーラの諸論師は『識身論』に見える句をよりどころとして、なお別な二行相がある、とする。

ある説では、十六行相のうち集・滅・道諦の各四行相は名は四つあっても同じ一つのものをいう(体は一つである)に過ぎぬから十六行相は実には七つのみである、とするが、正しくはやはり、それぞれ別な十六があると見るべきである。ただそれらは体(=自性)としてはみな慧にほかならない。慧およびそれと相応する心・心所は所縁に対してはたらく(能行)。有為・無為のすべての法はそのはたらきの所縁とされる(所行)。すなわち、慧は行相であり能行であり所行である。心および慧以外の諸心所は能行であり所行である。その他の法すべてはただ所行である。

次は十智の諸門分別である。(1)世俗智は善・不善・無記、他の九智はすべて善。(2)世俗智は欲界地より有頂地までのすべてにより、他心智は四根本静慮地により、法智はその四地と未至定および中間静慮地により、他の七智はその六地および下三無色地による。(3)他心智のおこるときその依身は欲・色界に属し、法智のそれはただ欲界に属し、他の八智のそれは通じて三界に属する。

次は十智と四念住との関係。滅智は法念住に含まれ、他心智は受・心・法の三念住に収まり、他の八智は四念住のすべてに通ずる。

次は、十智のそれぞれは十智の中のいくばくを所縁とするか、という問題。法智は類智以外の九を縁じ、類智は法智以外の九を縁じ、道智は世俗智以外の九を縁じ、苦智・集智はいずれも世俗智・他心智を縁じ、世俗智・他心智・尽智・無生智は十智のすべてを縁じ、滅智は、択滅を縁ずるのであって、いかなる智をも縁じない。そして次に、十智の所縁にいく種類があるか、という問題が考察される。およそ十種類の所縁がある。欲界の苦・集諦の法(すなわち、有漏法)と、色界のそれと、無色界のそれと、三界の道諦の法(すなわち、有為の無漏法)とには、それぞれ相応法(心および心所)と不相応法(色および心不相応行)との二種があり、無為法にまた善(択滅)と無記(非択滅および虚空)との二種があるから、合計十種である。世俗智はその十種のすべてを縁じ、法智は欲界有漏の二種と有為無漏の二種と無為の善との五を縁じ、類智は色界有漏の二種と無色界有漏の二種と有為無漏の二種と無為の善との七を縁じ、苦智・集智は欲・色・無色界有漏の各二種あわせて六を縁じ、滅智は無為の善のみを縁じ、道智は有為無漏の二種を縁じ、他心智は欲界有漏と色界有漏と有為無漏との三種の相応法を縁じ、尽智・無生智は無為の無記以外の九種を縁ずる。世俗智は十種を縁ずるといったが、それは自らとその相応法と倶有法とを除いたすべての法を縁じて非我の行相をなす。欲界か色界に属し、聞所成の慧あるいは思所成の慧を自性とする。

次は、十智と有情との関係。異生にあるのはただ世俗智のみ。見道の初刹那の聖者も同様である。その第二刹那には世俗智と法智と苦智とがある。第四刹那にはそれに類智が加わり、第六刹那には集智が、第十刹那には滅智が、第十二刹那には道智が加わる。修道では以上の七智があり、そのうち、先にすでに有漏道によって欲界の修惑を離れていて、超越証によって不還果に達した者には、さらに他心智が加わる。鈍根の無学、すなわち時解脱、にはさらに尽智が加わる。利根の無学、すなわち不時解脱、にはさらに無生智が加わって、十智のすべてがある。

次に、見道における諸智の行修（＝習修）と得修とについて説く。行修とは現在にその智を修することと、得修とは現在の行修によって未来にその智を修する可能性を獲得することである。現在に八忍・八智を行修するとき、未来は同類の智を（現在に苦智を修すれば未来に苦智を、というように）得修する。それらのうち、苦類智・集類智・滅類智を修する場合は、また、それぞれの諦現観ののちに続いて生ずべき世俗智を得修する。道類智についてはそれがない。三類智について世俗智を得修するといっても、その世俗智は現実には生起しないであろう。非択滅を得て畢竟不生法（ひっきょうふしょうほう）となるからである。行修した智がいずれの地によろうとも得修されるものは自地か下地に属する。苦・集諦現観ののちに続いて生ずべき世俗智は四念住にわたり、滅諦現観のあとに続いて生ずべきそれはただ法念住である。いずれの諦の現観のあとに続いて生ずべき世俗智も、その諦の四行相をもってその諦を所縁とする。これら世俗智は見道の力によって得られるのであって、もっぱら加行得である。

次には、修道における諸智の行修と得修とについて説かれる。修道の初刹那（道類智のおこるとき）

には、道智と類智とを行修し、未離欲の者なら法・類・苦・集・滅・道の六智を未来に得修し、有漏道よって離欲した者はさらに他心智をも得修する。欲界の修惑を断ずる九無間道と八解脱道とは、世俗・苦・集・滅・道・法の六智を行修する。上界の七地（四静慮と下三無色）の修惑を断ずる諸無間道はそれに類智を加えた七智を行修する。欲界の修惑を断ずる加行道と有欲の勝進道とは同じ七智を行修する。以上はいずれも同じ七智を得修する。また、有頂地の修惑を断ずる八解脱道は六智（上記の七智から世俗智を除く）を行修し、七智（その六智に他心智を加える）を得修する。有頂地の修惑を断ずる九無間道は、同じく六智を行修しその六智を得修する。欲界の修惑を断ずる第九解脱道は、世俗・苦・集・滅・道・法の六智を行修し、上界の七智（四静慮と下三無色）の修惑を断ずる諸解脱道は七智（直前の六智に世俗智を加える）を行修し、欲界の修惑を断ずる第九の勝進道と上界の八地（四静慮と四無色）の修惑を断ずる諸加行道とは、やはり七智を行修する。以上はいずれもその七智を得修する。上界の七地の修惑を断ずる勝進道と有頂の前八品の勝進道とは、八智（直前の七智に他心智を加える）を行修し、その八智を得修する。

無学道においては、初刹那（有頂の第九品を断じた解脱道の生ずるとき）に苦・集・類・尽の四智を行修し、第二刹那以後の勝進道では鈍根の者は九智（無生智を除く）を利根の者は十智を行修する。未来には同じく九智・十智を得修する。

次には、有学・無学が練根・雑修静慮・五通その他の有漏無漏の徳を修するときや、異生が離染するとき、五通やその他の徳を修するときの、加行道・無間道・解脱道・勝進道における諸智の行習・得修がこまかに分別されている。

次は、修と依地との関係である。ある地によって有漏道または無漏道が現在に生ずれば、その地の未来の有漏法が得修される。ある地を得る第九解脱道が現在に生ずれば、その地の未来の有漏法が得修される。また、聖者が現在に無漏道をおこしてある地を離れ、ある地を得、あるいはある地に属する道をおこすときは、その地およびそれより下の地に属する未来の無漏法が得修される。ただ、身が欲界にあって初めての尽智がおこるときは、その力が強いから遍く九地の有漏法を得修する。身が上地にあれば下地の法を得修することはない。ここに、修というのは先にいまだかつて得ていないものを得ることである。かつて得てそれを棄捨したものを今ふたたび得るのは修でない。

もっとも修には得修・習修・対治修・除遣修の四がある。得修と習修とは有為の善法による。未来は得修のみ、現在は二修を具する。対治修と除遣修とは有漏法による。だから、有漏の善法は四修を具し、無漏の有為法は得修・習修を具し、有漏の不善法と無記法とは対治修・除遣修を具する。

（この節、第1―第15偈はサンスクリット原文の第1―第15偈にほぼ対応する。第16―第21偈はサンスクリット原文では第16―第19偈、第22偈はサンスクリット原文には欠、第23―第26偈はサンスクリット原文第20―第23偈、第27偈はサンスクリット原文に欠、第28―第32偈がサンスクリット原文第24―第26偈にあたり、第32偈がサンスクリット原文第27偈にあたる。）

3　智を自性とする諸徳性

十八不共法　謂佛十力等　力處非處十　業八除滅道(34)

定根解界九　遍趣九或十　宿住死生俗　盡六或十智 (35)
宿住死生智　依靜慮餘通　贍部男佛身　於境無礙故 (36)
身那羅延力　或節節皆然　象等七十增　此觸處爲性 (37)
四無畏如次　初十二七力　三念住念慧　緣順違俱境 (38)
大悲唯俗智　資糧行相境　平等上品故　異悲由八因 (39)
由資糧法身　利他佛相似　壽種姓量等　諸佛有差別 (40)
復有餘佛法　共餘聖異生　謂無諍願智　無礙解等德 (41)
無諍世俗智　後靜慮不動　三洲緣未生　欲界有事惑 (42)
願智能遍緣　餘如無諍說　無礙解有四　謂法義詞辯 (43)
名義言說道　無退智爲性　法詞唯俗智　五二地爲依 (44)
義十六辯九　皆依一切地　但得必具四　餘如無諍說 (45)
六依邊際得　邊際六後定　遍順至究竟　佛餘加行得 (46)
通六謂神境　天眼耳他心　宿住漏盡通　解脫道慧攝 (47)
四俗他心五　漏盡通如力　五依四靜慮　自下地爲境 (48)
聲聞麟喩佛　二三千無數　未曾由加行　曾修離染得 (49)
念住初三身　他心三餘四　天眼耳無記　餘四通唯善 (50)
第五二六明　治三際愚故　後眞二假說　學有闇非明 (51)
第一四六導　教誡導爲尊　定由通所成　引利樂果故 (52)
神體謂等持　境二謂行化　行三意勢佛　運身勝解通 (53)

化二謂欲色　四二外處性　此各有二種　謂似自他身(54)
能化心十四　定果二至五　如所依定得　從淨自生二(55)
化事由自地　語通由自下　化身與化生　語必倶非佛(56)
先立願留身　後起餘心語　有死留堅體　餘說無留義(57)
初多心一化　成滿此相違　修得無記攝　餘得通三性(58)
天眼耳謂根　卽定地淨色　恆同分無缺　取障細遠等(59)
神境五修生　呪藥業成故　他心修生呪　又加占相成(60)
三修生業成　除修皆三性　人能無生得　地獄初能知(61)

十八不共法とは、謂く、佛の十力等なり。力の処、非処は十なり。業は八。滅・道を除く。定・根・解・界は九、遍趣は九或は十、宿住と死生とは俗、尽は六或は十智なり。宿住と死生との智は静慮に依り、余は通ず。贍部の男の佛身なり。境に於いて礙無きが故なり。

身は那羅延の力あり。或は節節皆然り。象等の七の十増なり。此れは触処を性と為す。四無畏は次の如く、初と十と二と七との力なり。三念住は念と慧となり。順と違と倶との境を縁ず。大悲は唯、俗智なり。資糧と行相と境と平等と上品との故なり。悲に異なるは八因に由る。

資糧と法身と利他とに由って佛は相似る。寿・種・姓・量等は諸佛も差別有り。

復た余の佛法有り。余の聖と異性とに共なり。謂く、無諍・願智・無礙解等の徳なり。

無諍は世俗智なり。後の静慮なり。不動なり。三洲なり。未生の欲界の有事の惑を縁ず。願智は能く遍く縁ず。余は無諍に説くが如し。

無礙解に四有り。謂く、法と義と詞と弁となり。名と義と言と説・道とに退無き智を性と為す。法と詞とは唯、俗智なり。五・二地を依と為す。義は十・六なり。弁は九なり。皆、一切の地に依る。但、得れば必ず四を具す。余は無諍に説くが如し。

六は辺際に依って得。辺際に六あり。後の定なり。遍く順じ、究竟に至る。佛の余は加行得なり。

通は六なり。謂く、神境・天眼・耳・他心・宿住・漏尽の通なり。解脱道なり。慧の摂なり。四は俗、他心は五なり。漏尽通は力の如し。五は四静慮に依る。自・下の地を境と為す。声聞・麟喩と佛は二・三千と無数なり。未曾なるは加行に由る。曾習は離染得なり。念住は、初めの三は身、他心は三、余は四なり。天眼と耳とは無記なり。余の四通は唯、善なり。

第五・二・六は明なり。三際の愚を治するが故なり。後は真、二は仮説なり。学は闇有れば明に非ず。第一・四・六は導なり。教誡導を尊しと為す。定んで通に由って成ずる所なり。利・楽の果を引くが故なり。

神の体とは等持を謂う。境に二あり。謂く、行と化となり。行は三なり。意勢は佛なり。運身と勝解とは通ず。化に二あり。謂く、欲・色なり。四と二との外処の性なり。此に各二種あり。謂く、自・他の身に似る。能化の心に十四あり。定の果は二より五に至る。所依の定の如くに得るなり。浄と自とより二を生ず。化事は自地に依る。語は通じて自と下とに依る。化身と化生とは語必ず倶なり。佛に非ず。先ず願を立て、身を留め、後に余心を起して語る。死して堅き体を留むること有り。余は説く、留むる義無し、と。初は多心にして一の化なり。成満は此れと相違す。修得は無記の摂なり。余の得は三性に通ず。

天眼・耳とは根を謂う。即ち定地の浄色なり。恒に同分にして欠くること無く、障の細・遠等を取る。

神境に五あり。修・生・呪・薬・業の成ずるが故なり。他心は修・生・呪に又、占相の成を加う。三は修・生・業の成なり。修を除きて皆、三性なり。人は唯、生得無し。地獄は初めには能く知る。

《不共法》 共通でない、特有な、性質。ここでは、佛のみの有する、声聞その他とは共通でないところの、特性を意味する。それがふつう十八数えあげられるので十八不共法、あるいは十八不共佛法という。十八の数えあげ方はここに見えるものが唯一ではなく、説一切有部以外では別な数え方をしている。**《処非処》** 道理にかなうこと（処）とかなわぬこと（非処）とを弁別する能力を処非処力という。**《業》** 業異熟智力。業とその異熟を知る能力。**《定・根・解・界》** 静慮解脱等持等至力、根上下智力、種種勝解智力、種種界智力。（四）静慮・（八）解脱・（三）三昧（＝等持）・（八）等至についてては分別定品を見よ。根とは信・勤・念・定・慧の五根。勝解は、ここでは、すべての有情のそれぞれの性向。**《遍趣》** 遍趣行智力。有為法がいたるところの果に趣くその因果のさまを知る能力。**《那羅延》** ナーラーヤナはヴィシュヌ神の異名の一。ここでは大力の神として出されている。**《資糧》** 大悲をもたらすもととなる行、すなわち六波羅蜜。**《悲》** 四無量の一としての悲（分別定品を見よ）。**《法身》** 戒・定・慧・解脱・解脱知見の五分法身。**《利他》** 他の有情を利益すること。**《無諍》** おのれに対して他の有情が貪・瞋などの煩悩をおこすことを無からしめる智。**《願智》** 願いのごとく対象をくまなく知る智。**《無礙》** 無礙解の略。自由自在な理解能力および言語表現能力。**《有事の惑》** 貪などの修所断の煩悩をいう。**《辺際》** 辺際静慮の略。**《三際》** 過去世・現在世・未来世。**《利・楽》** 利益と安楽と。**《行》** 身体があるところから他のところへ行くこと。**《化》** 化現する身をさす。**《二を生ず》** 浄と自とより浄と自との二を生ずる、の意。浄とは無漏の定。無漏の定より能変化心を生じ、能変化心より能変化心を生じ、能変化心より無漏の定を生ずる、をいう。

まず、十八不共法が説かれる。十力・四無畏・三念住・大悲である。十力とは(1)処非処智力（処と非処とを弁別する能力）(2)業異熟智力（三世の業とその果とを知る能力）(3)静慮・解脱・等持・等至智力(4)根上下智力（有情の根の上下を知る能力）(5)種種勝解智力（有情の種々な勝解を知る能力）(6)種種界智力（有情の種々の素質などを知る能力）(7)遍趣行智力(8)宿住随念智力（自他の過去世のことを知る能力）(9)死生智力（天眼をもって有情の死時や来世のさまを知る能力）⑽漏尽智力。⑴は、自性からいえば、十智であり、⑵は滅智・道智を除いた八智、⑶⑷⑸⑹は滅智を除いた九智、⑺は滅智を除いた九智だが、あるいは十智のすべてにわたることもあり、⑻⑼はただ世俗智、⑽は道智・苦智・集智・他心智を除く六智だが、あるいは十智のすべてにわたることもある。依地からいえば、⑻⑼は四静慮地、他の八力は十一地のすべてに通ずる。依身をいえば、十力はすべて南洲の男子の佛身による。ただ佛のみがすべての境を知るにさまたげが無いからである。

佛の身力（肉体力）は那羅延に匹敵する。一説には、佛身の一々の肢節に那羅延ほどの力があるという。那羅延の力とは象の力の10^7倍である。身力は自性としては触処である。

四無畏とは⑴正等覚無畏（われはすべての法を覚った、という自信）⑵漏永尽無畏（われはすべての煩悩を断じた、という自信）⑶説障法無畏（修行のさまたげになるものはすでに説いた、という自信）⑷説出道無畏（苦を離れて解脱に入る道を説いた、という自信）である。自性からいえば、⑴は十智、⑵は六あるいは十智（漏尽智力に同じ）、⑶は八智（業異熟智力に同じ）、⑷は九あるいは十智（遍趣行智力に同じ）である。三念住とは、⑴すべての弟子が自分に敬意を抱いて教えを受けても、それを喜んで得意になることがなく、⑵すべての弟子が自分に敬意を抱かず教えを受けようとしなくても、それを憂えて失意に陥ることがなく、⑶ある者は敬意を抱きある者はそうでなくても、それに一喜一憂することがなくて、常に正念・正知に安住することである。大悲は、それをもたらす資糧たる六波羅蜜の行のゆえに、三苦（分別聖賢品第3偈を見よ）のすべてにおいて慈悲をはたらかすゆえに、三界のすべての有情を対象とするゆえに、すべての有情をわけへだてしないがゆえに、他にひとしいもののないほどすぐれた慈悲であるゆえに、大悲と呼ばれる。四無量の一つとして悲（それは佛にも聖者にも凡夫にも共通の徳性）に比して、自性（大悲は無癡、悲は無瞋）・行相（大悲にとっては三苦、悲にとってはただ苦苦）・所縁（三界と一界）・依地（第四静慮と四静慮に通ずると）・依身（佛身と余他の身に通ずると）・証得（有頂より離染すると欲界より離染すると）・救済（実際に救うのと救われることを希望するのと）・哀愍（平等にあわれむのと、不平等なのと）の八点において相違する。

次に、諸佛の共通点と各佛の相違点とを説く。資糧と法身と利他とはすべての佛に共通する。寿命の長短や、生まれでる種族（婆羅門種のこともあり、刹帝利種のこともある）や、生まれでる家の姓（ガウタマとかカシャパとか）や、身量の大小や、その法が世に行われる年月の長短などは各佛に相違する。

無諍・願智・四無礙解は佛と聖者とに共通する徳性である。

無諍は佛と不動法阿羅漢のみにそなわる。自性としては世俗智である。第四静慮を依地とする。三洲の人身にのみ依止する。欲界繫の未来の修所断の煩悩を所縁とする。願智は、自性と依地と依身とにおいて無諍と同一であるが、すべての法を所縁とする点が異なる。

無礙解は法・義・詞・弁の四である。(1)法無礙解とは文字語句に精通していること、(2)義無礙とは文字語句の意味に精通していること、(3)詞無礙解とは方言に精進していること、(4)弁無礙解とは理に従って凝滞なく弁説し、三昧の道において自在なる能力、をいう。その自性は退転することなき智であり、そのうち(1)と(3)とは世俗智を自性とする。名身（分別根品第48偈を見よ）などと世間の言語とを所縁とするからである。(1)は欲界と四静慮との五を依地とし、(3)は欲界と初静慮との二地のみによる。(2)は十智のすべてにわたり、あるいは（義を勝義すなわち涅槃に限るとすれば）六智（世俗・法・類・

滅・尽・無生）にわたる、と考えられる。(4)は滅智以外の九智にわたる。(2)と(4)とはいずれもすべての地による。(1)―(4)のどれか一つを得るときは必ず他の三をも得る。四無礙解も、無諍と同じく、佛と不動阿羅漢とのみにそなわり、三洲の人身のみによる。

無諍・願智・四無礙解の六は辺際静慮によって得られる。もっとも詞無礙解は辺際静慮の力によって得られるけれども、それ自身第四静慮地に属するのではない。ここに辺際静慮に六種あるとするのは、辺際静慮そのものと、辺際静慮によって得られかつ第四静慮地に属するところの無諍・願智・三無礙解の五と、をいう。辺際静慮とは、あまねくすべての地に順ずる第四静慮、すなわち、欲界の心から初静慮・第二静慮と次第に進んで有頂に至り、そこから逆次に欲界に至り再び順次に進んで第四静慮に入ったもの、および究竟に至る第四静慮、すなわち下下品の第四静慮より修して次第に進んで上上品の第四静慮にまで至ったもの、をいうのである。このような辺際静慮は、ただ佛のみが離染得であり、聖者の場合は加行得である。

六通・三明・三示導などは佛・聖者・凡夫に共通する徳性である。六通（六神通）とは、(1)神境智証通（神足通。後説する）(2)天眼智証通（天眼通。後説する）(3)天耳智証通（天耳通。後説する）(4)他心智証通（他心通。他人の心中の善悪を知る能力）(5)宿住随念智証通（宿命通。自他の過去世の生存のありさまを知る能力）(6)漏尽智証通（漏尽通。煩悩を断じて、さらに迷いの生存を受けることはないと知ること。これだけは凡夫にはあり得ないが、前五通に準じてここに出す）である。すべて、解脱道においてあり、慧を自性とする。(1)―(4)はただ世俗智、(5)は法・類・道・世俗・他心の五智にわたり、(6)は十力のなかの漏尽智力と同じで六智あるいは十智にわたる。依地をいえば、(1)―(5)は四静慮に、(6)はすべての地による。

その所縁は(1)—(5)では自地および下地の法、(6)ではすべての法である。前五通(1)—(5)は、大声聞たちがもし極力それをはたらかせば二千世界（中千世界）の範囲に及び、麟角喩独覚ならば三千世界（大千世界）の範囲に及び、佛ならば無数の世界の範囲に及ぶ。聖者が初めて五通を得る場合は必ず加行得であり、過去世にかつて修している場合は離染得（ただしそれを現前せしめるときは加行得）である。(1)(2)(3)は身念住、(4)は受・心・法の三念住、(5)(6)は四念住のすべてにわたる。(1)(2)は無記であり、(3)—(6)はすべて善である。

六通のうち、無学の心中におこる(5)(2)(6)が三明、すなわち宿住智証明・死生智証明・漏尽智証明、である。順次に、過去世と未来世と現在世とについての愚を治する点からして、三明と名づけられる。そのうち、第一とは第二とはそれ自体有漏の非学非無学の法であり、第三のみが無漏の無学の法であり得る。ただ無学の聖者の身中におこるのを明というのである。有学の身中にも六通の(5)と(2)はおこり得るが、有学には愚かさの闇があるから、それを明とは呼び得ない。六通のうち、(1)(4)(6)が三示導、すなわち神変示導・記心示導・教誡示導、である。第一は奇蹟的な行為を示すことによって有情の心を動かして佛教に帰せしめること、第二は有情の心中を知悉してそれに応じて教化して佛教に帰せしめること、第三は巧みに法を説きことばをもって教え導いて佛教に帰せしめることである。三つのうち、第三を最も尊しとする。前の二は呪術などによってもなしうるが、これはただ通（すぐれた智）によってのみなしとげられるからであり、また、前の二はしばらく廻心せしめても必ずしも得果を成就しないのに、これは必ず将来に利益と安楽の果を得るからである。

六通の第一神境智証通の、神というのはすぐれた等持（二四六頁を見よ）のことである。それによって神変（奇蹟的なこと）を現出するからである。境とは行くはたらきと変化するはたらきとを意味する。行くはたらきというのに三種があり、鳥のように身体が空中をとんで行くことと、遠くにあるものを近くにあらしめようと欲すれば速やかに近くに至ることと、極遠のところへも心にそれと思った時はただちにそこへ行くこととである。第三のはたらきは佛にのみあって他には無い。変化するはたらきには欲界の者として化現するのと色界の者として化現するのとがあり、前者は色・香・味・触を具え、後者は色・触のみを具える。両者とも、それぞれ、自身に似て現われる場合と他身に似て現われる場合との二種がある。

神境智証通の果として能変化の心が生じ、それが所変化の事物を構成する諸法を化作する。能変化心は十四種ある。初静慮を依地とする欲界の心および初静慮の心、第二静慮を依地とする欲界の心と初静慮の心と第二静慮の心、第三静慮を依地とする欲界の心と初静慮の心と第二静慮の心と第三静慮の心、第四静慮を依地とする欲界の心と初静慮の心と第二静慮の心と第三静慮の心と第四静慮の心、である。所依としての静慮を得るときそれに応じて化心が生ずる。無漏の定から化心を生じ、自類の化心を相続して、最後の化心からまた無漏定を生ずる。所化の事は能化の心と同じ地による。ただ、所化の発する語言は下地を依地とすることもある。一身から多身を化現するときは、もとの一身が語ると同じことを多くの化身が斉（ひと）しく語る。ただし、自在の能力ある佛の場合は必ずしもそうでない。語を発せんとする心のおこるときは能変化心はすでに無いから化身もないのではないか、といえば、そうではなく、まず願の力によって所化の身を留めてあらしめ、そののち別な心をおこして語を発するのである。命終ののちでも身を留めてあらしめることもある。大迦葉が身を雞足山の中に留めて弥勒佛の世に出現する時を待つ、というごとくである。もっとも一説には、この大迦葉の場合は天神がその身を保持して久しくあらしめるからであって大迦葉自身の願の力によってではない、という。変化身をなす場合、初心者は多くの能変化心によって一の化身を化現し、習熟した者は一の能変化心によって一の、あるいは多くの、化身を化現する。これらの能変化心はみな修習より生じ、無記である。天や竜などは、修習によらず、先天的にもつ能変化心によることがあるが、その場合は善・不善・無記に通ずる。

天眼とは四静慮より生ずる眼根であり、天耳とは四静慮より生ずる耳根である。修習によって得られた天眼・天耳（そのほかに天趣の有情の天眼・天耳のように生得のものなどがある）はいつも同分（分別界品第41偈を見よ）であり、けっして欠失することなく、きわめて微細なあるいはきわめて遠隔なそして間をさえぎられたものをも見るあるいは聞くことができる。

神境智の類には修得（修習によって得られる）と生得（先天的に生来得られている）・呪成（呪文によって生じた）・薬成（薬によって生じた）・業成（特別な有情に業の果として得られた）の五種がある。他心智の類には修得・生得・呪成・占相成（占いによって得られた）の四種がある。天眼智・天耳智・宿住随念智の類には、それぞれ修得・生得・業成の三種がある。修得の智はすべて善である。それ以外は善・不善・無記に通ずるが、これらは定の果でないから、智ではあっても通とは呼ばれない。人趣の有情にはこれら五智の生得はない。また、地獄趣の有情は、そこに生じた最初のうちだけ、生得の他心智と宿住智とがはたらくが、のちに苦にせまられればはたらかなくなる。

（この節、第34―第42偈はサンスクリット原文の第28―第36偈にひとつひとつ対応する。第43―第46偈はサンスクリット原文の第37—第41偈に対応する。第47偈以下は、サンスクリット原文の第42偈以下と、偈の番号を五つずらしてほぼ対応するが、玄奘訳の第49—第51偈とサンクリット原文第44—第46偈、玄奘訳の第54、第55偈とサンスクリット原文第49、第50偈との対応にはその中で少しばかりずれがある。)

II　分別定品第八

一　徳のよりどころとなる各種の三昧

1　書き出し

1　書き出し

分別定品第八之一

已説諸智所成功德。餘性功德今次當辯。於中先辯所依止定。

分別定品第八の一

已に諸の智の成ずるところの功徳を説きつ。余性の功徳を今、次に当に弁ずべし。中において先ず所依止の定を弁ず。

《定》　ふつう「定」と訳される語は samādhi すなわち「三昧」（玄奘の音写では「三摩地」）であるが、この章の標題の中の「定」の原語は samāpatti である。玄奘は samādhi も samāpatti も同じく「定」と訳すことが多いが、特に訳しわける必要のある場合は前者を「等持」、後者を「等至」とする。samādhi が四十六心所法（四四頁）の一の呼称として用いられるときは大地法（あらゆる心と必ずあいともに生ずる心所）であるとされるのであるから、samādhi 必ずしも〝定心位〟とは限らず〝散心位〟（心が一点に集中していない状態）の場合もあり得る。しかし必ず〝有心位〟である。それに対して、

samāpatti は〝散心位〟にあることはけっしてなく常に〝定心位〟にあるが、〝有心位〟とは限らない。その中には無想定(asamjñi-samāpatti)・滅尽定(nirodha-samāpatti)も含まれるが、それらは〝無心位〟にある「定」だからである。これが厳密に区別を立てた場合の両語の用法上の差違であるけれども、ふつうには、玄奘がしばしばともに「定」と訳して差別しないように、まず同義語と考えてよい。《功徳》訳語「功徳」の原語としてふつう guṇa と puṇya とが考えられるが、ここは前者であり、すぐれた性質、修行によって具わる徳性、の意である。

*

等至の解説と名づける第八章

オーン。佛に帰命する。

〔前章に、十〕智〔を説く〕に因んで、智より成る(すなわち、智を自性とする)もろもろの徳(すなわち、十八不共佛法など、無諍・願智・四無礙解など、六通・三明など、のもろもろの徳)の解説は、すでになされたが、〔智〕以外を自性とする〔三昧などの諸徳〕の〔解説が〕、〔次に〕なされねばならないから、まずはじめに〔四〕静慮〔の解説〕が始められる。〔静慮は〕すべての徳のよりどころであるから。

＊　＊

次下に〝弁じ〟られようとする「功徳」とは、四無量・八解脱・八勝処・十遍処であるが、これらを「諸功徳」とし、四静慮・四無色などをその諸功徳の「所依止の定」とするのは『倶舎論』に独特の考え方といえよう。たとえば説一切有部の初期の論書の一『法蘊論』(巻六―巻八)では、四静慮・四無量・四無色の順序に解説しているが、それらを右のような関係には理解していないし、南方上座部の『ヴィスッディマッガ』(清浄道論)では四梵住(＝四無量)や十遍処は四無色と並んで、他の諸項とともに四十業処を構成する。

2 四静慮

2 四静慮

且諸定內靜慮云何。頌曰、

靜慮四各二　於中生已說　定謂善一境
幷伴五蘊性　初具伺喜樂　後漸離前支

論曰、一切功德多依靜慮、故應先辯靜慮差別。此總有四種。謂初二三四。四各有二、謂定及生。生靜慮體世品已說、謂第四八、前三各三。定靜慮體總而言之、是善性攝心一境性。以善等持爲自性故。若幷助伴、五蘊爲性。

且く諸定の内にて静慮は云何？　頌に曰く、

静慮は四にして、各、二あり。中において生は已に説けり。定は善の一境を謂う。伴を幷さば五蘊の性なり。初は伺と喜と楽とを具す。後は漸く前支を離る、と。

論じて曰く、一切の功徳は多く静慮に依る。故に、応に先ず静慮の差別を弁ずべし。此れに総じて四種有り。謂く、初と二と三と四となり。四に各二有り。謂く、定及び生なり。生静慮の体は世品に已に説けり。謂く、第四に八あり、前三は各三あり、と。定静慮の体は、総じて之を言わば、是れ善性の摂なる心の一境性なり。善の等持を以て自性と為すが故に。若し助伴を幷さば五蘊を性と為す。

《静慮》 原語 dhyāna はしばしば「禅那」あるいは単に「禅」と音写されるから、四静慮を四禅ということも多い。しかし玄奘訳では常に「静慮」または「定」と訳され「禅」の語は用いない。ひろく「定」を意味する点では前出の samādhi, samāpatti とほぼ同義と見ていいが、区別を立てていえば、dhyāna の語はもっぱら色界の定について用いる。**《生》** 静慮に生静慮と定静慮との二種を立てる。この場合の「生」は原語 upapatti で、輪廻的生、すなわち五趣のいずれかに生を享けることを意味するから、生静慮とは、天界の中の色天、すなわち四静慮地、に生を享けることである。**《世品》** 第三章「分別世間品」の初めに説かれる。生静慮に初静慮地ないし第四静慮地の別を立て、初に梵衆天・梵輔天・大梵天の三地を、第二に少光天・無量光天・極光浄天の三地を、第三に少浄天・無量浄天・遍浄天の三地を、第四に無雲天・福生天・広果天・無煩天・無熱天・善現天・善見天・色究竟天の八地を分ける。**《心の一境性》** 心が一点に集中し静止している三昧の状態をいう。**《等持》** 上記のように、samādhi の訳語。「等持を自性とす」とは、この「静慮」を五位七十五法の体系の上でいうと心所法の中の十大地法の一である「三摩地」にあたる、という意味である。**《助伴》** 静慮それ自体は心所法であり、したがって五蘊の中では行蘊の一部に過ぎないが、それにあい伴う、すなわち、倶生する無数の諸法があって、そこに、静慮の修習ということが成立する。それらあい伴って静慮の修習を成り立たしめる諸法、すなわち助伴の諸法、は五蘊（色蘊・受蘊・想蘊・行蘊・識蘊）のすべてにわたる。

＊

静慮は二種（1a）。

総じていえば、静慮は生〔静慮〕と等至（すなわち、定）静慮との別によって、二種である。それらは、また、

四つである（1a）。

初静慮ないし第四〔静慮〕である。そのうち、静慮なる生（すなわち、生静慮）は〔ここに〕重ねて

説く要はない。「世間の解説」〔という第三〕章に

その生はすでに説かれている（1b）、からである。どのように説かれているか？「静慮にはそれぞれ三地がある。ただし、第四〔静慮〕には、八地がある」（Ⅲ2bcd）、と。しかし、等至静慮（すなわち、定静慮）は〔ここで〕説かれなくてはならない。そこで、

等至は浄の一境性である（1c）、〔と〕説かれる。〔四つについて〕総じて〔いえば〕、静慮は善心の一境性である。〔みな〕三昧を自性とするからである。

しかし随行をあわせて〔いえば〕五蘊である（1d）。

しかし、随伴するものをあわせて〔いえば〕、五蘊を自性とする、と知るべきである。

＊　＊

静慮について生静慮と定静慮を分けて考えるのも説一切有部アビダルマに独特な仕方であろう。註釈によれば、定静慮は因なる静慮であり、生静慮は果としての静慮である。定静慮、すなわち三昧、は因となって正智を生ずるし、四静慮地のおのおのへ生まれ出るのは善業の果であるからである。

3　一境性について

何名一境性。謂專一所緣。若爾、卽心專一境位、依之建立三摩地名、不應別有餘心所法。別法令心於一境轉、名三摩地、非體卽心。豈不諸心刹那滅故皆一境轉、何用等持。若謂令心於第二念不散亂故須有等持、則於相應等持無用。又由此故三摩

地成、寧不卽由斯心於一境轉。又三摩地是大地法、應一切心皆一境轉。不爾、餘品等持劣故。有餘師說、卽心一境相續轉時名三摩地、契經說此爲增上心學故、心清淨最勝卽四靜慮故。

何をか一境性と名づくるや？　謂く、一の所縁を専らにするなり。若し爾らば、即ち心の一境に専らなる位に之に依って三摩地の名を建立せば、応に別に余の心所法有るべからず。別の法ありて心をして一境に転ぜしむるを三摩地と名づく、体即ち心には非ず。豈諸の心は刹那に滅する故に皆一境に転ずるにあらずや、何ぞ等持を用いん。若し心をして第二念に於いて散乱せざらしむるが故に須く等持あるべしと謂わば、則ち相応に於いて等持は用無からん。又、此れに由るが故に三摩地成ぜば、寧んぞ即ち斯れに由りて心は一境に於いて転ぜざらんや。又、三摩地は是れ大地法なれば、応に一切の心は皆一境に転ずべし。爾らず、余品の等持は劣なるが故に。有余師は説く——即ち心が一境に相続して転ずる時、三摩地と名づく。契経に此れを説きて増上心学と為すが故に。心の清浄最勝なるは即ち四静慮なるが故に、と。

《所縁》　心や心所のはたらきが向けられる対象をいう。《相応》　心が生ずるときはいくばくかの心所と必ずあいともに生ずる（それを〝倶起する〟あるいは〝倶生する〟という）。また、いかなる心所も、生ずるときは必ず心および他のいくばくかの心所と倶起する。それを心と心所とが「相応」の関係にあるという。心は心所の相応〔法〕であり、心所は心およぴ自らと倶起する余他の心所の相応〔法〕である。《転ず》　作用をもって生起する、の意。《第二念》　第二の刹那、の意。《大地法》　いかなる心とも必ず倶起する心所。十種あり、三摩地はその一。《余品の等持》　大地法である三摩地、すなわち等持、がすべてここにいう定静慮たる心一境性であるわけではない。そうでない等持（すなわち、力が弱くて定静慮をなさぬ等持）もあるから、それを「余品の等持」といった。《有余師》「他の、ある人々」という意味で、玄奘訳の論書にしばしば現われる慣用句。真諦訳はこれを「経部師」と明示している。《相続》　一つの有為法が現在に生じ、次の瞬間にそれが過去へ滅し去るとき、それと同種類の法が新たに未来から生じてきて先の法を継ぐ。こうして刹那に生滅する法が絶えまなくあい継いで生じてきて、法の〝流れ〟を形造るのを「相続」という。《契経》単に「経」というも同じ。『阿含』経典をさす。《増上心学》増上戒学・増上慧学とあわせて三学という。「学」は文字どおり学習の意。「増上心学」の原語は adhi-cittam śikṣā となっているから、むしろ「心についての学び」の意にとれる（真諦訳は「依心学」としている）が、チベット語訳は、玄奘の訳と同じく、adhi-citta を「すぐれた心」の意に解している。パーリ語の阿含では adhicittasikkhā と合成語形にしている。

*

この一境性とは何か？〔心が〕所縁を一にすることである。とすれば、そのように所縁を一にするもろもろの心がすなわち三昧であり、〔心とは〕別な法である心所が〔三昧であるのでは〕ない、ということになる。〔否、〕心がすなわち三昧なのではなく、それら〔もろもろの心〕が一境をとっておこるゆえんたる〔心所〕法が三昧であり、それがすなわち心一境性である。しかし、〔心は有為法なるゆえに〕刹那性であるから、すべての心は〔本来ただ〕一境をとるもので〔あって、心が一境をとることのために別に三昧という心所を必要とすることはないで〕はないか。また、もし、第二〔の心〕が散乱しないのはこ〔の三昧〕による、というなら、すでに〔三昧と〕相応している〔第一心〕においては〔さらに〕三昧は無用である。また、三昧があるのと心が所縁を一にすることとはまったく同じ因によるとは認められないか？（もしそうなら、三昧は心が一境をとって生ずるゆえんたる別法ではないことになる）。また、三昧は大地法なのであるから、〔汝のいうごとくならば〕すべての心に一境性があるということになってしまう。〔否、そうはなら〕ない。三昧の力が弱い〔場合には心の一境性はありえない〕からである。他の人々は〔言う〕――一境をとる心がすなわち三昧である。けだし、そのように、経中に「心についての学びは〔四静慮である〕と説かれ」、また「もっともすぐれた心の清浄は四静慮である」と説かれているから、と。

＊　＊

前節で、定静慮の体を心の一境性だとしたところから、そうとすれば静慮は心のあり方をいうのであるから、自性としては心にほかならないわけで、心とは別な法である一個の心所としてそれを考える要はない、とする立場と、やはり別法としての心所と考えねばならぬという立場とが論争する。前者は経量部の主張に通ずるもので論主ヴァスバンドゥの立場であり、後者は毘婆沙師の立場である。「若し爾らば」以下が前者の主張。「別の法ありて」以下が後者の主張。「豈諸の心は」以下は前者の反難。「若し心をして」以下は前者の第二難。「又、此れに由る」以下は同じく第三難。「又、三摩地は」以下は第四難。「爾らず」以下は第四難に対する後者の答釈。「有余師は説く」以下は前者と同じ立場から出された別人（真諦によれば「経部師」）の説である。

4　静慮の名義

依何義故立靜慮名。由此寂靜能審慮故。審慮卽是實了知義。如說心在定能如實了知。審慮義中置地界故。此宗審慮以慧爲體。若爾、諸等持皆應名靜慮。不爾。唯勝方立此名。如世間言、發光名日、非螢燭等亦得日名。靜慮如何獨名爲勝。諸等持內唯此攝支、止觀均行。最能審慮、得現法樂住及樂通行名故、此等持獨名靜慮。若爾、染汚寧得此名。由彼亦能邪審慮故。是則應有太過之失。無太過失。要相似中方立名故。如敗種等。世尊亦說、有惡靜慮。若一境性是靜慮體、依何相立初二三四。具伺喜樂建立爲初。由此已明亦具尋義。必倶行故。如煙與火。非伺有喜樂而不與尋倶。
漸離前支立二三四。離伺有二、離二有樂、具離三種、如其次第。故、一境性分爲四種。
已辯靜慮。

何の義に依るが故に静慮の名を立つるや。此れ寂静にして能く審慮するに由るが故なり。審慮とは即ち是れ実に了知する義なり。心、定に在れば能く実の如く了知す、と説くが如し。審慮の義の中に地の界を置くが故なり。此の宗に審慮は慧を以て体と為す。若し爾らば、諸の等持は皆応に静慮と名づくべし。爾らず。唯勝れたるに方に此の名を立つ。世間に言う如し。光を発するを日と名づく。螢・燭等も亦日の名を得るに非ず。静慮を如何が独り名づけて勝れたりと為すや。諸の等持の内にて唯此れのみが支を摂し、止と観と均行し、最も能く審慮し、現法楽住及び楽通行の名を得るが故に、此の等持を独り静慮と名づく。若し爾らば、染汚なるは寧んぞ此の名を得んや。彼も亦能く邪まに審慮するに由るが故なり。是れ則ち応に太過の失有るべし。太過の失無し。要らず相似の中に方に名を立つるが故なり。敗種等の如し。世尊亦説かく、悪静慮あり、と。若し一境性は是れ静慮の体ならば、何れの相に依りて初・二・三・四を立つるや。伺と喜と楽とを具するを建立して初と為す。此れに由りて已に亦尋を具する義を明かす。必ず倶に行ずるが故に。煙と火との如し。伺にして喜楽を有するは尋と倶ならざる非ざるなり。漸く前の支を離れて二・三・四を立つ。伺を離れて二有ると、二を離れて楽のみ有ると、具に三種を離るると、其の次第の如し。故に、一境性を分かちて四種と為す。已に静慮を弁ず。

《審慮す》 玄奘が「審慮」と訳したこの語（真諦訳では「得知」）は、原文に徴すると、「静慮」dhyāna の動詞形 dhyāyati である（後出の和訳文の中では「静思する」と訳した）。 **《了知す》** 原文に見られるこの語は prajānāti で、すなわち次下に「慧」と訳されている prajñā の語の動詞形である。したがって「審慮は慧を以て体と為す」といわれる（後出の和訳文、参照）。《地の界》「界」はサンスクリット文法の用語で語根を意味する。「地」は dhī の音写であろう。語根 dhī→語根 dhyai→名詞 dhyāna と考えられ、その dhī に「審慮」（ここの原語は cintana で「思慮すること」の意）の義がある、というのである。《光を発するを日と名づく》bhās-kara（「光を作るもの」の意）という語が男性形に用いられて「太陽」を意味することをいう。《支》次下に説く十八静慮支（静慮にあい伴う特定の心所）をさす。《止と観》「止」は心の散動を静止して心を一つの対象にそそぐこと、「観」はそれによって正しい智恵が生じて対象を観ること。止と観とは対に考えられ、互いに他を助けてもって佛道をまっとうせしめる、とされる。《現法楽住》現在において安楽の状態に住する、の意。三昧の境地をいい表わす語。特に、阿羅漢が三昧に入って身・心の楽を受けることをいう。《楽通行》涅槃に至るべき楽な道、の意。苦通行に対する。四根本静慮をよりどころとしておこされた道は、止・観が釣り合った状態にあるので労少ない楽な道であり、その他（未至定・中間定、および非想非非想処定を除いた三無定）をよりどころとしておこされた道は、そうでないので労多い苦しい道とされる。《染汚》煩悩に汚れた、の意。有漏の諸法をその性質からして善と不善（悪）と無記（善でも不善でもない中性）とに分けるが、無記をまた有覆無記（不善ではないが、道を覆い心を不浄ならしめるもの）と無覆無記（純粋な中性）とに区別する。そのうち、不善と有覆無記とを染汚（あるいは単に、染）といい、善と無覆無記を清浄（あるいは、浄）という。《伺》《喜》《楽》《尋》いずれも静慮支。尋と伺はともに対象を探求し観察する心のはたらきであるが、尋はより粗大な、伺はより微細な心の動きとされる。喜と楽はともに快い感覚であるが、身体の上に感受する快さを楽といい、精神の上に感受する快さを喜という。

*

静慮とはいかなる意味か。それをもって〔行者らは〕静思する、という〔意味である〕、〔すなわち、〕正しく知るという意味である。心が三昧に入っている人はありのままに正しく知るからである。この語根は思慮するという意味をもつ。そして、思慮することは正しく知ること（すなわち智恵）である、というのが宗義である。そのよう〔に、静慮は三昧を自性とするの〕であるならば、〔心所である〕三昧は〔善でも不善でも無記でも〕すべて静慮である、ということになってしまう。〔否、そうはなら〕ない。〔三昧が〕卓越性をもつとき〔だけ〕その（静慮の）名を得るのだから。たとえば〔太陽だけが〕「光を作るもの（バースカラ）」〔という名を得る〕ごとくである。卓越性をもつのはいかなる〔三昧〕か。〔静慮〕支をあい伴った三昧である。それは、〔一対になって繋がれた二頭の馬によって車が進み行くように〕止と観とが一対になって繋がれていて進み行くから、現法楽住と呼ばれ、また楽通行と〔呼ばれる〕。それをもって〔行者らは〕いっそうよく静思するのである。〔もしそのように、善なる静慮支をあい伴った三昧のみが静慮である、というならば、味等至のような〕染汚〔の静慮〕はいかにして静慮であるのか。〔それも〕邪に審思するからである。〔そのようにいうと、欲貪に纏わられた心によっても邪な審思はあるから、そういう心にも静慮があるという〕ははなはだしい過ちになる。〔否、そうはなら〕ない。それとあい似たものにだけにその名を適用するのだから。〔たとえば〕腐敗した種〔は「種」の名で呼ぶが石などを「種」と呼ぶことはない〕ようなものである。また、世尊によって不善の静慮も説かれている〔から味等至なども静慮であることに問題はない〕。

次に、いかようなる善の一境性が初静慮であり、ないし、いかようなるが第四〔静慮〕であるか。まず、初〔静慮〕は

伺と喜と楽とを有する（2a）。

その初静慮は伺・喜・楽と相応する善の一境性である。伺の語によって、尋をもまた〔有する〕といわれていることになる。〔伺と尋とは〕あい伴って行くから。たとえば煙と火とのごとくである。けだし、尋なくしては喜・楽とともなる伺は存しないのである。次に、残りの三静慮は

順々に前の〔静慮〕支を離れる（2b）。浄の一境性である、と〔本頌1cに〕続く。第二〔静慮〕は伺を離れ喜・楽を有する。第三〔静慮〕は伺と喜とを離れる。第四〔静慮〕は伺と喜と楽とを離れる、と〔いうようにである〕。

＊　＊

静慮は三昧（等持）を自性とするが、特に色界の定についてその呼称が用いられること、染汚の等至も静慮と呼ばれ得ること、尋・伺・喜・楽の有無によって四静慮の区別が立てられること、などが論じられる。

3　四無色

5　四無色定

無色云何。頌曰、

　無色亦如是　四蘊離下地　井上三近分　總名除色想　無色謂無色
　後色起從心　空無邊等三　名從加行立　非想非非想　昧劣故立名

論曰、此與靜慮、數自性同。謂四各二。生如前說。即世品說由生有四。定無色體、總而言之、亦善性攝心一境性。依此故說亦如是言。然助伴中此除色蘊。無色無有隨轉色故。雖一境性體相無差、離下地生故分四種。謂、若已離第四靜慮生、立空無邊處、乃至、已離無所有處生、立非想非非想處。離名何義。謂、由此道解脫下地惑、是離下染義。卽此四根本幷上三近分、總說名爲除去色想。空處近分未得此名。緣下地色起色想故。皆無色故、立無色名。

無色は云何。頌に曰く、

無色も亦是くの如し。四蘊にして下地を離る。幷びに上の三近分を、総じて色の想を除くと名づく。無色は色無きを謂う。後の色の起るは心従りなり。空無辺等の三の、名は加行に従いて立つ。非想非非想は、昧劣なるが故に名を立つ、と。

論じて曰く、此れと静慮とは、数と自性と同じ。謂く、四にして各二なり。生は前に説けるが如し。即ち世品に、生に由って四有り、と説く。定無色の体は、総じて之を言わば、亦善の性に摂する心一境性なり。此れに依るが故に、「亦是くの如し」の言を説く。然るに助伴の中に此れは色蘊を除く。無色には随転の色有ること無きが故なり。一境性にして体相差無しと雖も、下地を離れて生ずるが故に四種を分つ。謂く、若し已に第四静慮を離れて生ぜば、空無辺処を立て、乃至、已に無所有処を離れて生ぜば、非想非非想処を立つ。離るとは何の義に名づくるや。謂く、此の道に由りて下地の惑を解脱するは、是れ下の染を離るる義なり。即ち此の四根本幷びに上の三近分を、総じて説きて名づけて色の想を除去すと為す。空処の近分は未だ此の名を得ず。下地の色を縁じて色の想を起すが故なり。皆、色無きが故に、無色の名を立つ。

《無色》 四無色定をさす。すなわち空無辺処定・識無辺処定・無所有処定・非想非非想処定。《四蘊》 五蘊のうち、色蘊を除く四。《下地》 三界を九地に分つ。下より順に、欲界地・初静慮地・第二静慮地・第三静慮地・第四静慮地（以上四地が色界）・空無辺処地・識無辺処地・無所有処地・非想非非想処地（有頂地ともいう。以上四地が無色界）である。ここに下地というのは四無色界地のそれぞれのすぐ下の地を意味する。《根本》《近分》 四静慮と四無色とにおのおの根本定と近分定とを分つ。根本定はそれぞれその下地の修惑（修習によって断ぜられるべき煩悩）をすべて断じ終わって得た定をいい、近分定とは、根本定の前段階として、なお修惑を断ずるには至らぬがそれを圧伏したところに得られる定をいう。

＊

〔四〕静慮のごとく

そのごとく〔四〕無色はある（２ｃ）。

どのような点で〔「そのごとく」であるの〕か。けだし、これら〔無色〕もまた生と等至（すなわち定）とによって二種であり、また四つである〔こと静慮のごとくである〕。そしてそれらの生はすでに〔第三章（Ⅲ３ｂ）に〕説かれている。〔四つについて〕総じて〔いえば〕等至無色は〔みな〕善の一境性を自性とする〔ことも静慮のごとくである〕。このような点で〔「そのごとく」といわれるのである〕。随伴するものをあわせて〔いえば〕

四蘊を有する（２ｃ）。

伴って生ずる色〔蘊〕はないからである。

下地を離れることから生ずる（２ｄ）。

空無辺処は第四静慮を離れることから生ずる、識無辺処はそ〔の空無辺処〕を離れることから生ずる、無所有処はそ〔の識無辺処〕を離れることから生ずる、非想非非想処はそ〔の無所有処〕を離れることから生ずると、このようにして四無色がある。この離れることとは何か。〔離れるゆえんたる道の意であって、〕その道によって離染におもむくゆえに下〔地〕から解き放たれるのである。これら〔四〕無色はみな

三つの近分とともに、色の想を廃するものと呼ばれる（３ａｂ）。

空無辺処の近分〔だけ〕は、第四静慮を所縁としているから、色の想を廃するものという呼称を得ない。そこでは色の想はなお廃されていないからである。〔廃されていないとは〕除去されていないという意味である。

＊　＊

静慮と無色定とは、数（四つ）と自性（善の心一境性）という点で同様である。ただ無色定には随転（あい伴っておこる）の色が無いし、また静慮のように四地において支の有無の別などはない。その「色が無い」ということが次に問題になる。

6　無色の義

此因不忒。許有色故。若爾、何故立無色名。由彼色微故名無色。如微黃物亦名無黃。許彼界中色有何相。若彼唯有身語律儀、身語既無、律儀寧有。又無大種、何有造色。若謂如有無漏律儀、不爾。無漏依有漏大種故。又彼定中亦遮有故。若許於彼有色根身、如何可言彼色微少。若謂於彼身量小故、水細蟲極微亦應名無色。亦身量小不可見故。若謂彼身極清妙故、中有色界應名無色。若謂彼身淸妙中極應唯有頂得無色名。如定生身有勝劣故。又生靜慮所有色身、非下地根所能取故、與彼何異不名無色。若謂欲色隨義立名無色不然、此有何理。若謂經說壽煖合故、又說名色與識相依如二蘆束相依住故、又說名色識爲緣故、又遮離色乃至離行識有來有去故、由此無色有色理成、此證不成。應審思故。謂、所引敎應共審思。且契經言壽煖合者、爲約一切界、爲約欲界說。名色與識相依住者、爲約一切界、爲約欲色說。所說名色識爲緣者、爲說一切識皆爲名色緣、爲說名色生無不緣於識。遮離色至行識有來去者、爲遮隨離一、爲遮離一切。若謂、契經言無簡別、不應於此更致審思、此說不然。太過失故。謂、應外煖亦與壽合、又應外名色依識、識爲緣。又說四食如四識住、色無色界應有段食。若謂、經說有一類天超段食故、又說彼天喜爲食故、無斯過者、則無色界不應有色。契經說彼出離色故、又契經言無色解脫最爲寂靜超諸色故、又契經說無色有情一切色想皆超越故。若無色界實有色者、定應彼色自相可知。如何可言超色想等。若謂觀下麤色故說、則於段食亦應許然。又諸靜慮超下麤色、亦應可說出離色言、是則亦應名無色界。又亦應說出離受等。彼亦超下麤受等故。經既不說。知無色中遍超色類非超受等。由此定知、彼界無色。然、契經中說有不出有者、於自地有不能出故、非遍出故、非永出故。又薄伽梵於靜慮中說有色類乃至識類、於無色中說有受類乃至識類、不說有色。若無色中實有色者、何不如靜慮說有色類言。故、所立因無不成過。在彼多劫色相續斷、後歿生下、色從何生。此從心生、非從色起。謂、昔所起色異熟因薰習在心、功能今熟。是故、今色從彼心生。彼無色身、心依何轉。離身何不轉。下曾不見故。色界無段食、身復依何轉。下亦不見身離段食轉故。又先說彼心轉所依。已釋總名。

此の因、成ぜず。色有りと許すが故に。若し爾らば、何が故に無色の名を立つるや。彼の色、微なるに由るが故に、無色と名づく。微黄(みおう)の物も亦無黄と名づくるが如し。彼の界の中の色に何の相有りや。若し彼には唯身・語の律儀有りとならば、身・語既に無きに律儀寧(いずく)んぞ有らんや。又、大種無きに何ぞ造色有らんや。

若し無漏の律儀有るが如しと謂わば、爾らず。無漏は有漏の大種に依るが故なり。又、彼の定中にも亦有を遮するが故なり。若し彼に於いて色根も身も有りと許さば、如何ぞ彼の色は微少なりと言う可き。若し彼に於いて身量小なる故にと謂わば、水の細虫の極めて微なるも亦応に無色と名づくべし。亦、身量小にして見る可からざるが故なり。若し彼の身は極めて清妙なるが故にと謂わば、中有と色界とは応に無色と名づくべし。若し彼の身は清妙中の極なりと謂わば、応に唯有頂のみが無色の名を得べし。定の如く生身にも勝劣有るが故なり。又、静慮に生ずる所有る色身は下地の根の能く取る所に非ざる故に、彼と何の異ありて無色と名づけざる。若し欲・色は義に随いて名を立て、無色は然らずと謂わば、此れに何の理有りや。若し、経に寿と煖と合すと説くが故に、又、名色と識と相依ること二つの蘆束の相依りて住するが如しと説くが故に、又、名色は識を縁と為すと説くが故に、又、色を離れ、乃至、行を離れて識に来有り去有ることを遮するが故に、此れに由りて無色に色有る理成ず、と謂わば、此の証成ぜず。応に審思すべきが故に。謂く、引く所の教を応に共に審思すべし。且く、契経に寿と煖と合すと言うは、一切の界に約すと為すや、欲界に約して説くと為すや。名色と識と相依りて住すとは、一切の界に約すと為すや、欲・色に約して説くと為すや。説く所の名色は識を縁と為すとは、一切の識は皆名色の縁為りと説くと為すや、名色の生ずるに識を縁とせざるは無しと説くと為すや。色より行に至るまでを離れて識に来・去有るを遮すとは、随って一を離るるに遮すと為すや、一切を離れて遮すと為すや。若し、契経の言は簡別無ければ応に此に於いて更に審思を致すべからず、と謂わば、此の説然らず。太過の失ある故なり。謂く、応に外煖も亦寿と合すべく、又、応に外の名色も識に依り、識を縁と為すべし。又四食を説くこと四識住の如くなれば、色・無色界にも応に段食あるべし。若し、経に一類の天の段食を超ゆる有りと説くが故に、又、彼の天は喜を食と為すと説くが故に、斯の過無しと謂えば、則ち無色界に応に色有るべからず。契経に彼は色を出離すと説くが故に、又、契経に無色の解脱は最も寂静にして諸色を超ゆと言うが故に、又、契経に無色の有情は一切の色相を皆超越すと説くが故に。若し無色界に実に色有らば、定んで応に彼の色の自相を知る可きなるべし。如何ぞ色相を超ゆ等と言う可けんや。若し下の麁色を観ずるが故に説くと謂わば、則ち段食に於いても亦応に然りと許すべし。又、諸静慮も下の麁色を超ゆれば亦応に色を出離すとの言を説く可く、是れ則ち亦応に無色界と名づくべからん。又、亦応に受等をも出離すと説くべし。彼、亦、下の麁受等を超ゆるが故に。経既に説かず。無色界中にては遍く色類を超ゆるも受等を超ゆるに非ざるを知る。此れに由りて定んで知る、彼の界に色無きことを。然るに、契経中に有は有を出でずと説くは、自地の有に於いて出ずる能わざる故なり。遍く出ずるに非ざる故なり。永く出ずるに非ざる故なり。又、薄伽梵は、静慮中に於いて、色類乃至識類有りと説くも、無色中に於いては、受類乃至識類有りと説き、色有りと説かず。若し無色中に実に色有らば、何ぞ静慮の如く色類有りの言を説かざるや。故に、所立の因に不成の過無し。彼に在りて多劫に色の相続断じ、後歿して下に生ずるに、色は何従り生ずるや。此れ心従り生ず。色従り起るに非ず。謂く、昔起す所の色の異熟因薫習して心に在り、功能今熟す。是の故に、今の色は彼の心従り生ず。彼に色身無きに、心何に依りてか転ずる。身を離れて何ぞ転ぜざる。下に曾て見ざる故に。色界に段食無きに、身復た何に依ってか転ずる。下にも亦身の段食を離れて転ずるを見ざる故に。又、先に彼の心の転ずる所依を説けり。已に総名を釈す。

《律儀》　律儀無表のこと。説一切有部では業に身・語・意の三業を分ち、身・語業について表業・無表業の別を立てる。また、身・語の無表のほかに三昧によって生ずる定生の無表が立てられる。いずれも色法と考えられているから、無表業をまた無表色ともいう。それらの無表を律儀・不律儀・非律儀非不律儀の三種とする。律儀無表をまた分けて別解脱律儀（欲界に属する諸戒を受戒するとき得られる）・静慮律儀（色界の静慮に入ることによって得られる）・無漏律儀（無漏道に入った聖者によって得られる）とする。いまここでは、無色界にも身・語の律儀という無表色があるであろう、という主張。

《大種》《造色》 大種とは、地・水・火・風の四大種。造色とは、それらによって造られた色（四大所造）。律儀無表は造色である。《色根》 色法に属する眼・耳・鼻・舌・身の五根（感覚器官）。《中有》 有情の輪廻的生存のあり方を四つに分けて生有（生まれる瞬間）・本有（生から死までの間）・死有（死する瞬間）・中有（死んでから次の生を受けるまでの間）とする。《有頂》 生存の最高所、の意。非想非非想処天をいう。《寿と煖と》 寿は説一切有部の法の体系の中では命根にあたり心不相応行の一であるが、煖は四大種の一なる火にあたるから色法である。《名色》 名色の名は受・想・行・識蘊、色は色蘊をさすと解せられる。《四食》 段食・触食・思食・識食の四。段食は口から摂る飲食物を意味するから、もとより色法である。《四識住》 色識住・受識住・想識住・行識住をいう。色受想行の四蘊はいずれも、識がそれを愛着しそれに依存することから、識住と呼ばれる。《下の麁色》 下地に属する粗大な色、の意。《有は有を出でず》 有とは輪廻的生存の意。先に「彼（無色）は色を出離す」という経説をあげたから、それがこの「有は有を出でず」という経文と矛盾しはしないことを論じて、次下を説くのである。《薄伽梵》 bhagavat の男性単数主格形 bhagavān の音写。bhagavat は幸ある者、あるいは威徳ある者、の意であるが、佛陀に対する呼称として最もよく用いられる。ふつう「世尊」と訳する。《多劫》 劫は劫波 kalpa の音写の略。極めて長い時間の単位。一劫がどれほどの時間にあたるかはただ譬喩的にしかいわれていないが、ある算定法によると一五、九九八、〇〇〇年ほどになる。《異熟因》 因としての善・不善の業（意業以外の業は表も無表もすべて色法である）。それが果としての楽・苦（「異熟果」という）をもたらす。《薫習》 玄奘が「薫習」と訳する語に vāsanā, bhāvanā, paribhāvita などがあるが、これは paribhāvita にあたる。沁（しみ）こまされた、浸された、の意。《功能》 玄奘はふつう sāmarthya または śakti（いずれも能力の意）を「功能」と訳すことが多いが、ここでは vṛtti をそう訳している。「作用〔する力〕」というほどの意である。《転ず》 二五二頁を見よ。

*

〔先に、無色は〕「四蘊を有する」（２ｃ）と説かれたが、無色〔界〕に色は無いというこのことが、まず論証されねばならない。

もし〔色が〕あるであろうなら、いかにして〔それは〕無色といわれるであろうか。

〔そこにまったく色が無いのではない。〕色（ルーパ）が僅かしかないから〔無色（アールーピヤ）といわれるのである〕。たとえば〔僅かな黄色しかないものを〕無黄（アーピンガラ）〔という〕がごとくである。

〔それなら〕そこ（無色界）では、いったい、どのように僅かな色が〔あると〕認められるのか。もし身・語の律儀のみがあるとならば、それ（身・語）がないのにいかにしてそ〔の身・語〕の律儀があるであろうか。また、〔大〕種がないとき所造〔色がある〕ごとく〔無色界繫の大種はなくとも所造色である無漏律儀〔はある〕ごとく〔無漏の大種はなくとも所造色である〕無漏律儀〔はある〕ごとく〔無色界繫の大種はなくとも所造色である無色界繫の律儀は〕ある〔という〕ならば、それは〔そうでは〕ない。〔無漏律儀の場合は、所依の〕有漏の大種が現にあるからである。〔以上、生無色における色の存在を否定したことによって、〕等至〔無色、すなわち定無色、〕におけるそれ（色の存在）の否定もすでに説かれたことになる。

また、〔無色界の有情に〕身もあり、有色の諸根も〔ある、という〕ならば、いかにしてそれが僅かな色であると認められるのか。もし〔無色界の有情は身〕量が小であるからというならば、〔この欲界において〕その形が〔目に〕見えない〔ほど微細な〕水中の虫においても〔色が僅かであるからそれは無色であると考えられるという〕ことになる。もし〔無色界の有情は身が〕清澄であるからというならば、中有や色〔界〕繫の〔有情〕においても〔身が清澄であるからそれは無色であると考えられるという〕ことになる。もしそれより清澄なものはない（それが最も清澄である）というならば、〔無色界の中の最上処である〕有頂のみが無色であるであろう。等至〔無色〕のごとくかの生〔無色〕に〔も上下の〕差別がある〔ので無所有処以下を「最も清澄である」とはいえない〕からである。また、静慮の生（すなわち、生静慮）の色〔身〕も、下地に属する根の捉え〔得〕るものではないのであるから、そこにおいていかなる差別があ〔ってそれは無色とされないのであ〕るか。もし〔欲・色〕二界の名称は〔その〕実質に応じているが、無色界の〔それ〕は〔そうで〕ない〔から、無色界に色が無いわけではない〕、というならば、それについていかなる理〔証〕があるか。もし、〔経に、〕寿と煖とが合するということが説かれているから、名色〔と識と〕は二つの蘆の束のごとく互いにあい依るということが説かれているから、「名色は識を縁とする」と説かれているから、また、色なくしては、ないし、諸行〔なくしては〕識が〔生じて〕くることも〔滅して〕去ることもあり得ないとされるから、無色〔界〕に色があることは成立している、と〔いう〕ならば、〔そうでは〕ない。まず、次のことが考察されなければならない〔からである〕。寿と煖とが合するというそのことは欲界繫の寿〔のみ〕に関して説かれたのか、あるいはまたすべて〔の寿〕に〔関して説かれたの〕か。名色〔と識と〕が互いにあい依るということが説かれたのは欲・色界繫〔の名色〕に関してのみ説かれたのか、あるいはすべてに〔関して説かれたの〕か。「名色は識を縁とする」と説かれているその場合すべての識が名色の縁であると説かれたのか、あるいはすべての名色が識を縁とすると〔説かれたの〕か。また、色などがなくしては識が〔生じて〕くることも〔滅して〕去ることもあり得ないとされる。その場合これら〔色など〕のすべてがないときそ〔の識はくることも去ることも〕あり得ないとされるのか、あるいは一つがなくても〔そうなの〕か、と。もし〔経には〕区別立てなしに説かれているのだから〔そのように分別して〕考察する要はないというならば、はなはだしい過ちになる。〔汝のいうごとくならば、経には内と外という〕区別立てなしに説かれているのだから、寿がないときは外の煖もあり得ない〔ということになる〕し、また、外の色も識による〔ということになる〕からである。

また、〔契経には〕四識住〔が説かれる〕ごとく四食が説かれているから、〔分別して考察しないと、〕色〔界にも〕無色界にも段食があるということになる。「段食を食する諸天を超えて」と説かれているから、また、喜を食とすることが説かれているから、〔そのような〕ことにはならないと、もし〔汝がいう〕なら、〔それでは〕無色〔の有情ら〕にも色があるということにはならない。〔経に〕「無色は色の出離である」「寂静な解脱なるものは色を超えて無色である」「色無き有情らがある」「まったく色の想を超えるがゆえに」と説かれているからである。〔もし無色界の有情に〕色があるなら〔彼らは〕必ず自らの色を想知するであろう〔から「色の想を超える」ということはあり得ない〕。もし〔経の中では〕下地の麁大な色を意味して〔「色を超えて」などと〕説かれているのだと〔いう〕ならば、〔汝があげた「段食を食する諸天を超えて」という経句の中の〕段食の場合も同じである。〔すなわち、それは下地の麁大な段食を意味し、色界繋の微妙な段食を意味しないことになる。〕また、諸静慮も下地を離れるから〔下地の麁大な色を超えたという意味で〕無色〔界〕である、ということになる。また、〔無色の有情は〕下地の受〔など〕を離れているのであるから〔「色の出離」が説かれるだけでなく〕「受などの出離」が〔説かれてもよいのに、なぜ〕説かれないのか。〔そのゆえは、無色の有情は〕あらゆる色の類を超えているが〔あらゆる〕受などの類を〔超えては〕いない。だから色の出離は説かれるが受などの出離は〔説かれ〕ないのである。〔あらゆる色の類を超えているのだから、無色界にはいかなる色も無い。〕ところで、有は有を出離しないということが〔経に〕説かれているのは、〔いかなる有の出離もないからではなくて、〕ある有が同じその有を出離することはないからであり、すべて〔の有〕を出離するのでもなく、永遠に出離するのでもないからである。〔だから、この経の意と先に引いた「無色は色の出離である」という経の句とは矛盾しない。〕また、静慮については世尊によって「そこにある色の類は、ないし、識の類は」と説かれているが、無色については「そこにある受の類は、ないし、識の類は」と〔のみ〕説かれてい〔て、「色の類」の語は見られない〕。〔もし〕それら〔無色〕の中に色の類があるならどうして〔世尊〕が「色の類は」と説かないことがあろうか。このゆえに

無色〔界〕には色は存在しない（３ｃ）。

そ〔の無色界〕から死去〔して欲界あるいは色界に生まれ出ようと〕する人々の上に、いかにして多劫の間断絶していた色からいま再び色が生ずるのであるか。

色の生ずるは、しかし、心よりである（３ｄ）。

その異熟因に薫習され〔そこに再び色を生起せしめる〕作用力を得ている心からこそ色は生ずるのである。

〔無色界の〕心は、色によらないで、いかにして生起するか。

なぜ生起し得ないのか。

こ〔の欲界〕においてはそのように〔色身によらずして心が生起することは〕見られないからである。

〔汝のいうごとくならば、段食が存在しないとされる〕色界においては〔何らかの〕他の段〔食〕がなくては〔身が〕生起し得ない〔ということになってしまう〕。何ゆえか〔といえば〕、こ〔の欲界〕においてはそのように〔段食なくして色身が相続生起することは〕見られないからである。それに、

いかにして〔無色の心が相続〕生起するかはすでに先に〔第三章「世間の解説」の中（Ⅲ３ｃｄ）に〕説かれている。〔以上で〕こ〔の議論〕は終わる。

＊　＊

ここに見られるのは、無色界に色があるか、ないか、の議論である。無色界には色は存しないとするのが説一切有部の立場、まったく存しないというわけではないとするのが大衆部・化地部・分別論者らの立場である。

「亦遮有故」までは総論。「若許於彼」から「不名無色」までは、無色界の有情にもごく微妙な色身があるとする主張への反難。「若謂欲色」から「此有何理」までは無色界に色ありとすることに理論的根拠（理証）のないことの指摘。「若謂経説」以下は同じくそれの聖典上の根拠（教証）とされるものに対する吟味と反証。そして「故、所立因無不成過」と結論する。「在彼多劫」以下は、無色界の有情が輪廻して欲界あるいは色界に生まれ出るとき、いかにして色身は生じ得るか、という問題。最後に「彼無色身」以下で、無色界においては心が所依の色なくして存在する、ということに触れて、この論議を終わる。

7　各定の名義

空無邊等従縁空等得別名耶。不爾。云何。下三無色如其次第修加行時、思無邊空及無邊識無所有故、建立三名。立第四名由想味劣。謂、無明勝想得非想名、有味劣想故名非非想。雖加行時亦作是念、諸想如病如箭如癰、若想全無便同癡闇、唯有非想非非想中與上相違寂靜美妙、而不就此加行立名、以若詰言何緣加行作如是念、必應答言、以於彼處想昧劣故、由此昧劣故是立名正因。已辯無色。

空無辺等は空等を縁ずるに従りて別名を得るや。爾らず。云何。下三無色は其の次第の如く加行を修する時、無辺の空及び無辺の識と無所有とを思うが故に、三の名を建立す。第四名を立つるは想の昧劣なるに由る。謂く、明勝の想無ければ非想の名を得、昧劣の想有るが故に非非想と名づく。加行の時亦是の、諸想は病の如く箭の如く癰の如くなるも、若し想全く無ければ便ち癡闇に同じ、唯非想非非想中に上と相違する寂静美妙なる有り、との念を作すと雖も、而も此の加行に就きて名を立てざるは、若し詰って、何に縁ってか加行に是くの如きの念を作すと言わば、必ず応に答えて、彼の処に於いては想昧劣なるを以ての故に、と言うべきを以て、此の昧劣に由るが故にとは是れ立名の正因なり。已に無色を弁ぜり。

《空》「虚空」、すなわち空間。《加行》意図をもって行をおこすこと。実修に入ること。《昧劣》「昧」はくらい、「劣」はおとる、の意。次に出る「明勝」に対する。《癰》悪質のはれもの。

*

〔次に〕こ〔の問題〕が説かれねばならない。虚空などがこれら空無辺処などの所縁であるから、それでそのように（「空無辺処」とか「識無辺処」とかいうように）よばれるのであるか。けっして〔そうではない。それではいかにして〔そうよばれる〕か。まず、三つ、〔すなわち、〕空無辺・識無辺・無所有の名はそのとおりの加行による（4abc）。

虚空は無辺である、識は無辺である。いかなるものもない、と考えながら〔三昧の実修者たちは〕これら〔三無色定〕において、この順序に、〔三昧の〕実修に入る（加行する）。ゆえに、それら〔三無色定〕にはこれらの名（空無辺処・識無辺処・無所有処という名）がある、と。

しかし非想非非想〔の名〕は〔想の〕味劣による（4 c d）。

しかし想が味劣であるから非想非非想処といわれる。その想は明勝でない（それで「非想」である）けれども、まったく想がないのではない（それで「非非想」である）、と。〔なぜ他の三無色と異なってこの非想非非想処定だけが加行によってではなく想の味劣によってそう名づけられるかといえば、〕もし彼ら〔三昧の実修者〕が「想は病であり、想は腫物であり、想は箭である。〔そして〕非想なるは愚昧である。非想非非想処こそすなわち寂静であり、精妙である」と、そのように〔考えて〕この非想非非想処〕において〔三昧の〕実修に入るとしても、何ゆえに彼ら〔三昧の実修者〕がそ〔の非想非非想処〕をそのようにとらえるのかということが必然に説かれねばならないことになる。〔そこで、〕諸想が味劣であるからということがまさしく説かれたのである。

＊
＊

ここでは四無色定の呼称の由来が論ぜられる。はじめの三定は、「空間は無限である」「精神（の領域）は無限である」あるいは「いかなるものも存在しない」という観念をもってその三昧の実修に入るところからして、それぞれその名を得るのであるが、第四の非想非非想処定の名だけは、そこにおいて想が味劣（原語の意は「にぶい」「微弱な」）であることにもとづくのである、という。

4 八等至

8 八等至

云何等至。頌曰、

此本等至八　前七各有三　謂味浄無漏　後味浄二種　味謂愛想應
浄謂世間善　此卽所味著　無漏謂出世

論曰、此上所辯靜慮無色根本等至總有八種。於中、前七各具有三。有頂等至唯有二種。此地味劣無無漏故。初味等至謂愛相應。愛能味著故名爲味。彼相應故此得味名。浄等至名目世善定。與無貪等諸白浄法相應起故、此得浄名。卽味相應所味著境。此無間滅彼味定生。緣過去浄深生味著。爾時雖名出所味定。於能味定得名爲入。無漏定者謂出世定。愛不緣故、非所味著。

云何が等至なる。頌に曰く、

此の本の等至は八なり。前の七に各三有り。謂く味と浄と無漏となり。後は味と浄との二種なり。味とは愛と相応するを謂う。浄とは世間の善を謂う。此れ即ち味著する所なり。無漏とは出世を謂う、と。

論じて曰く、此の上に弁ずる所の静慮と無色との根本の等至に総じて八種有り。中に於いて、前の七は各(おのおの)具(つぶさ)に三を有す。有頂の等至は唯二種有り。此の地は味劣にして無漏無きが故なり。初めの味等至とは愛と相応するを謂う。愛は能く味著するが故に名づけて味と為す。彼と相応する故に此れは味の名を得。浄等至の名は世の善の定に目く。無貪等の諸の白浄の法と相応して起るが故に、此れは浄の名を得。即ち味相応に味著せ所るる境なり。此れが無間に滅するとき彼の味定生じ、過去の浄を縁じて深く味著を生ず。爾の時、所味の定を出ずと名づくと雖も、能味の定に於いて名づけて入と為すを得。無漏定とは出世定を謂う。愛縁せざるが故に味著さるるに非ず。

《等至》　四静慮と四無色定とをあわせて八等至（aṣṭau samāpattayaḥ）と呼ぶ。《本》　根本の略。下記を見よ。《味》　玄奘が「味」という訳語を用いる場合が主として、二つある。一つはrasaの訳で舌根・舌識の対象としての味境。もう一つがāsvāda, āsvādanāなどの訳で、賞味すること、味わいに愛着することを意味する。いまは後者で、原語はāsvādanā.《愛》　渇愛のこと。玄奘は（真諦も）常に「愛」とのみ訳する。《出世》　出世間。有漏の世界を超え離れること。《根本》　四静慮・四無色の八定について、おのおの、その定に入り終わった段階とそこに近づきつつある段階とを区別し、前者を根本定、後者を近分定という。《世の善》　世間の善、すなわち有漏の善。《無貪》　貪の対。三善根の一。《無間》　間をおかぬ状態、ただちに続く状態、を表わす語。英語のim-mediate(-ly)にあたる。

*

以上、根本の等至なるものは八種である（5ab）。

以上、これら八つが根本の等至なるものである。すなわち、四静慮と四無色とである。そして、それらの中で、

七は三種である（5bc）。

有頂以外の七は三種である。

味を有すると清浄なると無漏なるとである（5cd）。

味と相応するのと、清浄なのと、無漏なのとである。

第八は二種である（５ｄ）。有頂は味と相応するのと清浄なのとである。無漏なのはない。そして、その中で

味と相応するものは渇愛を伴う（６ａｂ）。

味とは渇愛であるから。

清浄なるは世間的な善である（６ｂｃ）。

世間的な善の等至なるものが清浄な〔等至〕といわれる。無貪等の浄らかな法と結ばれているからである。そして、かの味と相応した〔等至〕によって何が味著されるのか〔といえば〕、

これがそれによって味著される（６ｃ）。

直前に〔過去へ〕去ったこの清浄な等至なるものがか〔の味と相応した等至〕によって味著される。〔すなわち、〕味著する対象となる〔清浄な等至〕から出〔定〕した人が〔そのまま〕味著するゆえんたる〔味と相応する等至〕へ入〔定〕するのである。

無漏なるは出世間である（６ｄ）。

出世間の等至なるものがすなわち無漏の〔等至〕である。

＊　＊

四静慮と四無色定とをあわせて八等至ということ、それに味等至・浄等至・無漏等至の別があること、ただし有頂（非想非非想処）地では想が昧劣であるから無漏等至はないこと、味等至とは渇愛と相応する等至、浄等至とは有漏の善法と相応する等至、無漏等至とは出世間の等至であること、味等至の味著の対象となるのはその直前の浄等至であること、などが説かれた。

5　静慮支についての諸問題

9　十八静慮支

如是所説八等至中、靜慮攝支、非諸無色。於四靜慮各有幾支。頌曰、

靜慮初五支　尋伺喜樂定　第二有四支　內淨喜樂定　第三具五支
捨念慧樂定　第四有四支　捨念中受定

論曰、唯淨無漏四靜慮中、初具五支。一、尋。二、伺。三、喜。四、樂。五、等持。此中等持、頌說爲定。等持與定、名異體同。故、契經說心定等定名正等持。此亦名爲心一境性。義如前釋。傳說唯定是靜慮、亦靜慮支。餘四支是靜慮支、非靜慮。如實義者、如四支軍、餘靜慮支應知亦爾。第二靜慮唯有四支。一、內等淨。二、喜。三、樂。四、等持。第三靜慮具有五支。一、行捨。二、正念。三、正慧。四、受樂。五、等持。第四靜慮唯有四支。一、行捨淸淨。二、念淸淨。三、非苦樂受。四、等持。

是くの如き所説の八等至の中、静慮は支を摂し、諸無色は非ず。四静慮に於いて各幾(いくばく)の支有りや。頌に曰く、

静慮の初に五支あり。尋と伺と喜と楽と定となり。第二に四支有り。内浄と喜と楽と定となり。第三は五支を具す。捨と念と慧と楽と定となり。第四には四支有り。捨と念と中受と定となり、と。

論じて曰く、唯浄と無漏との四静慮の中、初は五支を具す。一に尋、二に伺、三に喜、四に楽、五に等持なり。此の中、等持を頌には説きて定と為す。等持と定とは名異なるも体同じ。故に、契経に、心定と等定と

を正等持と名づく、と説く。此れを亦名づけて心一境性と為す。義は前に釈する如し。伝説すらく、唯定のみ是れ静慮にして亦静慮支なり。余の四支は是れ静慮支なるも静慮に非ず、と。如実の義は、四支の軍の如く、余の静慮支も応に亦爾ることを知るべし。第二静慮には唯四支有り。一に内等浄、二に喜、三に楽、四に等持なり。第三静慮は具に五支有り。一に行捨、二に正念、三に正慧、四に受楽、五に等持なり。第四静慮には唯四支有り。一に行捨清浄、二に念清浄、三に非苦楽受、四に等持なり。

《支》 静慮支、すなわち四静慮のおのおのにおいて俱生している特有な心所をいう。**《喜》《楽》** これらは四十六心所の一としては「愛」である。**《定》** ここでは四十六心所の一としての「三摩地」（すなわち「等持」）を意味する。**《心定と等定とを正等持と名づく》**「定 dhyāna」と「等持 samādhi」とが同義語に用いられる例証として経を引用したもの。玄奘訳以外の諸本ではこれは見えず、もう少しあとの箇処に、似たような経を引いている。**《四支の軍》** 象・馬・車・歩の四隊をもって軍が成り立つ。これら四支のほかに軍があるわけではない。同様に、諸静慮支のほかに静慮があるわけではない。**《内等浄》**「内」は心のうちの意。「等浄」は samprasāda の直訳で、澄み切った浄らかさ。「等」の字に格別な意味はないと見られるが、次下12にそれに意味づけした説明が見える。**《行捨》**「受」の心所の一分である捨（不苦不楽）ではなく、別な心所である「捨」（心の片寄りのなさ、十大善地法の一）であることを示すために「行」の字を加えた。「受」が五蘊の中では第二受蘊にあたるのに対し、「捨」は第四行蘊の一分であるからである。**《正念》《正慧》** この二語は阿含以来並び用いられ、正念・正智とも念・正智とも訳される。「念」は心がいきいきとはたらいて注意力にたゆみない状態を、「正智」は心が明らかにはたらいて識知が透徹している状態を意味する。心所としては前者は十大地法の一である「念」、後者は同じく「慧」にあたる。**《受楽》** 他の諸本はいずれも単に「楽」。受の心所の一分たる楽の意味で、受の字を加えたもの。

*

これら等至なるものの中で、静慮のみが支を有し、無色は〔そうで〕ない。そ〔の四静慮〕のうち、はじめは五がある（7ａ）。

第一分（初静慮）には五〔静慮〕支がある。

　尋・伺の二と、喜・楽・三昧である（7ａｂ）。

尋と伺と喜と楽と心一境性（すなわち三昧）とのこれら五支である。三昧は支でありかつ静慮でもあるが、〔その〕他は〔単に〕支である、と伝説する。〔しかし実は、〕あたかも四支を有する軍が〔その四支と別にあるのでない〕ように、五支を有する静慮は〔その五支と別にあるのではない〕のである。

　第二には喜等と浄との四支がある（7ｃｄ）。

第二静慮には四支がある。内なる清浄と喜と楽と心一境性とである。

　第三には、しかし、捨と念と慧と楽と〔心の〕安住との五がある（8ａｂ）。

しかし、第三静慮には五支がある。捨と念と正智と楽と三昧とである。安住とは三昧の異名である。経に「正定（正しい三昧）とは何か。心の安住である」と説かれているからである。

　最後には四がある。不楽不苦と捨と念と三昧とである（8ｃｄ）。

最後とは第四静慮である。そこでは四支がある。不苦不楽受と捨の清浄さと念の清浄さと三昧とである。初〔静慮〕と第三〔静慮〕には五支があり第二と第四とには四支があるからこれら静慮支は〔すべてで〕十八である。

＊　＊

　このように静慮支が論ぜられるのは、阿含の中に見える四静慮の境地の描写の語句に由来する。そこにはきまり文句として、「尋あり、伺あり、〔欲望や不善からの〕離より生ずる喜と楽とのある初静慮」ないし「不苦不楽であり、捨と念とが清浄なる第四静慮」という表現がしきりに現われる。

10 その十一事

静慮支名既有十八。於中實事總有幾種。頌曰、

此實事十一　初二樂輕安　內淨卽信根　喜卽是喜受

論曰、此支實事唯有十一。謂、初五支卽五實事。第二靜慮三支如前、增內淨支足前爲六。第三靜慮等持如前、增餘四支足前爲十。第四靜慮三支如前、增非苦樂支足前爲十一。由此故說有是初支非第二支、應作四句。第一句謂尋伺。第二句謂內淨。第三句謂喜樂等持。第四句謂除前餘法。餘支相對如理應思。何故第三說增樂受。由初二樂輕安攝故。何理爲證知是輕安。初二定中無樂根故。非初二定有身受樂。正在定中無五識故。亦無心受樂。以說有喜故。喜卽喜受。無一心中二受俱行、故無樂受。不可喜樂更互現前、說具五支及四支故。

静慮支の名、既に十八有り。中に於いて実事は総べて幾種有りや。頌に曰く、

此の実事は十一あり。初めの二の楽は軽安なり。内浄は即ち信根なり。喜は即ち是れ喜受なり、と。

論じて曰く、此の支の実事は唯十一有り。謂く、初の五支は即ち五の実事なり。第二静慮の三支は前の如く、内浄支を増し前に足して六と為す。第三静慮の等持は前の如く、余の四支を増し前に足して十と為す。第四静慮の三支は前の如く、非苦楽支を増し前に足して十一と為す。此れに由るが故に、是れ初支にして第二支に非ざる有るか、を説きて、応に四句を作るべし。第一句は謂く、尋と伺となり。第二句は謂く、内浄なり。第三句は謂く、喜と楽と等持となり。第四句は謂く、前を除く余の法なり。余の支は相対して理の如く応に

思うべし。何が故に第三に楽受を増すと説くや。初めの二の楽は軽安の摂なるが故なり。何の理を証と為して是れ軽安なることを知るや。初めの二定の中には楽根無きが故なり。初めの二定には身受の楽有るに非ず。正しく定中に在りては五識無きが故なり。亦、心受の楽も無し。喜有りと説くを以ての故なり。喜は即ち喜受なり。一心の中に二受が倶行すること無し。故に、楽受無し。喜と楽と更互に現前す可からず。五支及び四支を具すと説くが故なり。

《実事》「名」に対する。上に、静慮支の名をすべてで十八あげたが、名のみ異なっても実質は同じ支もあるから、その実質からいうと十一種に過ぎない。《軽安》心所として十大善地法の一。心の軽快さ。《信根》五根（五作根、すなわち信・勤・念・定・慧）の一。心所としては十大善地法の一である「信」。心に確信があって惑わぬ状態。《摂》その中に摂まる、その中に含まれる、の意。《心受の楽》受が憂・喜・苦・楽・捨の五に分たれるうち、苦・楽は身受（肉体の上に感ずる感覚）、憂・喜は心受（精神の上に感ずる感受）であるとする。したがって「心受の楽」といえば喜受であり、「楽受」といえば身受の楽である。《四句》もののあり方をある標準から四つに分類する仕方。それに二種があり、一つは、AであってBでない（第一句）、BであってAでない（第二句）、AでもありBでもある（第三句）、AでもなくBでもない（第四句）、と分別するもの。もう一つは、Aである（第一句）、非Aである（第二句）、Aでもあり非Aでもある（第三句）、Aでもなく非Aでもない（第四句）、と分別するものである。ここでは前者の分別。

＊

名称としては以上のごとく〔十八種〕である〔が〕、ものとしては十一である（9 a）。

〔実質的な〕ものとしてはこれらは十一となる。〔すなわち、〕初静慮に属するものは五つ、第二〔静慮〕においては内なる清浄が増し、第三〔静慮〕においては捨と念と正智と楽とが〔増し〕、第四

〔静慮〕においては不苦不楽受が〔増す〕。そのゆえに〔次のように〕いわれる。初静慮にある支は第二〔静慮〕にもある〔か〕と〔いえば〕四句がある。第一句は尋と伺とである。第二〔句〕は内なる清浄である。第三〔句〕は喜と楽と一境性とである。第四句は〔右に〕説かれたものを除いた諸法である、と。〔他の〕すべての静慮支の相互〔関係〕も同様に〔理に〕応ずるごとく〔考察すべき〕である。第三静慮における楽は何ゆえに〔初静慮や第二静慮におけるそれとは〕別なものだと説かれるのか。その楽は受であるからである。

最初の二〔静慮〕においては軽安の楽がある（9b）。

初と第二との二静慮においては軽安の楽がある、と説かれる。こ〔の二静慮〕においては軽安の楽があり、か〔の第三静慮〕においては受の楽があるということは何によるのか。二つの静慮等至は楽根と合することがないからである。けだし、この身〔受の楽〕はそれら〔前〕二〔静慮〕と合することがない。等至に入った者には〔前五〕識身はないからである。また心〔受の楽〕もない。喜（prīti）ありと説かれているからである。けだし、喜は喜（saumanasya）〔受〕であり、楽〔受〕と喜〔受〕とが同時にあることはない〔から〕。また〔その〕二〔受〕が〔同一〕静慮の中で次々と生起するということも〔理に〕あわない。〔初静慮には〕五支ありと説かれ〔第二静慮には四支ありと説かれ〕ているからである、と。

＊　＊

十八静慮支が数えあげられるうち、初静慮の喜・楽と第二静慮の喜・楽と、第三静慮の捨・念と第四静慮の捨・念と、および四つの静慮のおのおのの等持（三昧、心一境性）は、それぞれ実質として同じものであるから、静慮支は実質的には十一種であるとされる。そこで、初静慮・第二静慮における楽と第三静慮における楽とは同一なものでなく別個である、とされる理由が議論される。すなわち前者は軽安をその自体とし、後者は受をその自体とする、というのが説一切有部の説である。それに対して、次に、譬喩師らによる異論がある。

11 異説

有説、無有心受樂根、三靜慮中說樂支者、皆是身受所攝樂根。若爾、何故有契經說、云何樂根、謂順樂觸力所引生身心樂受。有餘於此增益心言。諸部經中唯說身故。又第三定所立樂支、契經自說爲身所受樂故。若謂於此說意爲身、此說身名爲有何德。又第四定輕安倍增、而不說彼有樂支故。若謂輕安要順樂受方名爲樂、第三靜慮輕安順樂應是樂支。若謂彼輕安爲行捨所損、不爾。行捨增輕安故。又彼輕安勝前二故。又契經說、若於爾時諸聖弟子於離生喜身作證具足住、彼於爾時已斷五法、修習五法、皆得圓滿。廣說乃至、何等名爲所修五法。一、歡。二、喜。三、輕安。四、樂。五、三摩地。此輕安與樂別說故、初二樂非即輕安。若言定中寧有身識。有亦無失。許在定中有輕安風、勝定所起順生樂受遍觸身故。若謂外散故應失壞定者、無如是失。此輕安風從勝定生、引內身樂、還能順起三摩地故。若謂起身識應名出定者、此難不然。由前因故。若謂依止欲界身根不應得生色界觸識、緣輕安識許生無過。若爾、正在無漏定中觸及身識應成無漏。匆所立支少分有漏少分無漏、成違理失。無違理失。所以者何。許說身輕安是覺支攝故。若謂順彼故說覺支、無漏亦應許如是說。

若謂許說、便違契經。如契經言、諸所有眼、乃至廣說、此經中說十五界全皆有漏故。無違經過。此約餘觸及餘身識、密意說故。如何無漏靜慮現前少支有漏少支無漏。起不俱時、斯有何失。若謂喜樂不俱起故應無五支及四支理、此亦無過。約容有說有喜樂支、如有尋伺。若謂尋伺亦許俱起於不俱起爲喩不成、此非不成。心之麁細互相違故、不應俱起。又於不俱起不能說過故。由此可說、依初五支減二三四、立第二等。卽由此理、初說五支。擬漸離前建立後故。無漸減故、不說想等。或應說、何故初唯立五支。若謂此五資初定勝故立爲支、此不應理。念慧能資勝尋伺故。雖有一類作如是說、然非古昔軌範師共施設故、應審思擇。

有るが説かく、心受の楽根有ること無し。三静慮の中に楽支を説くは皆是れ身受所摂の楽根なり、と。若し爾らば、何が故に契経に説く有りや。如何が楽根なる。謂く楽に順ずる触の力の引生する所の身・心の楽受なり、と。有余は此に於いて心の言を増益す。諸部の経中に唯身のみを説くが故なり。又、第三定の所立の楽支を、契経に自ら説きて身所受の楽と為すが故なり。若し此に於いては意を説きて身と為せるなりと謂わば、此に身の名を説くは何の徳有りと為すや。又、第四定には軽安倍増するも、而も彼に楽支有りと説かざる故なり。若し軽安にして要らず楽受に順ずるを方に名づけて楽と為すと謂わば、第三静慮の軽安は楽に順ずれば応に是れ楽支なるべし。若し彼の軽安は行捨の為に損ぜらるるなりと謂わば、爾らず。行捨は軽安を増すが故に。又、彼の軽安は前の二に勝れたるが故に。又契経に説かく、若し爾の時に於いて諸の聖弟子、離より生ずる喜に於いて身に作証し具足して住すれば、彼は爾の時に於いて已に五法を断じ、五法を修習し、皆円満を得。広説乃至、何等をか名づけて所修の五法と為すや。一に歓、二に喜、三に軽安、四に楽、五に三摩地なり、と。此に、軽安と楽とは別に説かるる故に、初めの二の楽は即ち軽安に非ざるなり。若し、定中に寧んぞ身識有らんやと言わば、有りとて亦失無し。定中に在りて、軽安の風の、勝定の起す所にして、順って楽受を生じ、遍く身に触るるもの、有りと許すが故なり。若し外に散ずるが故に応に定を失壊すべしと謂わば、是くの如き失無し。此の軽安の風は、勝定従り生じ、内身の楽を引きて、還能く三摩地を順起するが故なり。若し身識を起さば応に出定と名づくべしと謂わば、此の難然らず。前因に由るが故なり。若し、欲界の身根に依止しては応に色界の触の識を生ずることを得べからず、と謂わば、軽安を縁ずる識は生ずと許すに過無し。若し爾らば、正しく無漏定の中に在りては触及び身識は応に無漏を成ずべし。所立の支の少分は有漏、少分は無漏なりとして、理に違う失を成ずること勿れ。理に違う失無し。所以は何ぞ。身の軽安は是れ覚支の摂なりと説くことを許すが故なり。若し彼に順ずるが故に覚支と説くと謂わば、無漏も亦応に是くの如く説くを許すべし。若し、説くを許さば、便ち契経に違わん、契経に言うが如し、諸の所有の眼と、乃至広説す、此の経中に十五界は全て皆有漏なりと説くが故なり、と謂わば、経に違う過無し。此れ余の触及び余の身識に約して密意して説くが故なり。如何が無漏の静慮現前するに少支は有漏、少支は無漏なりや。起ること倶時ならざれば、斯に何の失か有らん。若し喜・楽倶起せざるが故に応に五支及び四支の理無かるべしと謂わば、此れ亦過無し。容有に約して喜・楽支有りと説く。尋・伺有りとするが如し。若し尋・伺も亦倶起すれば、倶起せざるに於いて喩為ること成ぜずと謂わば、此れ成ぜざるに非ず。心の麁・細互いに相異なる故に応に倶起すべからず。又倶起せざるに於いて過を説くこと能わざるが故なり。此れに由りて説く可し、初めの五支に依りて二・三・四を減じて第二等を立つ、と。即ち此の理に依りて初めに五支を説く。漸く前を離るるに擬して後を建立するが故なり。漸く減ずること無きが故に想等を説かず。或は応に説くべし、何が故に初めに唯五支のみを立つるや、と。若し此の五、初定に資すること勝れたるが故に立てて支と為す、と謂わば、此れ理に応ぜず。念・慧は能く資すること尋・伺に勝るが故なり。一類有りて是くの如き説を作すと雖も、然も古昔の諸軌範師の共に施設するに非ざるが故に、応に審かに思択すべし。

≪楽に順ずる触≫「触」は六境の一としての触（所触）、すなわち身識・身根（触覚器官）の対象ではなく、心所の一（十大地法の一）としての触、すなわち触覚作用を意味する。**≪諸部の経≫** よりどころとしての阿含経典にもそれを伝承した部派の相異によって本文に異同が生じており、諸派の論師たちがすでにそのことに注意していた事実を、この句は示す。**≪歓≫** ヤショーミトラ註の引く経文の中では、この語は「内浄」となっている。**≪勝定≫** すぐれた三昧、の意。**≪覚支≫** 菩提を得る因子の意。念・択法（慧）・精進・喜・軽安・定・捨を七覚支と数える。**≪十五界≫** 十八界から意・意識・法の三界をのぞいた余の十五界。**≪密意して≫** ひそかにそれを意味して、の意。**≪容有に約して≫** 可能性に関して、の意。「容有」とは可能性として有るべきことの意。**≪一類≫** ある人々、の意。**≪軌範師≫** 師匠、の意。原語の発音を写して「阿闍梨」と書くこともある。**≪施設する≫** 知らしめる、説き示す、の意。

*

他の人々は、また、〔次のように〕説く。心〔受〕の楽根はまったく存しない。三静慮のいずれにおいても身〔受〕の楽〔根〕のみが支として立てられている、と。では、経中に「楽根とは何か。楽を感受すべき触によって触感されたものに生ずるところの、身や心の快い感受、感覚、が楽根といわれる」と説かれているのは〔いかに解すべきか〕といえば、この〔経の〕本文の読み方は〔「心の」という語が〕増広されている。他のすべての部派においては、「身の」とだけ読んでいるからである。もし〔経の〕また、「身によって楽を感受する」と〔経〕自らの言葉をもって説いているからである。もし〔経の〕「身によって」の語は、ただ〕「意身（意のあつまり、の意）によって」〔の意味でいわれたにすぎない〕というならば、そのようにいっていかなるよいことがあるのか（「意によって」の意味か「身によって」

の意味か混乱するばかりで何の意味もないではないか〕。また、第四静慮において軽安はさらに増すのに、〔第四静慮についての経の記述には〕「楽」の語はないから〔静慮支としての「楽」は軽安の楽でなく身受の楽であるはずである〕。もし〔先にいわれたように〕楽受に順応する軽安が〔初・第二静慮における〕楽であるとするならば、第三静慮において〔も楽受に順応する軽安があるのに〕何ゆえに〔そこで〕軽安の楽が説かれないのか。もし〔その軽安は〕捨によって損われるから〔説かれないのである〕というならば、〔そうでは〕ない。それは前の二つ（初・第二静慮における軽安）よりもすぐれているので、同じ捨によって〔かえって〕それは増大するのだからである。〔また、〕「聖弟子が離より生じた喜を身によって現証し、具足してあるとき〔云々〕」という、かの経の中で、軽安と楽とは別々に説かれているから、軽安がすなわち楽ではない。もし、等至に入っている者にどうして身識があるか、というならば、すぐれた三昧より生ずる、軽安と名づけられる、楽を感受すべき（すなわち、楽に順応する）風が、身に遍くひろがるから〔その風（すなわち所触）を感触すべき身識があるの〕である。もし、〔それでは心が〕外側に拡散するから三昧は消失する、というならば、〔そうでは〕ない。三昧より生じ身内におこった身の楽は三昧に順応するからである。もし、身識があるときは〔その人は〕出定しているはずであろう、というならば、〔そうでは〕ない。〔三昧に順応するからという〕その同じ理由からである。もし、欲界繋の身根によって色界繋の〔内に生ずる身の〕所触に対する〔身〕識は生じない、というならば、〔そうでは〕ない。軽安〔と相応する身〕識は〔欲界繋の身根に依止して〕生ずるからである。もし、〔無漏定の中の〕ある支は有漏、ある〔支〕は無漏であることはできないから、〔軽安を相とする〕所触と〔それを所縁とする〕身識とはともに無漏であるはずである、というならば、「身の軽安は覚支である」と〔経に〕説かれているから〔それら〕二つは〔無漏であると〕認められるのである。もし、〔身の軽安は〕覚支に順応するから〔覚支であると仮に説かれるのであるが、まさしく覚支なのではない〕、というならば、〔所触と身識とが〕無漏であることも同様〔に、それら二つは無漏性に順応するから無漏であると仮に説かれるのであるが、まさしく無漏なのではないから、汝の指摘する矛盾はない〕。もし、「何が有漏法か。眼ないし所触である」という経と矛盾するから、〔それらを無漏と説くことは正しくない〕というならば、〔そうでは〕ない。〔その経文は、この場合とは〕別な、〔三昧とあい伴わない〕所触や身識を意味して説かれているからである。もし、無漏〔の静慮〕において、ある支は有漏であり、ある支は無漏である、ということは、あり得ない、というならば、〔無漏の支と有漏の支とが〕同時にあるというのではないから、何の過ちがあろうか。もし、また〔身受の〕楽と〔心受の〕喜とは同時におこるのではないから〔初静慮は〕五支を有し得ない、というならば、〔そうでは〕ない。〔初静慮において〕尋・伺が〔別々におこる〕ごとく〔楽・喜も別々におこるから、それを二支と数えあげることが〕できるという点で、〔初静慮に五支ありと〕説かれるのだからである。もし、〔そのためには、尋と伺とは同時におこるのでないということが〕論証されねばならぬ、というならば、〔麁大な心のはたらきである〕尋と〔微細な心のはたらきである〕伺とはあいいれないし、〔尋・伺が同時におこるのではないということについて〕過ちは説かれていないから、〔そのことは〕すでに〔「根の解説」（Ⅱ33ab）において〕成立している。このゆえに、初静慮においてあるところの五支の中の、二・三・四支を減じて、第二静慮などが立てられるのである。だからこそ、初静慮においては五つが支であると説かれ、それを〔次々に〕減じてのちの〔三〕静慮を立てるのである。しかし想などは〔漸減することがないから〕支であるとは説かれない。ただ五のみが支であると説かれるのは何のためか。もし、〔それら五は初静慮を〕益するものであるから、というならば、〔そうでは〕ない。尋・伺よりも念・慧の方がいっそう〔静慮を〕益するものだからである。〔以上、〕これはある人々の説であるけれども、昔の軌範師らが示している限りではそのようには説明されなかった。だからそれをよく考察しなければならない。

＊　＊

譬喩師らの異論とは、初・第二・第三静慮における楽はいずれも身受の楽だとする点にある。したがって、前二静慮における楽を軽安と見る説を否定し、静慮に入っている者にも身識が生起することを力説する。そして、その身識の所触として「軽安の風」があるとするから、いきおい、所触が無漏であるといわなければならなくなり、このあたりの議論はいささか強弁の感を与えるものがある。そのように前二静慮における楽を軽安という別の心所とは見ず、楽受と見るから、同じ受の心所である喜と楽とを別個な二支と数える理由が説かれねばならないことになるのである。

12　内等浄

應說何法名內等淨。此定遠離尋伺鼓動、相續淸淨轉名爲內等淨。若有尋伺鼓動、相續不淸淨轉、如河有浪。若爾、此應無有別體。如何許有十一實事。是故應說、此卽信根。謂、若證得第二靜慮、則於定地亦可離中有深信生、名內等淨。信是淨相、故立淨名。離外均流、故名內等。淨而內等、故立內等淨名。有餘師言、此內等淨等持尋伺皆無別體。若無別體、心所應不成。心分位殊亦得名心所。雖有此理非我所宗。

応に説くべし、何れの法を内等浄と名づくるかを。此の定、尋・伺の鼓動を遠離し、相続が清浄にして転ずるを、名づけて内等浄と為す。若し尋・伺の鼓動有らば、相続は清浄にして転ぜず。河に浪有るが如し。若し爾らば、此れ応に別体有ること無かるべし。如何が十一実事有りと許すや。是の故に応に説くべし、此れ即ち信根なり、と。謂く、若し第二静慮を証得すれば則ち定地の亦離るべき中に於いて深信の生ずる有るを内等浄と名づく。信は是れ浄相ある故に浄の名を立つ。外を離れ均しく流るるが故に内等と名づく。浄にして内等なるが故に内等浄の名を立つ。有余師言わく、此の内等浄と等持と尋と伺とは皆別体無し、と。若し別体無くば心所は応に成ぜざるべし。心の分位殊なれば亦心所と名づくるを得。此の理有りと雖も、我が宗とする所に非ざるなり。

《相続》 心・心所はいずれも刹那に生滅する有為法であるが、一つの心・心所が現在から過去へ去ると、次の心・心所が未来から現在に生じてきて、先の心・心所を継ぐ。それが不断に繰り返されるところに、継続的な心・心所法の流れが形成される。「相続」と呼ばれるのがそれであり、すなわち個体的存在としての有情の精神生活の内容をなす。二五一頁を見よ。

《信根》 「信」の心所（十大善地法の一）。それを信根というのは、信・勤（精進）・念・定（三昧、三摩地）・慧の五（いずれも心所）を五根として数える、その一つだからである。 **《信は是れ……名を立つ》** 他の諸本のすべてがこの句を欠く。あるいはシナにおいて加えられた説明かもしれない。

*

内なる清浄と名づけられるこの法は何か。〔静慮において〕尋・伺の揺れ動きを離れることによって〔心・心所の〕相続が〔静かに澄んで〕流れゆくのが内なる清浄である。尋・伺に揺れ動かされる相続は、波立つ河のようで、静かに澄んでいない。では、そ〔の内なる清浄〕は〔心・心所の相続と〕別なものではないのだから、どうして〔それを別な静慮支と数え、したがって四静慮には、別個な〕ものとしての十一の〔静慮〕支があることになるのか。そこで、そのことからして、

浄は信である（9c）、

〔と説かれる〕。か〔の相続〕には、第二静慮を得ることによって、定地（初静慮地）から離れることにおいて確信が生ずる。これ（即ち信なる心所）がそ〔の第二静慮〕における内なる清浄である。〔しかるに〕他の人々は、尋・伺・三昧は〔心と別なもので〕ないし、内なる清浄も〔心と〕別なものではない、と〔主張する〕。別なものではないのに、どうして〔それが別個な〕心所であるということが成立するか、〔といえば、〕心の特殊な位がすなわち心所であるからである〔という〕。しかし、これは〔この〕論書の宗とするところでない。

＊　＊

第二静慮の静慮支の一である「内等浄」とは、その自体からすれば心所である信（十大善地法の一）にほかならない、とする。余師（おそらく経量部）は心と心所を別なものと考えないから、初静慮の静慮支である尋・伺・定（三昧、等持）も、この内等浄もただ心の特殊な位相にすぎず、心と別なものではない、とするが、説一切有部の宗義はもとよりそれを認めない。

13　喜について

如上所言、喜卽喜受。以何爲證、知決定然。汝等豈言喜非喜受。如餘部許、我亦許然。餘部云何許非喜受。謂別有喜是心所法。三定中樂皆是喜受。故喜喜受其體各異。非三定樂可名喜受。二阿笈摩分明證故。如辯顚倒契經中說、斯無餘滅憂等五根、

第三定中無餘滅喜、於第四定無餘滅樂。又餘經說、第四靜慮斷樂斷苦先喜憂沒。故第三定必無喜根。由此喜受是喜、非樂。

上に言う所の如く、喜は即ち喜受なり。何を以て証と為して、決定して然ることを知るや。汝等、豈(あに)喜は喜受に非ずと言うか。余部の許すが如く、我も亦然りと許す。余部は云何が喜受に非ずと許すや。謂く、別に喜の是れ心所法なる有り。三定中の楽は皆是れ喜受なり。故に喜と喜受と其の体各異なり。三定の楽は喜受と名づく可きに非ず。二阿笈摩に分明に証するが故に。弁顛倒契経中に説くが如し。斯(ここ)に余り無く憂等の五根を滅し、第三定中に余り無く喜を滅し、第四定中に余り無く楽を滅す、と。又、余経に説かく、第四静慮にては楽を断じ苦を断ず、先に喜と憂とは没す、と。故に第三定は必ず喜根無し。此れに由りて喜受は是れ喜なり、楽に非ず。

*

《弁顛倒契経》パーリ中部第一一一経などにその所説が見えるが、経名は一致しない。《余経》中阿含第三、城喩経か。

〔先に〕「喜は喜〔受〕である」と説かれた(二八〇頁)が、それはいかに理解されるのか。〔もしそう考えないとしたら〕他にいかなる〔考え方〕があり得るか、〔というなら、私は〕他の部派の人々が認めるように〔考える。すなわち〕喜は別個な心所法であるが、喜〔受〕は〔初ないし第三の〕三静慮における楽である、と。〔否、〕諸静慮における楽を喜〔受〕であるとすることはまったく理に合しない。

二種の教〔証〕によって、喜が喜〔受〕である(9cd)。

世尊は『顛倒経』の中で第三静慮を説いて「ここにおいて彼に生じていた喜根は残りなく滅せられ

る」と〔いい〕、また「第四静慮においては楽根が滅せられる」と説いている。さらにまた〔別な経には〕「楽を断ずるによって、苦を断ずるによって、そして、先に喜と憂の二つを滅したるによって」とも説かれている。だから、第三静慮に喜根はない。それゆえ喜こそが喜〔受〕であって、楽が〔喜受では〕ない。

＊　＊

ここでは初・第二静慮の静慮支喜は喜受であり、同じく楽は軽安であり、第三静慮の静慮支楽は楽受である、とする説一切有部の説に対して、三つの静慮のいずれにおいても静慮支楽は喜受である（したがって、初・第二静慮の静慮支喜は喜受ではない）とする異説をあげ、二つの経説を証拠として掲げてそれを退ける。

14　染静慮の場合

如是所説諸靜慮支、染靜慮中爲皆有不。不爾。云何。頌曰、

染如次從初　無喜樂內淨
正念慧捨念　餘説無安捨

論曰、如上所説諸靜慮支、染靜慮中非皆具有。且有一類、隨相説言、初染中無離生喜樂、非離煩惱而得生故。第二染中無內等淨、彼爲煩惱所擾濁故。第三染中無正念慧、彼爲染樂所迷亂故。第四染中無捨念淨、彼爲煩惱所染汚故。有餘師説、初二染中但無輕安、後二染中但無行捨、大善攝故。

是くの如く説かれたる諸静慮支は、染の静慮の中にも皆有りと為すや不や。爾らず。云何。頌に曰く、

染は次の如く初め従り、喜・楽と内浄と正念・慧と捨・念と無し。余は説かく、安と捨と無し、と。論じて曰く、上に説かれたる諸静慮支の如きは、染の静慮中に皆具に有るに非ず。且く一類有り、相に随って説きて言わく、初の染の中には離生の喜・楽無し、煩悩を離れて生を得るに非ざるが故に。第二の染の中には内等浄無し、彼は煩悩の為に擾濁せらるるが故に。第三の染の中には正念と慧と無し、彼は染の楽に迷乱せらるるが故に。第四の染の中に捨と念との浄なる無し、彼は煩悩の為に染汚せらるるが故に。有余師の説かく、初と二の染の中には但軽安のみ無し。後の二の染の中には但行捨のみ無し。大善の摂なるが故なり、と。

《染》「染汚」ともいう。不善と有覆無記とを染汚とする。「浄」すなわち「清浄」に対する。《安》軽安の略。《相に随って》他の諸本に無い句であるが、「染汚の定の相状のままに」という意であろう。《離生》「煩悩を離れることから生ずる」という意。《擾濁》「さわがしく濁っている」の意で、内等浄が「静かに澄んでいる」のに対する。《迷乱》同様に、正念・慧が注意力にたるみなく智力に乱れのない状態であるのに対していう。《大善》大善地法の略。善心には常にあい伴って生起する心所。

*

では、染汚の諸静慮の中にも、〔右に各静慮に〕配当されたごとき諸〔静慮〕支はあるのか。否。〔では〕それら〔染汚の静慮〕の中には何が存しないか。

染汚〔の静慮〕には喜・楽と、浄と、慧と念と、捨・念の清浄と、がない（10 a b c）。

初静慮においては離から生じた喜・楽がない。煩悩を離れているのではないからである。第二静慮においては内なる清浄がない。煩悩によって濁っているからである。第三〔静慮〕においては念・正智がない。染汚の楽によって迷乱しているからである。第四〔静慮〕においては捨・念の清浄がない。

煩悩によって穢れているからである。

ところで一方、ある人々は次のようにいっている。

ある人々はまた〔説く〕。軽安と捨との二が〔ない、とする〕(10 d)。染汚の初・第二〔静慮〕においては軽安がなく、第三・第四〔静慮〕においては捨がない。これら二つは大善地〔法〕であるから、と。

＊　＊

いわゆる染静慮において静慮支の中のいくばくが欠け、いくばくが存するか、という問題である。二説が出されている。

6　静慮についてのその他の問題

15　第四静慮の不動なること

契經中說、三定有動第四不動。依何義說。頌曰、

第四名不動　離八災患故　八者謂尋伺　四受入出息

論曰、下三靜慮名有動者、有災患故。第四靜慮名不動者、無災患故。災患有八。其八者何。尋伺四受入息出息。此八災患第四都無。故佛世尊說爲不動。然契經說第四靜慮不爲尋伺喜樂所動。有餘師說、第四靜慮如密室燈照而無動。

契経中に説かく、三定には動有り、第四は不動なり、と。何の義に依りてか説く。頌に曰く、

第四を不動と名づく。八災患を離るるが故に。八とは謂く、尋と伺と四受と入出息となり、と。論じて曰く下の三静慮を有動と名づくるは、災患有るが故なり。第四静慮を不動と名づくるは、災患無きが故なり。災患に八有り。其の八とは何ぞ。尋と伺と四受と入息と出息となり。此の八災患は第四には都べて無し。故に、佛世尊は説きて不動と為す。然れば契経に、第四静慮は尋・伺・喜・楽の為に動かされず、と説く。有余師説かく、第四静慮は密室の灯の照らして動き無きが如し、と。

《八災患》「災患」は真諦訳では「過失」。原語 apakṣāla は佛典だけに見える特殊な語であるが、むしろ短所、欠点、過失、の意らしい。

*

〔初ないし第三の〕三静慮は動揺を免れない、と世尊によって説かれている。欠点をもっているからである。

第四〔静慮〕は、しかし、八つの欠点を離れているから不動である（11 a b）。

ではその欠点とは何か。

尋・伺と呼吸と楽などの四〔受〕とである（11 c d）。

尋・伺と楽・苦と喜・憂と呼気・吸気とである。第四〔静慮〕にはこれら八つ〔の欠点〕が一つもない。だからそれは不動である、と説かれる。第四〔静慮〕は尋・伺・喜・楽によって動かされることがないから不動である、経によれば「風に吹かれない灯火に似ているから」、とある人々は〔説く〕。

* *

初ないし第三静慮は動揺ある三昧、第四静慮は不動の三昧、という教説は中阿含第一九二経、マッジマ・ニカーヤ第六六経に見える。

16　生静慮における受

如定靜慮所有諸受、生亦爾不。不爾。云何。頌曰、

生靜慮從初　有喜樂捨受　及喜捨樂捨　唯捨受如次

論曰、生靜慮中、初有三受。一、喜受意識相應。二、樂受三識相應。三、捨受四識相應。第二有二、謂喜與捨意識相應。無有樂受、無餘識故。第三有二。謂樂與捨意識相應。第四有一。謂唯捨受意識相應。是謂定生受有差別。

定静慮の所有の諸受の如く、生も亦爾るや不や。爾らず。云何。頌に曰く、

生静慮は初より、喜と楽と捨受と、及び喜と捨と、楽と捨と、唯捨受のみと、有り。次の如し、と。

論じて曰く、生静慮の中、初に三受有り。一に喜受の意識相応なる、二に楽受の三識相応なる、三に捨受の四識相応なるなり。第二に二有り。謂く、喜と捨との意識相応なるなり。楽受有ること無し、余の識無きが故に。第三に二有り。謂く、楽と捨との意識相応なるなり。第四に一有り。謂く、唯捨受の意識相応なるのみなり。是れを定と生との受に差別有りと謂う。

*

〔はじめの〕二静慮には喜〔受〕(saumanasya) があると、説かれている。〔ただし〕喜 (prīti) の語を用いてであるが。第三静慮には楽〔受〕が、第四静慮には捨〔受〕があると〔説かれている〕。ところで、静慮である等至 (定静慮) にあるのとまったく同じ受が静慮である生 (生静慮) にもあるの

か、といえば、〔そうでは〕ない、とて〔次のように〕いう。では何が〔ある〕か。

静慮なる生においては、喜・楽・捨と、捨・喜と、楽・捨と、捨との諸受がある(12)。初静慮なる生には三受がある。三識身〔に相応する〕楽〔受〕と、意地の（意識と相応する）喜〔受〕と、四識身〔に相応する〕捨〔受〕とである。第二静慮なる生には二受がある。意地の喜〔受〕と捨〔受〕とである。他の〔五〕識身はないから〔五識と相応すべき〕楽〔受〕はない。第三静慮なる生には二受がある。意地の楽〔受〕と捨〔受〕とである。第四静慮なる生には〔意地の〕捨〔受〕のみがある。

＊＊

「三識相応」とは眼・耳・身の三識と相応する、の意。初静慮地には鼻識・舌識は存しないし、楽受はただ身受の楽であって前五識（眼・耳・鼻・舌・身識）とのみ相応すべきもので、意識とは相応しないからである。「四識相応」とは捨受の場合は意識とも相応するからである。第二静慮地以上では、心はただ意識のみであって、前五識は生じない（ただ初静慮地の五識が作用することはある）。第三静慮地では、第二静慮地のように心の動きが麁大ではないので、微妙な心の悦び、すなわち心受の楽、がある。

17　上静慮地における識や業

上三靜慮無三識身及無尋伺、如何生彼能見聞觸及起表業。非生彼地無眼識等。但非彼繫。所以者何。頌曰、

生上三靜慮　起三識表心
皆初靜慮攝　唯無覆無記

論曰、生上三地起三識身及發表心、皆初定繫。生上起下、如起化心故、能見聞觸及

發表。此四唯是無覆無記。不起下染已離染故。不起下善以下劣故。如是別釋靜慮事已。

上の三静慮には三識身無く、及び尋・伺無くば、如何が彼に生じて能く見、聞き、触れ、及び表業を起すや。彼の地に生ずるものに眼識等無しとには非ず。但彼の繫に非ざるなり。所以は何ぞ。頌に曰く、

上の三静慮に生じ、三識と表とを起す心は、皆初静慮の摂なり。唯無覆無記なり、と。

論じて曰く、上の三地に生じて、三識身を起すと及び表を発するとの心は、皆初定の繫なり。上に生じ下を起すは、化心を起すが如くなる故、能く見、聞き、触れ、及び表を発するなり。此の四は唯是れ無覆無記なり。下の染を起さざるは已に離染したるが故なり。下の善を起さざるは下は劣なるを以ての故なり。是くの如く別して静慮の事を釈し已れり。

《三識身》　この場合、眼識・耳識・身識をさす。見、聞き、触れる識である。識身というときの「身」は単に「あつまり」の意で、それによって複数を表わす。だから、三識身とは単に「三つの識」を意味するにすぎない。《表業》　無表業に対する。表面に表われる業（行為）の意。身体をもって行う行為（身表業）と口をもって語る行為（語表業）とをいう。《彼の繫》　上三静慮地に繫せられる、の意。『倶舎論』の第一章で「繫とは離れないということである。その界・地に繫がれているということである」と説明されている（ad I 30ab）。《化心》　欲界繫と色界繫との無覆無記心の一種。変化心とも通果心ともいう。静慮の果として得られ、自在に超自然的な作用をおこす心。化作者らは下地の化心を上地の化心として現前させる。《離染》　離貪ともいう。貪（この場合はひろく煩悩一般を意味する）を離れること。

＊

もし第二等の〔三〕静慮には〔眼・耳・身の〕三識身があり得ず、尋と伺も〔あり得ない〕ならば、

彼ら〔その静慮地に生じている者〕はいかにして〔対象を〕見、ないし、〔対象に〕触れるのであるか。また、いかにして表業をおこすのであるか、〔といえば、〕そこに生じている者らにまったく眼識などが無いのではないが、〔その眼識などは〕自地に属するものではないのである。ではどうであるか。

第二等〔の静慮〕における身・眼・耳識と表〔業〕をおこす〔心〕とは、初〔静慮地〕に属する(13 a b c)。

〔上地の化を化作しようと欲する化作者らが下地に生じている人の上に上地の〕化心〔を現前させる〕ごとく、彼ら〔第二等の静慮地に生じている人々〕は、初静慮地に属する眼・耳・身識と表〔業〕をおこす〔心〕とを、第二等の静慮〔地〕において、現前させる。それによって、彼らは見、〔聞き、触れ、〕ないし、表〔業〕をおこすのである。

そしてそれは不染汚無記である(13 d)。

そして、彼らが現前させるその初静慮地に属する識は、無覆無記であると知るべきである。〔なぜならば、それは下地の〕貪を離れているから染汚でないし、〔下地の善ではあっても上地に現前させれば〕劣っているから〔上地においては〕善でない。

静慮について〔論議〕さるべきことは終わった。

* *

第二静慮以上には尋・伺がない。眼などの五識は常に尋・伺と相応しておこるのであるから、それら五識もない、という。そのうち、鼻識と舌識の無いのは、色界に香・味が無いとされる (ad I 30cd) 以上、自明のことであるが、他の三識が無いということについては、第二静慮地以上にあっても見る、聞く、触れるなどのことはあるはずであるから、疑問が残る。また、身・語の表業もあるはずであるから、それをおこす心もなくてはならず、それを対象としてとらえる識（身表業の場合は眼識、語表業の場合は耳識）もなくてはならぬ、と考えられる。それらの点がここの問題である。そこで与えられる通釈は、初静慮地に属する無覆無記の識が第二静慮地などにおいて見る、聞く、触れる、表業をおこすなどのことにおいてはたらくのである、というものである。

7　浄等至・無漏等至などについて

18　浄等至・無漏等至などを得る所以

浄等等至初得云何。頌曰、

全不成而得　浄由離染生　無漏由離染　染由生及退

論曰、八本等至隨其所應、若全不成而獲得者、浄由離染及由受生。謂、在下地離下地染、及從上地生自地時。下七皆然。有頂不爾。唯由離染、無由生故。遮何故說全不成言。爲遮已成更得少分。如由加行得順決擇分等、及由退得順退分定。卽依此義作是問言。頗有浄定由離染得、由離染捨。由退由生爲問亦爾。曰、有。謂順退分。且初静慮順退分攝離欲染時得、離自染時捨。退離自染得、退離欲染捨。從上生自得、從自生下捨。餘地所攝應如理思。無漏但由離染故得。謂、聖離下染得上地無漏。此亦但據全不成者。若先已成餘時亦得。謂盡智位得無學道、於練根時得學無學。餘加行及退皆如理應思。豈不由入正性離生亦名初得無漏等至。此非決定。以次第者爾時未得根本定故。此中但論決定得者。染由受生及退故得。謂、上地沒生下地時得下地染、及於此地離染退時得此地染。

浄等の等至を初めて得るは云何。頌に曰く、

全く成ぜずして得るは、浄は離染と生とに由り、無漏は離染に由り、染は生及び退に由る、と。

論じて曰く、八の本等至は其の所応に随いて、若し全く成ぜずして獲得すれば、浄は離染に由り、及び生を受くるに由る。謂く、下地に在りて下地の染を離るると、及び上地従り自地に生ずるとの時なり。下の七は皆然り。有頂は爾らず。唯離染のみに由る、生に由ること無き故に。何を遮するが故に全く成ぜずとの言を説くや。已に成じて更に少分を得るを遮せんが為なり。加行に由りて順決択分等を得、及び退に由りて順退分の定を得るが如し。即ち此の義に依りて是の問いを作して曰く、頗し浄定を離染に由りて得、離染に由りて捨すること有りや、と。退に由りて、生に由りて、と問いを為すことも亦爾り。曰く、有り。謂く順退分なり。且く、初静慮の順退分に摂するは欲の染を離るる時に得、自の染を離るる時に捨す。自の染を離るるより退して得、欲の染を離るるより退して捨す。上従り自に生じて得、自従り下に生じて捨す。余地に摂せらるるものも応に理の如く思うべし。無漏は但離染のみに由るが故に得。謂く、聖は下の染を離れて上地の無漏を得。此れ亦但全く成ぜざる者に拠る。若し先に已に成ぜば余の時にも亦得。謂く尽智の位に無学道を得、練根の時に於いて学・無学を得。余の加行及び退をも皆理の如く応に思うべし。豈正性離生に入るに由りて、亦、初めて無漏の等至を得ると名づくるにあらずや。此れは決定に非ず。次第の者は爾の時未だ根本定を得ざるを以ての故なり。此の中、但、決定して得る者のみを論ず。染は受生及び退に由るが故に得。謂

く、上地に没して下地に生ずる時下地の染を得、及び此の地の離染より退する時此の地の染を得るなり。

《浄等の等至》　浄等至と無漏等至と染汚等至をいう。《生》　いずれかの地に生を享けること。《退》　退堕すること。すぐれた状態を失って劣った状態におちいること。《本等至》　八等至の根本定。《順決択分等》　順決択分と順勝進分とをいう。浄等至には次下に説かれるように順退分・順住分・順勝進分・順決択分の四種がある。《遮する》　さえぎる、その場合を除く、の意。《順退分》　次下の説明を見よ。《聖》　聖者。凡夫に対する。無漏道に入ったもの。《尽智》　無学の聖者が、われは苦・集・滅・道の四諦を体現し尽くした、と知る智。《無学道》　修行の道程において、無漏の智をおこして無漏道（聖道）に入ったときからすべての煩悩を断ち尽くすまでを三つの階位に分って、見道・修道・無学道とする。見道とは四諦を明らかに見て理知的な煩悩を断つ階程、修道とは三昧の修練を繰り返して次第に情意的な煩悩を断つ階程、無学道はすべての煩悩を断ち尽くして阿羅漢果に至った境位をいう。《練根》　転根ともいう。「根」は有情のもつ素質。利根と鈍根がある。修道の力によって鈍根の者が利根になることを練根という。《学・無学》　学は有学ともいい、見道・修道の階程、またはその階程にある聖者をいう。無学は無学道の境位、またはその位にある聖者すなわち阿羅漢をいう。《正性離生》　見道に入る最初の刹那をいう。それによって正しい涅槃のさとりに進む方向が定まり異生（凡夫）の生を離れるから、そうよばれる。《次第》　次第証の略。超越証に対する。修行の道程の中で、見道に入る（すなわち無漏道に入る）以前を有漏道というが、その有漏道においてすでに修所断の煩悩（情意的な煩悩）の一部を断ち棄てている人が見道をへて修道に入ったとき、その人は一来果あるいは不還果を得るが、それを超越証という。有漏道においていかなる修所断の煩悩も断ち棄てていない人は、見道をへて修道に入ったとき預流果を得る。そしてその後の修道における修練によって、一来果を、ついで不還果を、得てゆく。それを次第証という。

＊

さて、浄などの静慮・無色はどのようにして得られるか。

それを有していない者は、離貪によって〔あるいは〕生によって、浄〔等至〕を得る（14ａｂ）。

それ〔浄等至〕をいまだ具有していない者は次のことによって浄の静慮あるいは〔浄の〕無色を得る。〔すなわち〕下地より離貪することによって、あるいは〔上地から〕下地〔であるその地〕に生まれることによって、である。〔ただしこの場合は〕有頂を除く。〔それより上地はないから〕それが生によって得られることはないからである。

それを有していない者と〔いったの〕は何のためか。〔すでに〕浄〔等至〕を具有している者が〔さらに〕加行によって順決択分の浄〔定〕を得る〔ことがあり〕、退堕することによって順退分〔の浄定〕を〔得ること〕も〔あるから、それを除外するためである〕。そのゆえにこそ、次のように説かれる。浄の静慮を離染によって得、離染によって捨するということがあるであろうか。同様にまた、退堕によっておよび生によって〔得、捨するということがあるであろうか〕、〔といえば、それに答えて〕いった。あるであろう。順退分の初静慮が〔それである〕。それは、欲〔界よりの〕離染によって得られ、梵界〔初静慮地〕〔よりの〕離貪によって捨せられるし、梵界〔よりの〕離貪から退堕することによって得られ、欲界〔よりの〕離貪から退堕することによって捨せられるし、上〔地〕〔第二静慮地以上〕から梵界に生ずる者は〔それを〕得、そこから欲界に生ずる者は〔それを〕捨するからである、と。

しかし無漏〔等至〕を離貪によって（14c）、

それを有していない者は得る、と〔いう先の句に〕つながるのである。一方、すでにそれを有している者は尽智によっても無学を得、練根によっても学・無学を〔得る〕。

しかし、〔正性〕決定に入ることによっても、はじめて無漏を得るのではないか、〔といえば、〕必ずしもそうではない。次第〔証〕の者は〔それを〕得ることがないからである。〔ここでは「得る」というのはいかなる場合に〕必ず得る〔か〕をいうのである。

染汚〔等至〕を退堕と生とによって（14d）、それを有していない者は得る、と同じく〔先の句に〕つながるのである。もしそ〔の地よりの〕離貪から退堕するならば退堕によって、もし上地から下〔地〕に生まれ出るならば、生によって〔得る〕。

＊＊

等至を浄と無漏と染汚とに分けて、それぞれがはじめて得られる場合、その因由となるものを明かす。浄等至の初得は下地にて離貪することに由り、また上地から下降してその地に生まれでることに由る。無漏等至の初得はただ下地にて離貪することに由る。聖者が上地から下ってその地に生まれでることはないから、生に由って無漏なる定を得ることはない。染汚の等至の初得は生に由るほか、その地の離貪から退することにも由る。初得でない場合は、また別な因由も考えられるから、その一例として順退分の初静慮の得・捨の因由となると考えられるものを枚挙している。

19　いかなる等至からいかなる等至が生ずるか

何等至後生幾等至。頌曰、

無漏次生善　上下至第三　浄次生亦然　兼生自地染　染生自浄染
井下一地浄　死浄生一切　染生自下染

論曰、無漏次生自上下善。善言具摂浄及無漏。然於上下各至第三。遠故無能超生第四。故於無漏七等至中、從初靜慮無間生六、謂自二三各淨無漏。無所有處無間生七、謂自下六上地唯淨。第二靜慮無間生八、謂自上六幷下地二、識無邊處無間生九、謂自下六幷上地三。第三四空無間生十、謂上下八幷自地二。類智無間能生無色。法智不然。依緣下故。從淨等至所生亦然。而各兼生自地染汚。故有頂淨無間生六。謂自淨染下淨無漏。從初靜慮無間生七。無所有八。第二定九。識處生十。餘生十一。從染等至生自淨染、幷生次下一地淨定。謂、爲自地煩惱所逼、於下淨定亦生尊重。故有從染生次下淨。若於染淨能正了知、可能從染轉生下淨。非諸染汚能正了知。如何彼能從染生淨。先願力故。謂、先願言寧得下淨不須上染。先願勢力隨相續轉、故後從染生下淨定。如先立願方趣睡眠至所期時便能覺寤。無漏與染必不相生、淨俱相生。故三有別。如是所說淨染生染、但約在定淨及染說。若生淨染生染、不然。謂、命終時從生得淨一一無間生一切染。若從生染一一無間能生自地一切下染、不生上者未離下故。

何れの等至の後に幾の等至を生ずるや。頌に曰く、

　無漏の次に善を生ず。上と下は第三に至る。浄の次に生ずるも亦然り。兼ねて自地の染をも生ず。染は自の浄と染と、并びに下の一地の浄とを生ず。死の浄は一切を生ず。染は自と下との染を生ず、と。

論じて曰く、無漏の次には自・上・下の善を生ず。善の言は具に浄及び無漏を摂す。然るに上・下に於いて各第三に至る。遠きが故に能く超えて第四を生ずること無し。故に無漏の七等至の中に於いて、初静慮従りの無間に六を生ず。謂く、自・二・三の各の浄と無漏となり。無所有処の無間に七を生ず。謂く、自・下の

六と上地の唯浄となり。第二静慮の無間に八を生ず。謂く、自・上の六と并びに下地の二となり。識無辺処の無間に九を生ず。謂く自・下の六と并びに上地の三となり。第三・四と空との無間に十を生ず。謂く、上・下の八と并びに自地の二となり。類智の無間に能く無色を生ず。法智は然らず。依と縁とが下なるが故なり。浄等至従り生ずる所も亦然り。而して各兼ねて自地の染汚をも生ず。故に有頂の浄の無間に六を生ず。謂く、自の浄・染と下の浄・無漏なり。初静慮従りの無間に七を生ず。無所有は八なり。第二定は九なり。識処は十を生ず。余は十一を生ず。染等至従りは自の浄・染を生じ、并びに次下の一地の浄定を生ず。謂く、自地の煩悩の為に逼られて、下の浄定に於いて亦尊重を生ず。故に染従り次下の浄を生ずる有り。若し染・浄に於いて能く正しく了知せば、能く染従り転じて下の浄を生ず可けん。諸の染汚は能く正しく了知するに非ず。如何ぞ彼能く染より浄を生ずるや。先の願力の故なり。謂く、先に願いて、寧ろ下の浄を得るも上の染を須いざらんと言うに、先の願の勢力は相続に随って転ず。故に後に染従り下の浄定を生ずるなり。先に願を立て方に睡眠に趣かば、所期の時に至りて便ち能く覚悟するが如し。無漏は染とは必ず相生ぜざるも、浄とは倶に相生ず。故に三は別有り。是くの如く説かれたる浄・染が染を生ずるは、但定に在る浄及び染に約して説く。若し生の浄と染とが染を生ずとならば、然らず。謂く、命終の時、生得の定の一一従りの無間に一切の染を生ず。若し生染の一一従りの世間には、能く自地と一切の下との染を生ず。上のを生ぜざるは未だ下を離れざるが故なり。

《類智》《法智》　無漏の智を法智と類智とに区別する。法智とは欲界の四諦を観察する智、類智とは色・無色界の四諦を観察する智をいう。法智は欲界の身をよりどころとして欲界の苦・集・滅・道を所縁とする。無色界との中間には色界の四地が介在するから、法智の無間にただちに無色定が生ずることはない、とされる。《相続》　有情の身心を構成する諸法の相続。《生の浄と染と》　生得の浄と染と、の意。

*

いずれの等至たるもののすぐ次にいくばく〔の等至〕が生起するか。無漏の初静慮のすぐ次に六が生起する。自地に属する、および第二・第三静慮地に属する、浄〔等至〕と無漏〔等至〕とである。無所有処のすぐ次に七が〔生起する〕。自地に属する、および識〔無辺処〕・空無辺処地に属する、浄〔等至〕と無漏〔等至〕と、そして有頂〔地〕の浄〔等至〕とである。〔有頂には〕無漏〔等至〕はないからである。第二静慮のすぐ次に八が〔生起する〕。自地に属する、および第三・第四・初静慮地に属する、浄〔等至〕と無漏〔等至〕とである。識無辺処のすぐ次に九が〔生起する〕。自地に属する二と、空無辺処・第四静慮地に属する四と、無所有処・有頂地に属する三とである。同様にして、余他の静慮・無色のすぐ次には〔それぞれに〕応じて十のものが〔生起するの〕である。〔以上を〕要約〔していえば〕こうなる。

無漏のすぐ次には、上・下の三番目に至るまでの善が生起する（15 a b c）。

「善」の語によって浄〔等至〕と無漏〔等至〕とが包含される。〔それらはともに〕善だからである。無漏の等至なるもののすぐ次には、自地に属する、および、上・下の三番目に至るまでの地に属する、浄〔等至〕と無漏〔等至〕とが生起する。〔中間の地を〕超えて等至に至る〔行者ら〕も三番目より遠くへとび越えることはできない。

類智のすぐ次には〔行者は〕無色の等至に入るが、法智のすぐ次には〔そうで〕ない。そ〔の法智〕は下〔地の身〕を所依とし〔下地の苦等を〕所縁とするからである、と。

無漏のすぐ次に〔生起する〕、と説かれたのと浄の次〔に生起するの〕とは同様である。そして自地に属する染汚も亦〔生起する〕(15 c d)。浄〔等至〕のすぐ次にはさらに加えて自地に属する染汚〔等至〕が生起するが、〔その〕他は無漏〔等至〕の次〔に生起するもの〕とまったく同様である。無漏〔等至〕の直後には染汚〔等至〕が生起することはない、と〔される〕からである。

染汚の次には自〔地〕の浄と染汚とが〔生起する〕(16 a)。

染汚の等至なるもののすぐ次には自地に属する浄〔等至〕と染汚〔等至〕とが生起する。

そして一つの下の浄も〔生起する〕(16 b)。

煩悩に逼迫されている者は、〔たとえそれが〕下〔地に属するもの〕であっても浄なる等至を重んずるから〔染汚等至の次に下の一地の浄等至が生起することがあるの〕である。もし〔その人が、今この等至は〕染汚であると〔正しく〕判断して、そこで下〔地の浄等至〕に転入するのなら、〔それは〕染汚からでなく善〔心〕から入ったものであるし、またもし〔そう〕判断してでないのなら、どうして〔彼は下地に〕転入するのであるか〔といえば、答えていう〕。〔それは彼の〕先の〔意図が〕ひきおこすことによる。〔すなわち〕彼が、先に、上〔地〕の染汚〔等至〕よりむしろ下〔地〕の浄〔等至に入りたい〕というように欲するからである。〔あらかじめ〕心をきめて眠ったものが意図した時刻に目覚めるように、有情の〔今の〕相続は〔彼の〕先の意図に従うのである。〔このように浄等至は染汚のすぐ次に生起することがある〕けれども、無漏〔等至〕は、〔自地にせよ下地にせよ〕いずれにおいても、染汚のすぐ次に生起することはけっしてない。

〔右に、〕浄のおよび染汚の直後にはただ自地に属する染汚のみが生起するのであって他の地に属する〔染汚〕は〔生起し〕ないと〔いったの〕は、等至〔に入っている〕ときについて述べたのである。

死するときは浄からすべての染汚が〔生起する〕(16 c d)。死時には、生得の浄〔の定心〕のすぐ次にすべての地に属する染汚〔の続生心〕が生起する。

しかし染汚から上〔地に属する染汚〕は〔生起し〕ない(16 d)。しかし染汚の静慮および無色のすぐ次には、死時において、自地および下〔地〕に属する染汚は生起するが、上地に属する〔染汚〕は〔生起し〕ない。

＊　＊

前節と同様に、等至を浄と無漏と染汚とに分けて、それぞれの等至にすぐ引き続いていかなる等至が生起し得るか、を考察する。

無漏等至の直後には無漏あるいは浄の等至のみが続起し得るのであって、染汚の等至は続き得ない。無漏または浄であってもあまりに隔った(中間に二地以上が介在する)地の等至は続起し得ない。また、特殊な場合として、色界を対象とする法智が生じた直後に無色の等至に入ることはできない、という。浄等至の直後には、無漏あるいは浄のほかに、染汚の等至も生起し得る。ただそれは自地に属する染汚のみである。また、染汚の等至の直後には無漏等至は続起し得ない。自地に属する染汚の等至と、自地あるいは下地に属する浄等至のみが続起し得る。下地の浄等至が続起するのは、行者が、先に染汚等持の中にありながら、上地の染汚等持によりも下地の浄等持に入りたいという気持を抱いた場合に、そのことがあるという。また、生静慮や生無色にある者の死の瞬間という特別な場合を考えると、その直前の瞬間にある生得の善の定心からは上・自・下のいずれの地に属する続生心も続起し得るが、直前の心が染汚であるときは上地に属する続生心は続起し得ない、という。

20　浄等至より無漏等至が生ずる場合

所言従浄生無漏者、爲一切種皆能生耶。不爾。云何。頌曰、

浄定有四種　謂卽順退分　順住順勝進　順決擇分攝　如次順煩惱
自上地無漏　互相望如次　生二三三一

論曰、諸浄等至總有四種。一、順退分攝。二、順住分攝。三、順勝進分攝。四、順決擇分攝。地地各有四、有頂唯三。由彼更無上地可趣故、彼地無有順勝進分攝。於此四中唯第四分能生無漏。所以者何。由此四種有如是相。順退分能順煩惱。順住分能順自地、順勝進分能順上地。順決擇分能順無漏。故諸無漏唯從此生。此四相望互相生者、初能生二、謂順退住。第二生三、除順決擇。第三生三、除順退分。第四生一、謂自非餘。

言う所の浄従り無漏を生ずとは、一切の種が皆能く生ずと為すや。爾らず。云何。頌に曰く、

浄定に四種有り。謂く、即ち順退分と、順住と順勝進と、順決択分との摂なり。次の如く、煩悩と自と上地と無漏とに順ず。互いに相望んで、次の如く二・三・三・一を生ず、と。

論じて曰く、諸の浄等至に総じて四種有り。一に順退分の摂、二に順住分の摂、三に順勝進分の摂、四に順決択分の摂なり。地に各四有るも、有頂には唯三のみなり。彼は更に上地の趣く可き無きに由るが故に、彼の地は順勝進分の摂有ること無し。此の四の中に於いて唯第四分のみ能く無漏を生ず。所以は何ぞ。此の四種に是くの如きの相有るに由る。順退分は能く煩悩に順じ、順住分は能く自地に順じ、順勝進分は能く上地

に順じ、順決択分は能く無漏に順ず。故に諸の無漏は唯此れのみ従り生ず。此の四が相望んで互いに相生ずるは、初めは能く二を生ず、謂く順退と住となり。第二は三を生ず、順決択を除く。第三は三を生ず、順退分を除く。第四は一を生ず、謂く自なり、余に非ず。

《順退分》《順住分》《順勝進分》《順決択分》 退堕の方向へ向かう部類、同じ境地にとどまる部類、向上してゆく部類、涅槃に向かう部類、というほどの意。**《摂》**「に含まれるもの」の意。

*

〔先に、浄等至の直後に無漏等至が生起することを述べたが、〕すべての浄〔等至〕から無漏の等至なるものが生起するのではない。ではどうであるか〔といえば〕、

浄〔等至〕は順退分等の四種である（17 a b）。

浄〔等至〕には順退分・順勝進分・順住分・順決択分という四種がある。ただし有頂〔地の浄等至〕は三種である。順勝進分を除く。その相は何か。

それは、順次に、煩悩の生起と自地と上〔地〕と無漏とに順応する（17 b c d）。

順退分は煩悩の生起と順応し、順住分は自地と順応し、順勝進分は上地と順応し、順決択分は無漏と順応する。そ〔の順決択分〕から無漏が生起するのである。ところでこれら四つの中のいくばくが何のすぐ次に生起するか。

退分等のすぐ次に二と三と三と一とが〔生起する〕（18 a b）。

退分とは順退分である。そのすぐ次には〔順〕退〔分〕と順住分との二が生起する。順住分のすぐ次には順決択分以外の三が〔生起する〕。順勝進分のすぐ次には順退分以外の三が〔生起する〕。順決択

分のすぐ次にはその同じ〔順決択分〕一つが〔生起する〕、と。

＊＊

浄等至の直後に無漏等至が生起するのはただ順決択分の場合に限ること、順退分の直後には順勝進分も順決択分も生起し得ないこと、順住分の直後には順勝進分は生起し得るが順決択分は生起し得ないこと、順勝進分の直後には順退分は生起し得ないこと、順決択分の直後には順決択分だけしか生起し得ないこと、などがここに説かれる。いずれも、互いにはなはだしく異類な等至どうしはただちに続き得ない、という考え方に基づくものと見るべきである。

21　超等至

如上所言浄及無漏、皆能上下超至第三。行者如何修超等至。頌曰、

二類定順逆　均間次及超　至間超為成　三洲利無學

論曰、本善等至分為二類。一者有漏、二者無漏。往上名順、還下名逆、同類名均、異類名間、相隣名次、越一名超。謂、観行者修超定時、先於有漏八地等至、順逆均次現前數習。次於無漏七地等至、順逆均次現前數習。次於有漏、順逆均超現前數習。次於無漏、順逆均超現前數習。是名修習超加行滿。後於有漏無漏等至、至順逆間超名超定成。此中超者唯能超一、遠故無能超入第四。修超等至唯人三洲。不時解脱諸阿羅漢。定自在故、無煩惱故。時解脱者雖無煩惱定不自在。諸見至者雖定自在有餘煩惱。故皆不能修超等至。

上に言う所の浄及び無漏の如きは、皆能く上・下に超えて第三に至る。行者は如何が超等至を修するや。頌に曰く、

二類の定を、順に逆に、均に間に次に及び超に、間と超とに至るを成と為す。三洲の利の無学なり、と。

論じて曰く、本の善等至を分ちて二類と為す。一は有漏、二は無漏なり。上に往くを順と名づけ、下に還るを逆と名づけ、類を同じくするを均と名づけ、類を異にするを間と名づけ、相隣るを次と名づけ、一を越ゆるを超と名づく。謂く、観行者が超定を修する時、先ず有漏の八地の等至に於いて順・逆に均に次に現前数習し、次に無漏の七地の等至に於て順・逆に均に次に現前数習し、次に有漏・無漏の等至に於いて順・逆に間に次に現前数習し、次に有漏に於いて順・逆に均に超に現前数習し、次に無漏に於て順・逆に均に超に現前数習す。是れを超を数習する加行の満と名づく。後に有漏・無漏の等至に於いて至ること順・逆に間に超にするを超定の成と名づく。此の中、超は唯能く一を超ゆ。遠きが故に能く超えて第四に入ること無し。超等至を修するは唯人の三洲のみ。不時解脱の諸阿羅漢なり。定、自在なる故なり。煩悩無き故なり。時解脱は煩悩無しと雖も定自在ならず。諸見至者は定自在なりと雖も余の煩悩有り。故に皆、超等至を修する能わず。

《本》 根本、の意。《人の三洲》 人界の中で北倶盧洲を除く三洲。すなわち須弥山（妙高山）の南に位置する贍部洲 (Jambū-dvīpa)、東に位置する勝身洲 (Videha)、および西に位置する牛貨洲 (Godānīya)。《不時解脱》《時解脱》 阿羅漢の中で利根な者と鈍根な者とを区別して前者を不時解脱、後者を時解脱と呼ぶ。時解脱とは、よい機縁に遭うときをまってはじめて定に入り、煩悩を解脱する者の意。不時解脱とは、ときをまたないで入定し解脱する者の意。《見至》 修道にある有学の聖者で、利根の者。同じく鈍根の者を信解という。

*

超等至はいかように生起するか。

つまった、〔あるいは〕一つとんだ、二種の八地を往って、来て、超等至は異類の第三にゆく

(18 c d、19 a b)。

「往って」とは、〔下地より上地へ〕順に〔等至に〕入って、である。「来て」とは、〔上地より下地へ〕逆に〔等至に〕入って、である。「二種の」とは、有漏と無漏との、である。「八地を」とは、〔四〕静慮と〔四〕無色との〔八〕等至を、である。「つまった」とは、順序を追って、である。「一つとんだ」とは、一〔地〕ごとに一〔地〕をとび超えて、である。

〔先ず、〕順・逆に等至に入ることによって有漏の八地を獲て、〔次に、同様に、有頂を除いた〕無漏の七〔地〕を〔獲る〕。〔その〕のちに、有漏の初静慮から有漏の第三〔静態〕に入る。それから空無辺処に、それから無所有処に〔入る〕。さらに、逆に〔上地から下地に入るしかたによって〕、同様に〔一つとびに〕〔有漏の諸地の等至を〕獲て、〔次に、〕無漏〔の諸等至〕にも、一つとびに、順にそして逆に、入るのである。これが超等至の加行である。そして、有漏の初〔静慮〕から無漏の第三静慮に入り、そこから有漏の空無辺処に、そこから無漏の無所有処に〔入り〕、さらに、逆に〔上地から下地へ〕、同様に〔有漏から無漏へ、無漏から有漏へと、一つとびに〕、〔諸地の等至に入る〕とき、異類の第三のものに行くことによって〔超等至は〕完成される。〔しかし〕第四の〔等至〕に入ることはない。あまりに隔たりすぎているからである。

さてそ〔の超等至〕は、三洲における不時解脱の阿羅漢だけがおこす。煩悩がないからであり、かつ、三昧において自在だからである。見至の者は、たとえ利根のゆえに三昧において自在であっても、

煩悩がないのではないし、時解脱の者は、たとえ煩悩はなくても、彼は三昧において自在ではない〔から超等至をおこすことはない〕」、と。

＊＊

利根なる阿羅漢のみがおこし得る超等至について論ずる。超等至とは、ある等至地から、そのすぐ上（あるいはすぐ下）の地を一つとび超えて、その次の（すなわち、もとの地から数えて第三の）等至地に入ることであり、また、有漏の等至を出でて無漏の等至に入り無漏の等至を出でて有漏の等至に入るというように、「異類」にわたる三昧に出入りすることである。そのような超等至の実修は、すべての煩悩を離れており、しかも利根であって三昧において自在を得ているところの、不時解脱の阿羅漢のみが、なし得るのである。しかしその利根の阿羅漢をもってしても、一挙に二つ以上の地をとび超え第四地以遠に至ることは不可能である、とされる。

8　等至についてのその他の問題

22　等至の依身

此諸等至依何身起。頌曰、

　諸定依自下　非上無用故　唯生有頂聖　起下盡餘惑

論曰、諸等至起依自下身。依上地身無容起下。上地起下無所用故、自有勝定故、下勢力劣故、已棄捨故、可厭毀故。總相雖然、若委細說、聖生有頂必起無漏無所有處。

爲盡自地所餘煩惱。自無聖道欣樂起故、唯無所有最隣近故、起彼現前盡餘煩惱。

此の諸の等至は何れの身に依りて起るや。頌に曰く、

諸定は自と下とに依る。上に非ず、用無きが故に。唯有頂に生ぜる聖のみは、下を起して余の惑を尽くす、と。

論じて曰く、諸の等至の起るは自と下との身に依る。上地の身に依りて下を起す容きこと無し。上地にして下を起すことは所用無きが故に、自に勝れたる定有るが故に、下は勢力劣るが故に、已に棄捨するが故に、厭毀す可きが故に。総相は然りと雖も、若し委細に説かば、聖の有頂に生ずるは必ず無漏の無所有処を起す。自地の所余の煩悩を尽くさんが為なり。自に聖道無ければ欣楽して起すが故に、唯無所有が最も隣近なる故に、彼を起して現前して余の煩悩を尽くすなり。

＊

いかなるよりどころによっていくばくの静慮・無色が現起するか。

静慮・無色は、自〔地〕・下地〔の身〕のみをよりどころとする（19cd）。

有頂〔の等至〕は有頂〔の身〕において現起し、また、下は、欲界に至るまで〔の身〕において〔現起する〕。〔同様に、〕その他〔の諸等持〕は自地〔の身〕において〔現起し〕、また、下〔地の身〕において〔現起する〕。何ゆえに上〔地〕に生じた者が下〔地〕の等至を現起させることはないのか。そのゆえは、彼にとって

下〔地の等至〕は無用である（19d）、

からである。けだし下〔地〕の等至なるものは彼にとって何の役にも立たない。劣ったものだからで

ある。〔このように〕原則を示しておいて〔次に〕特例を示す。

しかし、有頂〔の身〕に聖の無所有〔処定〕が現起することによって漏の滅がある（20 a b）。しかし、有頂に生じている者には、無漏の無所有処〔定〕が現起することによって、漏の滅がおこる。そこに生じている者にはいかにしてそれが現起するのか。自〔地〕（有頂地）に〔無漏道は〕無いからであり、また、〔すぐ隣の地であるから〕そ〔の無所有処定〕には習熟しているからである。

＊　＊

三昧の実修者がそこに出生しそこに属しているところの地と、彼によって実修される三昧が属するところの地とが、必ずしも同一でないということから、ここの所論がある。すなわちおのおのの等至と、そのよりどころとしての身（「依身」）と、の所属する地の関係である。諸等至の依身は、等至と同一地に属するか、それより下地に属する。より上地に属する依身によって、より下地の等至が修せられることはない。ただ例外として、有頂地に属する依身によって無所有処定が修せられることがある、とされる。下八地（有頂を除く三無色、四静慮、および欲界）の煩悩は有漏道（有漏の六行観）および無漏道（見道・修道）によって断ぜられるが、有頂地の煩悩は有漏道によっては断じ得ない（有頂地より以上の地はないから六行観は修し得ない）し、無漏道は有頂に存しないから、すぐ下の地である無所有処地の無漏道（無漏の無所有処定）を修してその煩悩を断ずるほかはないのである。

23　等至の所縁

此諸等至縁何境生。頌曰、

味定縁自繫　浄無漏遍縁　根本善無色　不縁下有漏

論曰、味定但縁自地有漏。必無縁下、已離染故。亦不縁上、愛地別故。不縁無漏、應成善故。浄及無漏倶能遍縁自上下地有爲無爲、皆爲境故。有差別者、無記無爲非無漏境。根本地攝善無色定、不縁下地諸有漏法。自上地法無不能縁。雖亦能縁下地無漏、縁類智品道、不縁法智品。亦不能縁下地法滅。無色近分亦縁下地。彼無間道必縁下故。

此の諸の等至は何れの境を縁じて生ずるや。頌に曰く、

味定は自繫を縁ず。浄と無漏とは遍く縁ず。根本善の無色は、下の有漏を縁ぜず、と。

論じて曰く、味定は但自地の有漏のみを縁ず。必ず下を縁ずること無し、已に染を離るるが故に。亦、上を縁ぜず、愛の地、別なる故に。無漏を縁ぜず、応に善を成ずべきが故に。浄及び無漏は倶に能く遍く自・上・下の地の有為・無為を縁ず。皆、境為るが故なり。差別有るは、無記の無為は無漏の境には非ざるなり。根本地の摂なる善の無色定は下地の諸有漏法を縁ぜず。自・上地の法は能く縁ぜざる無し。亦能く下地の無漏を縁ずと雖も、類智品の道のみを縁じて法智品を縁ぜず。亦、下地の法の滅を縁ずる能わず。無色の近分は亦下地を縁ず。彼の無間道は必ず下を縁ずるが故なり。

《境》「所縁」というに同じ。対象、の意。《縁じて》対象として、の意。《味定》「味等至」に同じ。前出（二七二頁）。味、すなわち愛（渇愛）、と相応する等至、の意。《類智品》《法智品》類智と類智忍およびそれらと相応する諸法をあわせて類智品といい、法智と法智忍およびそれらと相応する諸法をあわせて法智品という。見道において、四諦を観じて欲界に属する理知的な面の煩悩を断ずるはたらきをする智恵に法智・法智忍があり、同じく四諦を観じて色・無色界

に属する理知的な面の煩悩を断ずるはたらきをする智恵に類智・類智忍がある。《無間道》道によってまさしく煩悩を断じつつある位を無間道といい、煩悩を断じ終わって煩悩なきことが確証される位を解脱道という。盗賊を追い出し（無間道）て、扉を閉める（解脱道）、にたとえられる。「無間」とは、その直後に煩悩が断ぜられ終わるから、間を隔てぬ意で、そう呼ばれる。

＊

さて、これら〔四〕静慮と〔四〕無色の所縁は何か。

渇愛と共なるものは自〔地〕の有を所縁とする（20 c）。

味と相応する〔諸等至〕は自地に属する有を縁ずる。「有」の語によって有漏の事物が含意される。より上〔地〕を〔縁ずることは〕ない。〔すでにそこからは〕離貪しているからである。より上〔地〕を〔縁ずることは〕ない。〔すでにそこからは〕離貪しているからである。下〔地〕を縁ずることはない。〔すでにそこからは〕離貪しているからである。

善（śubha）の静慮はあるものを〔すべて〕境とする（20 d）。

善の静慮とは浄〔等至〕と無漏〔等至〕とである。それは、有為にもせよあるいは無為にもせよおよそ〔上・自・下地に〕あるすべてを所縁とする。

善の無色の根本は下の有漏を対境としない（21 a b）。

善の無色の根本〔定〕にとって、下地の有漏の事物は〔その〕所縁でない。〔この定は〕自〔地〕と上地とを所縁とするからである。〔下地の〕無漏は〔その〕所縁である。〔ただ、〕すべての類智品が〔それで〕あって、法智品は〔そうで〕ない。近分の無間道にとっては下地が〔その〕所縁である。

＊＊

八根本等至のうち、有頂を除く七にはそれぞれ味等至・浄等至・無漏等至の三種があり、有頂等至には味等至と浄等至の二種がある。味等至の所縁は自地の有漏法である。浄等至および無漏等至の所縁は自地にかぎらず、有為・無為のすべてを所縁とする（玄奘訳のみが、無漏等至は無記の無為すなわち虚空と非択滅とを縁じない、という。無漏等至は必ず四諦を縁ずるのであるが、虚空と非択滅は四諦に含まれないからである）。ただし、無色の四根本の浄等至と無漏等至とは、自地と上地との有漏・無漏を所縁とし、また、下地の無漏道の中の類智品を所縁とする。したがって、下地の有漏と下地の無漏の中の法智品と滅（択滅と非択滅）とはその所縁でない。また、無色の近分は無間道において下地をも縁ずる、とされる。

24　**等至と断惑**

味浄無漏三等至中、何等力能断諸煩悩。頌曰、

無漏能断惑　及諸浄近分

論曰、諸無漏定皆能断惑。本浄尚無能、況諸染能断。不能断下、已離染故。不能断自、自所縛故。不能断上、以勝已故。若浄近分亦能断惑、以皆能断次下地故。中間摂浄亦不能断。

味と浄と無漏との三等至の中、何等の力が能く諸の煩悩を断ずるや。頌に曰く、

無漏は能く惑を断ず。及び諸の浄の近分なり、と。

論じて曰く、諸の無漏定は皆能く惑を断ず。本の浄すら尚無能なり、況や諸染が能く断ぜんや。下を断ずる能わず、已に染を離れたるが故に、自を断ずる能わず、自に縛せらるるが故に。上を断ずる能わず、已れより勝れたるを以ての故に。若し浄の近分ならば亦能く惑を断ず、皆能く次下の地を断ずるを以ての故に。中間の摂なる浄も亦断ずること能わず。

《惑》 煩悩に同じ。《本の浄》 根本の浄等至、の意。《諸染》 もろもろの染汚の等至、の意。

*

また、これら三種の静慮と無色との中で

煩悩はただ無漏〔等至〕によって断ぜられる（21 c d）。

また、浄〔等至〕によってではない。いわんや染汚〔等至〕によっていかにして〔断ぜられよう〕か。〔上地の浄等至によって〕下〔地の煩悩が断ぜられること〕はない。すでに〔そこから〕離貪しているからである。〔浄等至によって〕自地における〔煩悩が断ぜられること〕はない。ある〔地の浄等至〕が同じその〔の地の煩悩〕の対治となることはないからである。〔下地の浄等至によって〕上〔地の煩悩が断ぜられること〕はない。〔上地の煩悩の方が〕よりすぐれているからである、と。

また、近分によっても〔断ぜられる〕（21 d）。

また、静慮・無色の近分の浄〔等至〕によっても煩悩は断ぜられる。〔初静慮の近分は欲界の煩悩を断じ、ないし、有頂の近分は無所有処の煩悩を断ずるというように、おのおの、そのすぐ〕下の地の対治であるからである。

三昧によって煩悩が断ぜられるのは、もっぱら根本の無漏等至によって、および（特別な場合として）近分の浄等至によってである。中間静慮（中間定、すなわち初静慮と第二静慮との中間の無尋唯伺地）には近分がないからもちろんそこで煩悩が断ぜられることはない、と玄奘訳だけがコメントを加えている。

＊　＊

9　近分定と中間定

25　近分定

近分有幾。何受相應。於味等三爲皆具不。頌曰、

　近分八捨淨　初亦聖或三

論曰、諸近分定亦有八種。與八根本爲入門故。一切唯一捨受相應。作功用轉故。未離下怖故。此八近分皆淨定攝。唯初近分亦通無漏。皆無有味。離染道故。雖近分心有結生染、而遮定染故作是說。有說、未至定亦有味相應。未起根本亦貪此故。由此未至具有三種。

近分に幾（いくばく）有りや。何れの受と相応するや。味等の三に於いて皆具すと為すや、不（いな）や。頌に曰く、

　近分に八あり、捨なり、浄なり。初は亦聖なり、或は三なり、と。

論じて曰く、諸の近分定に亦八種有り。八の根本の与（ため）に入門と為るが故なり。一切は唯、一の捨受と相応す。

功用を作して転ずるが故なり。未だ下の怖を離れざるが故なり。此の八の近分は皆、浄定の摂なり。唯、初の近分のみ亦無漏にも通ず。皆、味有ること無し。染を離るる道なる故なり。近分の心に結生の染有りと雖も、而も定の染を遮するが故に、是の説を作す。有るが説かく、未至定に亦味相応有り。未だ根本を起さざれば亦此れを貪ぼるが故なり。此れに由りて未至には具に三種有り。

《功用》努力すること、力をつくすこと、の意。《結生》輪廻して新たな生を得ること。《未至定》初静慮の近分をいう。

*

次に、近分はいくばくであるか。

これらには八つの近分がある（22 a）。

一々〔の根本等至〕に一々〔の近分〕があり、それによってこ〔の根本等至〕に入るのである。それら〔近分〕も〔味・浄・無漏の〕三種であるか。また、それらにおける受は〔根本等至におけると〕まったく同様であるか。〔そうでは〕ない、のであって〔次のように〕いわれる。

浄であり、不苦不楽を有する（22 b）。

それらは浄であり、捨根と相応する。〔それを得るために〕努力を伴うものであるから〔喜・楽とは相応しないし〕、下地〔から未だ離貪していないので、そ〕の怖れから脱却していないから〔喜・楽とは相応しない〕。また、離貪への道であるから味相応ではないのである。

そして初は聖（無漏）でもある（22 c）。

初〔静慮〕の近分は未至〔定〕である。これは浄もあり無漏もある。近分の心による結生は染汚であるけれども、〔ここで近分が浄であるというのは〕定〔心〕については染汚性が否定されるのである。

ある人々は、三種である〔という〕(22c)。

ところが、ある人々は未至〔定〕は味相応でもあると認める。〔だから、浄・無漏・味相応の三種である、とする。〕

＊　＊

八等至の近分のうち、初静慮のそれ（すなわち未至定）を除く七つは、ただ浄である。自地の法において厭う心がないから無漏でなく、離貪への道であるから味相応でない。それに対して、未至定は浄であり、かつ、無漏である。これは、災患の多い欲界に隣接しているので、自地の法において厭うことがあるからである。また、未至定は味相応でもある、とする見解もある。まだいかなる根本等至をも得ていないのでそれを貪求することがある、とされるからである。

また、八つの近分はただ捨受（不苦不楽受）とのみあい伴う。根本静慮のように喜受や楽受と伴う（相応する）ことはない。なぜならば、近分定は根本定のように止・観が均等であるのでなく、辛苦努力してはじめて起し得るものであるからである。また近分定はなお下地から離貪し終わっていないので、観行者はそれに怖れを抱いているからである。

26　中間定

中間静慮與諸近分爲無別義、爲亦有殊。義亦有殊。謂、諸近分爲離下染、是入初因。

中定不然。復有別義。頌曰、

中靜慮無尋　具三唯捨受

論曰、初本近分尋伺相應。上七定中皆無尋伺。唯中靜慮有伺無尋。故彼勝初、未及第二。依此義故、立中間名。由此上無中間靜慮。一地升降無如此故。此定具有味等三種。以有勝德可愛味故。同諸近分唯捨相應、非喜相應。功用轉故。由此說是苦通行攝。此定能招大梵處果。多修習者爲大梵故。已說等至。

中間静慮と諸の近分と別義無しと為んや、亦殊なり有りと為んや。義に亦殊なり有り。謂く、諸の近分は下の染を離れんが為なり。是れ入の初因なり。中定は然らず。復た、別義有り。頌に曰く、

中静慮に尋無し。三を具す。唯、捨受なり、と。

論じて曰く、初の本と近分とは尋・伺と相応す。上の七定の中には皆、尋・伺無し。唯中静慮のみ伺有りて尋無し。故に彼は初に勝り、未だ第二に及ばず。此の義に依るが故に中間の名を立つ。此れに由りて、上に中間静慮無し。一地の升降に此くの如きこと無きが故なり。此の定は具に味等の三種有り。勝徳の愛味す可き有るを以ての故に。諸の近分に同じく唯捨と相応し、喜と相応するに非ず。功用して転ずるが故なり。此れに由りて是れ苦通行の摂なりと説く。此の定は能く大梵処の果を招く。多く修習する者は大梵と為るが故なり。已に等至を説けり。

《入》　根本等至へ入ること、の意。　《中定》《中静慮》　中間静慮というも同じ。　《初の本》　初静慮の根本、の意。　《上》　第二静慮以上、の意。　《味等》　味、浄、無漏の三種にいう。　《勝徳》　すぐれた功徳。中間静慮をよく実修する者は大梵天処に生まれることができるのをいう。　勝徳の愛味すべき有るをもって、というのは中間静慮に味等至があるこ

との理由をあげるのである。《苦通行》　楽通行（二五五頁）に対する。四根本静慮をよりどころにして起される道は、止と観とが平均しているので労少ない比較的容易な行であるから楽通行といい、下三無色（四無色のうち、有頂すなわち非想非非想処を除いた三）と未至定と中間静慮とをよりどころにして起される道は止観が平均した状態にないため労の多い難行となるから苦通行という。《大梵処》　大梵天処すなわち色界の初禅天を梵衆天・梵輔天・大梵天の三処に分つ中の最上処。《大梵》　大梵天。単に梵天とも大梵天王とも呼ばれる。大梵天処に住する天神。

＊

近分が説かれ、また中間静慮が〔説かれている〕が、これは同義なのか、あるいはまた別義を有するのか。〔二者は別である。〕近分は離貪への道であるからである。〔それに対して、〕

中間静慮には尋がない（22 d）。

中間静慮は尋と相応しない静慮である。〔初静慮には尋も伺もあるのに、中間静慮では伺のみで尋がないというそのことのゆえに、この中間静慮は初静慮より〕すぐれた静慮であるから〔初静慮の中に置かれることはないし〕、同じそのことのゆえに、〔尋はないが伺はなお存するという点で尋も伺もともに無いところの第二静慮などのようには〕すぐれたあり方がないから、第二等の諸静慮の中に置かれることはないのである、と。そして、その中間静慮は

三種である（23 a）。

味相応〔等至〕であり、浄〔等至〕・無漏〔等至〕である。

それはまた不苦不楽である（23 a）。

そこには楽も苦もないから不苦不楽である。捨根と相応する、という意味である。喜と相応するのではない。〔それを得るために〕作為〔する労〕を伴うからである。まさにそのゆえに〔それは〕苦通

行（苦しい道）である。それではその中間静慮にはいかなるすぐれた果報があるか、〔といえば、〕すなわち、

またそれは大梵の果を有する（23b）。

その中間静慮に属する〔修習〕を修して、大梵〔天〕となるからである。

＊　＊

初静慮から第二静慮へ進むその中間に、中間静慮（中間定、静慮中間などともいう）という階程を立てる。初静慮の心には尋と伺とのどちらの心所もあい伴っているが、第二静慮に至ればどちらの心所も滅してしまい、心と伴うことがない。そこで、その二静慮の中間には、尋の心所はすでに滅したが伺の心所は未だ滅しない、すなわち無尋唯伺、の段階がなければならぬ、と考えられるわけである。尋は心の麁大な動き、伺は心の微細な動きであるから、初静慮から第二静慮へと三昧の境地が深まる間に、まず尋が滅し、ついで伺もまた滅する、という次第を追うはずだからである。その中間静慮には味・浄・無漏の三種があり、そこに生じ得る受は捨受（不苦不楽受）のみであり、それは「苦しい道」であり、その中間静慮を修すれば色界の大梵天処に生まれて大梵天となる、という果報が得られる、とされる。

27　三等持（Ⅰ）

10　経中に説かれる諸等持

云何等持。經說等持。總有三種。一、有尋有伺。二、無尋唯伺。三、無尋無伺。其相云何。頌曰、

　切下有尋伺　中唯伺上無

論曰、有尋有伺三摩地者、謂、與尋伺相應等持。此初靜慮及未至攝。無尋唯伺三摩地者、謂、唯與伺相應等持。此卽靜慮中間地攝。無尋無伺三摩地者、謂、非尋伺相應等持。此從第二靜慮近分乃至非想非非想攝。

云何(いかん)が等持なる。経に等持を説くに総じて三種有り。一には有尋有伺、二には無尋唯伺、三には無尋無伺なり。其の相は云何。頌に曰く、

　初と下とは尋・伺有り。中は唯伺のみあり、上は無し、と。

論じて曰く、有尋有伺三摩地とは、謂く、尋・伺と相応する等持なり。此れ初静慮及び未至の摂なり。無尋唯伺三摩地とは、謂く、唯伺のみと相応する等持なり。此れ即ち静慮中間地の摂なり。無尋無伺三摩地とは、謂く、尋・伺と相応するに非ざる等持なり。此れ第二静慮の近分より、乃至、非想非非想までの摂なり。

《等持》 上記（二四六頁）のごとく、等持と訳された語は samādhi（三昧、三摩地）である。ここでは、三昧一般をでなく、経中に説かれている三つでひと組になった三昧（三三昧）を特に論ずるのであるから、ことさら「等持」という訳語によったのであろう。

*

また、すべての三昧をひっくるめて三三昧が経中に説かれている。有尋有伺三昧と無尋唯伺三昧と無尋無伺三昧とである。そのうち、中間静慮はまず無尋唯伺三昧であると〔直前の記述によって〕示

されている。〔中間静慮では〕尋〔の存在〕だけが否定されるのだからである。それより下の三昧は尋・伺を有する（23cd）。

この中間静慮より下の三昧は有尋有伺である。すなわち、初静慮〔の根本〕と未至〔定（初静慮の近分）〕とである。

上〔地〕では二が無い（23d）。

そこには二が〔ともに〕無い、というのが「二が無い」である。中間静慮より上〔の地〕では、三昧は無尋無伺である。すなわち、第二静慮の近分から有頂に至るまでである。

＊　＊

これから以下は、阿含経典の中に説かれている諸三昧についての関説である。まず、三つひと組になった三昧、すなわち三三昧について述べる。それにまた三種類があって、第一は有尋有伺・無尋唯伺・無尋無伺の三、第二は空・無相・無願の三、第三は空空・無相無相・無願無願の三である。今はその第一を説いた。これは三昧の深まりゆく過程を心の動きの次第に静止してゆくことによって示した経典の叙述を、阿毘達磨の分析的思考によって立てられた三昧の諸段階の上にあてはめたものであり、前節に中間静慮について説明したところから容易に理解されるであろう。

28　三等持（Ⅱ）

契經復說三種等持。一、空。二、無願。三、無相。其相云何。頌曰、

空謂空非我　無相謂滅四　無願謂餘十　諦行相相應　此通淨無漏

無漏三脱門

論曰、空三摩地謂空非我二種行相相應等持。無相三摩地謂縁滅諦四種行相相應等持。涅槃離十相故名無相。縁彼三摩地得無相名。十相者何。謂、色等五、男女二種、三有爲相。無願三摩地謂縁餘諦十種行相相應等持。非常苦因可厭患故、道如船筏必應捨故、能縁彼定得無願名。皆爲超過現所對故。空非我相非厭捨、以與涅槃相相似故。此三各二種。謂、淨及無漏。世出世間等持別故。世間攝者通十一地。出世攝者唯通九地。於中無漏者名三解脱門。能與涅槃爲入門故。

契経に復た三種の等持を説く。一には空、二には無願、三には無相なり。其の相は云何。頌に曰く、

空は謂く空・非我なり。無相は謂く滅の四なり。無願は謂く余の十の、諦の行相と相応す。此れ浄と無漏とに通ず。無漏は三脱門なり、と。

論じて曰く、空三摩地とは空と非我との二種の行相と相応する等持を謂う。無相三摩地とは滅諦を縁ずる四種の行相と相応する等持を謂う。涅槃は十相を離るるが故に無相と名づく。彼を縁ずる三摩地は無相の名を得るなり。十相とは何ぞ。謂く、色等の五と、男・女の二種と三つの有為相となり。無願三摩地とは余の諦を縁ずる十種の行相と相応する等持を謂う。非常と苦と因とは厭患す可きが故に、道は船筏の如く必ず応に捨つべきが故に、能く彼を縁ずる定は無願の名を得。皆現に対する所を超過するが為の故なり。空と非我との相は厭捨するに非ず。涅槃の相と相似たるを以ての故なり。此の三には各二種あり。謂く、浄及び無漏なり。世と出世間との等持別なるが故なり。世間の摂なるは十一地に通ず。出世の摂なるは唯九地に通ず。中に於いて無漏なるを三解脱門と名づく。能く涅槃の与に入門と為るが故なり。

離れているから無相である。そ〔の涅槃〕を所縁とする三昧が無相〔三昧〕である。十〔相〕とは五
滅諦の行相と相応する三昧が無相〔三昧〕であって、四行相を有する。〔滅すなわち〕涅槃は十相を
無相〔三昧〕は寂静（滅諦）の諸行相と〔相応する〕（24 a）。

また、〔別な〕三三昧が説かれている。空三昧と無願〔三昧〕と無相〔三昧〕とである。そのうち、

*

《**空**》むなしいこと、空虚。空三摩地（空三昧）とは、諸法において空を観ずる三昧の意。《**無願**》願望されないもの、望ましからぬもの、厭われるもの、の意。無願三摩地（無願三昧）とは、諸法において無願を観ずる三昧の意。《**無相**》属性をもたぬもの、の意。ここでは涅槃を意味する。《**其の相**》その行相、の意。「行相」とはもともと外見・様相などを意味する語であるが、ここでは四諦（苦・集・滅・道）のそれぞれについて四つずつ数えあげられる都合十六の特性をいう。すなわち、苦諦についての非常・苦・空・非我、集諦についての因・集・生・縁、滅諦についての滅・静・妙・離、道諦についての道・如・行・出、である。《**滅の四**》滅諦の四行相。《**三脱門**》三解脱門の略。《**色等の五**》色・声・香・味・触の五境。すなわち、見られるいろ・かたち、聞かれる音や声、嗅がれる匂い、味わわれる味、および感触される手ざわり・肌ざわりなど。《**三つの有為相**》あらゆる有為法（もろもろの因縁によって作りなされている存在のすべて）にあい伴うとされる三つの相、すなわち生相（生起する位相）・住異相（変様する位相）・滅相（消滅する位相）。これらは心不相応行法（八九頁以下）に属する。《**余の諦**》滅諦以外の諦、すなわち苦諦・集諦・道諦。《**因**》苦の因、の意。すなわち集諦。《**船筏の如く**》河を渡るに筏を用いるが、渡り終わってからその筏をもって旅を続けることはない。渡り終わって用済みになった筏はそこに捨ててゆく。それと同じように、「道」は「苦」より「苦の滅」におもむく手段であり、滅に至り終わったら捨てらるべきもの、とする。《**現に対する所を超過す**》所縁（無願三昧の対象）なる苦・集・道を超え過ぎて目的なる滅に至る。《**世と出世間**》世間と出世間と。有漏と無漏と。《**三解脱門**》空解脱門・無相解脱門・無願解脱門。

境と女と男と三有為相とである。

空〔三昧〕は非我・空と〔相応して〕生ずる（24ｂｃ）。非我と空との行相と相応する〔三昧〕が空三昧であって、二行相を有する。

無願〔三昧〕はそれよりほかの諦の行相と〔相応する〕（24ｃｄ）。〔その〕ほかの、〔すなわち〕他の、諸諦の行相と相応する三昧が無願〔三昧〕であって、十行相を有する。〔およそ行者は、〕非常および苦とそれの因〔すなわち集〕とによって怖れ〔を抱く〕から、また、道は筏のごとくなるゆえ必ず捨てらるべきものであるから〔いずれも願望されるところではない。だから〕、それ〔ら〕の〔十〕行相〔すなわち、苦諦の二（非常・苦）、集諦の四（因・集・生・縁）、道諦の四（道・如・行・出）〕を有する三昧が無願〔三昧〕である。それ〔ら苦・集・道〕を越え過ぎるとき〔滅すなわち涅槃に〕対向するのだからである。しかし空と非我と〔の二行相〕によっては〔行者に〕怖れは無い。〔それら二は〕涅槃と共通だからである。

これら三三昧は二種である。

清浄であり無垢である（25ａ）。

浄〔等至〕と無漏〔等至〕とである。世間的な〔すなわち有漏の〕ものと、出世間的な〔すなわち無漏の〕ものとがあるからである。世間的なものは十一地（欲界・未至・中間定・四根本静慮・四無色）においてあり、出世間的なものは道があるところ（未至・中間定・四根本静慮・下三無色）においてである。

無垢なるものは三解脱門である（25ａｂ）。

無漏なるこれら三三昧は三解脱門と呼ばれる。空解脱門と無願〔解脱門〕と無相解脱門という〔ものである」。〔これらは〕解脱のための門であるからである。

* *

三三昧の第二は空・無相・無願三昧である。これは四諦の十六行相との関連においてその別が立てられる。空三昧は苦諦を縁じて非我・空の二行相と相応する。すなわち、有漏の諸法を非我である、空である、と観ずる三昧である。無相三昧は滅諦を縁じて滅・静・妙・離の四行相と相応する。すなわち涅槃を、迷いの生が尽きた滅である、煩悩に乱されぬ静である、なんの患いもなく楽しい妙である、煩悩の災厄から脱した離である、と観ずる三昧である。無願三昧は苦・集・道諦を縁じて非常・苦・因・集・生・縁・道・如・行・出の十行相と相応する。すなわち、有漏の諸法を無常である、苦であると、あるいは、苦のもとである、苦をひきおこす、迷いの生を生ずる、苦の果を成ずると観じ、無漏の聖道を、さとりに入る道である、道理に叶うものである、正しい方向に行くものである、迷いを超えでるものであると観ずる三昧である。これらの三昧には浄等至・無漏等至はあるが、染汚の等至はない。浄等至、すなわち有漏の三昧、は欲界より有頂に至る十一地にあり、無漏等至は九地にある。欲界地に無漏の定はなく、有頂地に無漏道はないので、この二地が除かれるからである。無漏のこの三三昧は三解脱門とも呼ばれる。

29　三重等持

契經復說三重等持。一、空空。二、無願無願。三、無相無相。其相云何。頌曰、

重二緣無學　取空非常相　後緣無相定　非擇滅爲靜　有漏人不時

離上七近分

論曰、此三等持、縁前空等取空等相故、立空空等名。空空等持縁前無學空三摩地取彼空相。空相順厭勝非我故。無願無願縁前無學無願等持取非常相。不取苦因等非無漏相故。不取道等爲厭捨故。無相無相卽縁無學無相三摩地非擇滅爲境。以無漏法無擇滅故。但取靜相、非滅妙離。濫非常滅故。是無記性故。非離繫果故。此三等持唯是有漏。厭聖道故。無漏不然。唯三洲人不時解脫能起如是重三摩地。依十一地。除七近分。謂、欲未至八本中間。

契経に復た三つの重等持を説く。一には空空、二には無願無願、三には無相無相なり。其の相は云何。頌に曰く、

重の二は無学を縁じて、空と非常との相を取る。後は無相定の非択滅を縁じて静と為す。有漏なり、人の不時なり。上の七近分を離る、と。

論じて曰く、此の三等持は、前の空等を縁じて空等の相を取るが故に、空空等の名を立つ。空空等持は、前の無学の空三摩地を縁じて、彼の空相を取る。空相は厭に順ずること非我に勝るが故なり。無願無願は、前の無学の無願等持を縁じて、非常の相を取る。苦・因等を取らざるは無漏の相に非ざるが故なり。道等を取らざるは厭捨の為の故なり。無相無相は即ち無学の無相三摩地の非択滅を縁じて境と為す。無漏の法は択滅無きを以ての故なり。但静の相を取り、滅・妙・離をに非ず。非常滅に濫ずるが故なり。是れ無記の性なる故なり。離繋果に非ざるが故なり。此の三等持は唯是れ有漏なり。聖道を厭うが故なり。無漏は然らず。唯三洲の人にして不時解脱なるが、能く是くの如き重三摩地を起す。十一地に依る。七の近分を除く。謂く、

欲と未至と八の本と中間となり。

《重の二》 空空と無願無願と。**《無学》** 無学とは阿羅漢のこと。この重等持は不時解脱阿羅漢（根性のすぐれた阿羅漢）が前の無学の三解脱門を縁じておこす三昧である。**《無相定》** 上記の三三昧の中の無相三昧をさす。**《非択滅》** 三無為法の一。択滅に対する。択滅が智恵（択）による煩悩の滅であるのに対して、縁の欠けたことによって有為法が現在に生起しない場合その法には非択滅が得られているという。**《静の相》** 滅諦の四行相の一としての静。**《非常滅》** 有為の諸法が未来の領域から現在に生じてきて次の瞬間には過去の領域へ滅し去る場合、その有為法の滅を非常滅という。無為法である択滅・非択滅に対する。**《濫ずる》** 誤ってごっちゃになる。**《離繫果》** 煩悩の繋縛を離れること、すなわち択滅、涅槃、をいう。それが道によって証せられるので、果という（もっとも、これは無為法なので、有為法である道を因とするその果ではない）。離繫果であれば無漏善であって無記ではない。**《三洲の人》** 三洲（三一二頁参照）における人趣に属する有情。北倶盧洲に聖道はないから、北洲は除かれる。**《八の本》** 八つの根本等至。

＊

また次に、

空空などと呼ばれる別の三三昧が（25 c d）、

説かれる。空空と無願無願と無相無相とである。空〔三昧〕などを所縁とするからその名がある。そして、それらのうち、

二は無学の〔三昧〕を空として、また非常として、縁ずる（26 a b）。

〔先の三三昧とは〕別な〔この三三昧の中の〕二つの三昧は、無学の三昧を所縁とする。〔すなわち、〕空空〔三昧〕は無学の空三昧を空の行相によって（空の行相と相応して、すなわち、その行相は空であるとして、）縁ずる。無願無願〔三昧〕も無学の無願〔三昧〕を〔十行相のうち、ただ〕非常の行相によっ

て〔非常の行相と相応して、すなわち、その行相は非常であるとして、〕縁ずる。苦〔の行相〕によって〔縁ずるの〕ではなく、因など〔の諸行相〕によって〔縁ずるの〕でもない。〔無学の三昧は無漏であるが、〕無漏〔法〕はそれら〔苦や因など〕を相としないからである。また道〔諦の四〕行相〔道・如・行・出〕によって〔縁ずるの〕でもない。〔この無学の三昧は〕倦厭さるべきものである〔が、道諦の諸行相はそうでない〕からである。〔滅諦の諸行相によってでないことはいうまでもない。だから、結局、非常の行相のみによるのである。〕

しかし、無相無相は非択による滅を静として〔縁ずる〕(26cd)。

いっぽう、無相無相三昧は無学の無相〔三昧〕の非択滅を静〔の行相〕によって縁ずる。無漏には択滅がないからである。滅・妙・離の諸行相によってではない。〔滅の行相によって縁じないのは、そうすると、無為である非択滅が有為の諸法の〕非常滅と同じ〔ものと見られる〕ことになるからである。〔妙の行相によって縁じないのは、非択滅は〕無記であ〔って妙でない〕からである。また、〔離の行相によって縁じないのは、非択滅は〕離繋でないからである。

そして、これら〔先の三三昧とは〕別な〔三〕三昧〔すなわち三重等持〕は、ただ有漏である(27a)。

聖道を厭うからである。無漏はそうではない。〔これらの三昧は〕いずこにおいておこるのか。

人においてである(27a)。

ただ人〔界〕においてのみであり、天〔界〕においては〔おこら〕ない。誰におこるのか。

不動〔法阿羅漢〕にである(27a)。

〔それ〕以外の阿羅漢にはおこらない。いくばくの地に属するか。

七近分を除く〔余他の地に属する〕(27b)。

七つの近分〔定〕を除いて、その他の十一地、すなわち欲界・未至・中間・〔四〕静慮・〔四〕無色〔定地〕において〔これらの三昧はおこる〕。

* *

三三昧の第三は空空・無相無相・無願無願のいわゆる三重等持である。空空三昧とは空三昧に対する空三昧の意で、無学の空三昧を所縁として、それを空である、無常であると観ずるものである。無願無願三昧も同様に無学の無願三昧を所縁として、それを空である、無常であると観じて、厭倦する。しかし、無相無相三昧が無学の無相三昧を所縁とする場合は、限定が必要である。無学の阿羅漢の三昧は無漏であるから、そこに択滅はなく、したがってただ非択滅だけを所縁として、それを静であると観ずるのだからである。

この三三昧はすべて有漏である。空空・無願無願の二つは聖道を縁じて、空である、非常であると観ずるのであるから、聖道と背反する方向にある。無相無相三昧は無学の無相等持の不生(非択滅)を静なりと観ずるのであるから、聖道の不生を欣ぶことにほかならず、やはり聖道と背反する方向にあると考えられる。したがって三三昧はいずれも無漏でなく、有漏である、というのである。不時解脱(不動法)阿羅漢のみがこの三昧を修するというのは、時解脱(不動法以外の五種の阿羅漢、すなわち鈍根の阿羅漢)はただ聖道を愛し、厭捨することがないからである。七近分を依地とすることがないのは、これらにはすぐれた徳性がないからである、と説明される。

30　四修等持

契經復說四修等持。一爲住現法樂、二爲得勝知見、三爲得分別慧、四爲諸漏永盡、修三摩地。其相云何。頌曰、

爲得現法樂　修諸善靜慮　爲得勝知見　修淨天眼通　爲得分別慧
修諸加行善　爲得諸漏盡　修金剛喩定

論曰、如契經說。有修等持、若習若修若多所作得現樂住、乃至廣說。善言通攝淨及無漏。修諸善靜慮、得住現法樂。而經但說初靜慮者、擧初顯後。理實通餘。不言爲住後法樂者、以後法樂非定住故。謂、或退墮、或上受生、或般涅槃、便不住故。若依諸定修天眼通、便能獲得殊勝知見。若修三界諸加行善及無漏善、得分別慧。若修金剛喩定、便得諸漏永盡。理實修此通依諸地。而契經但說第四靜慮者、傳說世尊依自說故。

契経に復た四つの修等持を説く。一には現法の楽に住せんが為、二には勝れたる知見を得んが為、三には分別の慧を得んが為、四には諸漏を永く尽くさんが為に、三摩地を修す。其の相は云何。頌に曰く、

現法の楽を得んが為に、諸の善の静慮を修す。勝れたる知見を得んが為に、浄なる天眼通を修す。分別慧を得んが為に、諸の加行の善を修す。諸漏の尽くるを得んが為に、金剛喩定を修す、と。

論じて曰く、契経に説くが如し。等持を修すること有らんに、若しくは習し、若しくは修し、若しくは多く所作せば現の楽住を得、と。乃至、広く説く。善の言は通じて浄及び無漏を摂す。諸の善なる静慮を修して

現法の楽に住するを得。而るに経に但初静慮のみを説くは、初を挙げて後を顕わす。理は実に余に通ずるなり。後法の楽に住せんが為なりと言わざるは、後法の楽は定住に非ざるを以ての故なり。謂く、或は退堕し、或は上に生を受け、或は般涅槃して、便ち住せざるが故なり。若し諸定に依りて天眼通を修せば、便ち能く殊勝の知見を獲得す。若し三界の諸の加行善及び無漏善を修せば、分別慧を得。若し金剛喩定を修せば、便ち諸漏永く尽くるを得。理、実に、此れを修するは通じて諸地に依る。而るに契経に但第四静慮のみを説くは、伝説すらく、世尊自らに依りて説きたもうが故なり、と。

《現法楽》 現に目に見えるものごとにおける楽、現在この世における安楽、の意。**《勝れたる知見》** すぐれた智恵による眼力をもって見とおすこと。**《分別の慧》** 諸法を弁別して明らかに知る智恵。真諦の訳では単に特別な智恵、すぐれた智恵の意味にとっている。梵文もその意にとれる。**《天眼通》** 六神通（六通）の一。世間のすべてを、遠・近によらず、隠・顕によらず、見とおす眼力。**《加行善》** 生得善に対する。先天的な生得の善に対して、後天的な加行（実修）による善をいう。**《金剛喩定》** よくすべての煩悩を打ちくだく金剛のごとき三昧、の意。聖道がまさに完成されようとし阿羅漢果がまさに得られようとして、最後の煩悩を断ずるそのときにおこす三昧をいう。**《習す》** 親しむ、習熟する、の意。**《修する》** 身をその中に投ずる、実践する、実修する、の意。**《多く所作す》** しばしば行う、さかんに行う、の意。**《現の楽住》** 現法の楽に住すること、の意。二五五頁を見よ。**《後法》** 現法に対する。のちの世、来世、の意。**《定住に非ず》** 必然にその（楽の）境地にあることに定まっているのではない、の意。**《無漏善》** 有漏善に対する。聖者がおこす出世間の善。それによって未来の流転の果報を生ずることがない。涅槃を得るための善（涅槃それ自体も無漏善である）。**《伝説すらく》** それが毘婆沙師の伝統説であり、倶舎論の著者自身にはそれに対して異論のあることを示す句。

＊

さらに、四つの三昧修習が〔経中に〕説かれる。「三昧修習がある。〔それに〕親しみ、〔それを〕

実修し、〔それを〕しばしば行うなら、現法楽住に資する」云々と。そのうち、

善の初静慮は楽のための三昧修習である（27 c d）。

善の初〔静慮〕、すなわち浄〔等至あるいは〕無漏〔等至〕の〔初静慮〕は、現法楽住のための三昧修習である。それを初とするのであるから他〔の諸静慮〕もまた〔同様で〕あると知るべきである。来世楽住のためでは必ずしもない。退堕した者や上地に生まれた者や般涅槃した者にはそ〔の来世楽住〕はないからである。

〔天〕眼通は見のため〔の三昧修習〕であると認められる（28 a）。

天眼通は知見（知、すなわち意識相応の慧、と見、すなわち眼識相応の慧、と）のための三昧修習である。

加行より生ずる〔諸徳〕は慧の殊別のため〔の三昧修習〕である（28 b）。

加行より生ずる、すべての、三界に属する〔不浄観・持息念・無諍・願智・四無礙解・五通・八解脱・八勝処などの諸徳〕および無漏なる〔三解脱門・超等至・漏尽通などの〕諸徳は、特別な慧のための三昧修習である。

最後の静慮における金剛喩〔定〕は漏の滅尽のための〔三昧〕修習である（28 c d）。

第四静慮における金剛喩定なるものは漏尽のための三昧修習である。世尊のこの説法は〔世尊〕自身〔の場合をあげること〕によって教示されたのであって、そのゆえにただ第四〔静慮〕における〔金剛喩定〕のみが説かれているのである、と〔毘婆沙師の宗義では〕伝説する。〔実は、金剛喩定を修することは未至・中間・四静慮・下三無色の諸地に通ずる、と毘婆沙師は考えるのである。〕

* *

三種類の三三昧を説き終わって、次に、四修等持、すなわち四種の三昧修習、が説明がされる。経中に(1)現法楽住のための三昧修習(2)すぐれた知見を得るための三昧修習(3)分別慧を得るための三昧修習(4)漏を尽くさんがための三昧修習の四種が説かれている。それらを、この章の初めから説き明かされた諸三昧にあてはめれば、(1)は初静慮（および他の諸静慮）の浄等至および無漏等至である。それはまた未来の楽に住するためになることもあるが、必然にそうであるのではない。退堕することもあり（その場合は楽に住しない）、上地に生まれでることもあり（その場合は楽と相応しないことがおこる）、あるいは般涅槃することもある（その場合は未来の生がない）からである。(2)は天眼通である。菩薩は天眼通をもって有情の死と生の苦難を知見し、それを抜済するために活動をおこすのだからである。(3)は有漏・無漏の諸徳（guṇaḥ）である。有漏の諸徳として注釈が示すものの中で、不浄観・持息念は三賢（順解脱分）の第一であり、すなわち見道に入る前の加行（準備段階としての行）の一である。無諍・願智・四無礙解は佛と聖者とに共通な智の徳として数えられるもの、五通は佛にも聖者にも凡夫にも共通な智の徳として数えられる六通の中で漏尽通（それは無漏）を除いた五、八解脱・八勝処は次下に説かれる定の徳である。無漏の諸徳として注釈が示す中の三解脱門（三三〇頁）・超等至（三二一頁）についてはすでに説かれた。(4)は金剛喩定である。釈迦牟尼が第四静慮においてこの定によって漏を断じ尽くし無上の菩提を証したと伝承されていることから、この所説がある。

二　三昧をよりどころとする種々の徳

1　四無量

1　四無量と四障

分別定品第八之二

如是已說所依止定。當辯依定所起功德。諸功德中、先辯無量。頌曰、

無量有四種　對治瞋等故　慈悲無瞋性　喜喜捨無貪　此行相如次
與樂及拔苦　欣慰有情等　緣欲界有情　喜初二靜慮　餘六或五十
不能斷諸惑　人起定成三

論曰、無量有四。一慈二悲三喜四捨。言無量者、無量有情爲所緣故、引無量福故、感無量果故。此何緣故唯有四種。對治四種多行障故。何謂四障。謂諸瞋害不欣慰欲貪瞋。治此如次建立慈等。不淨與捨俱治欲貪、斯有何別。毘婆沙說、欲貪有二、一色、二婬。不淨與捨如次能治。理實不淨能治婬貪。餘親友貪、捨能對治。

是くの如く已に所依止なる定を説けり。当に定に依りて起す所の功德を弁ずべし。諸の功德の中、先ず無量

を弁ぜん。頌に曰く、

無量に四種有り。瞋等を対治するが故に。慈と悲とは無瞋を性とす。喜は喜なり、捨は無貪なり。此の行相は、次の如く、楽を与うると、及び苦を抜くと、欣慰すると、有情等しとするとなり。欲界の有情を縁ず。喜は初の二静慮にあり。余は六、或は五、十とす。諸惑を断ずる能わず。人に起り、定んで三を成ず、と。

論じて曰く、無量に四有り。一には慈、二には悲、三には喜、四には捨なり。無量と言うは、無量の有情を所縁と為すが故なり。無量の福を引くが故なり。無量の果を感ずるが故なり。此れ何に縁るが故に唯四種有りや。四種の多行の障を対治するが故なり。何をか四障と謂う。謂く、諸の瞋と害と不欣慰と欲の貪・瞋となり。此れを治するに次の如く慈等を建立す。不浄と捨とは倶に欲貪を治するに、斯に何の別有りや。毘婆沙に説く。欲貪に二有り。一には色、二には婬。不浄と捨とは次の如く能く治するなり、と。理として、実には、不浄に能く婬貪を治し、余の親や友への貪を捨は能く対治するなり。

《所依止なる定》 二四六頁を見よ。**《功徳》** 徳。徳性。それを智による徳と定（三昧）による徳とに大別する。智による徳は『倶舎論』第七章の後半に詳説された（二三三頁以下を見よ）。今第八章の後半において定による徳を解説しようとする。**《無量》** 無量心ともいう。慈・悲・喜・捨の情が無限の宇宙にあまねくゆきわたった心の状態。**《瞋》** 己れの意にそわぬものをにくむ心の動き。**《慈》《悲》《喜》《捨》** 次下に述べるように、有情を愛し慈しんでそれに楽を与えるのを慈、有情を憐みその苦を抜くのを悲、他が楽を得ることによって喜びなぐさめられる情を喜、もろもろの有情に対して愛憎親疎の情のないのを捨という。**《喜は喜なり》** 四無量の一である喜（muditā）は喜受（saumanasya）をその自性とする、という意。**《行相》** 先にでた四諦の十六行相とは別。四無量のそれぞれの様相というほどの意。**《多行の障》** その煩悩を多くおこすのでそれが修道の障碍になること。**《害》** 心所の一。他に危害を加えようとする心の動き。**《欲の貪・瞋》** 欲界の貪と瞋と。**《不浄》** 不浄観のこと。屍体が時とともに醜く変化してついに白骨に化する経過を観察して、肉体の不浄を知り貪欲を断つ行法。《毘婆沙》『阿毘達磨大毘婆沙論』のこと。その巻八十三（大正二七・四二七c）に見える。《次の如く》それぞれその順序に、の意。不浄は色欲を、捨は婬欲を、治するということ。

＊

もろもろの三昧の解説を、〔なすにふさわしい〕ときに至ったので、〔以上でそれを〕なし終わった。今や、三昧をよりどころとするもろもろの徳を解説するときであるから、〔次下にそれが〕説き明かされるのである。

無量は四である（29 a）。

慈と悲と喜と捨である。無量の有情を所縁とするから〔無量と呼ばれる〕。何ゆえに四のみであるのか。瞋などの対治であることによる（29 b）。

瞋・害・不満・欲〔界の〕貪〔と〕瞋を多く有する者らに、それ〔ら諸煩悩のそれぞれ〕を断ずるため、順次に、〔これら慈・悲・喜・捨の〕四がある。

不浄〔観〕と捨とは、〔同じく〕欲〔界〕の貪の対治であるのに、そこにいかなる区別があるのか。顕色貪（異性の肉体のいろの美しさに対する欲望）の〔対治〕が不浄〔観〕であり、婬貪（異性との交接に対する欲望）の〔対治〕が捨である、と毘婆沙師らは〔説く〕。しかし〔むしろ、次の〕ような〔説明〕が〔理に〕合する。婬貪には不浄〔観〕が、母・父・子・親族に対する貪には捨が〔その対治である〕、と。

＊
＊

定をよりどころとするもろもろの徳の第一として四無量が説かれる。それについで八解脱・八勝処

・十遍処が説かれるが、これらを定による徳とするのは、北伝の後期阿毘達磨に特有の考え方であろう。パーリ・アビダンマでは、四無量すなわち四梵住は十遍処などともに四十業処（四十種の三昧の主題）に含まれるのである。

不浄観と捨との差別について、毘婆沙師の説と著者自身の説とを併挙しているが、ここでは『阿毘達磨順正理論』（巻七十九、大正二九・七六九b）の説はむしろ著者の説に近い。

2　四無量の自性

四中初二體是無瞋。理實應言悲是不害。喜則喜受、捨卽無貪。若幷眷屬五蘊爲體。若捨無貪性、如何能治瞋。此所治瞋、貪所引故。理實應用二法爲體。

四の中、初めの二の体は是れ無瞋なり。理、実には、応に言うべし、悲は是れ不害なり、と。喜は則ち喜受なり。捨は即ち無貪なり。若し眷属を幷さば五蘊を体と為す。若し捨は無貪を性とせば、如何ぞ能く瞋を治せん。此の所治の瞋は貪の引く所なるが故なり。理、実には、応に二法を用って体と為すべし。

≪眷属≫　あい伴って生起している諸法。≪五蘊≫　色・受・想・行・識蘊。すなわち有為法を五類に分ける、そのおのおの。≪体≫≪性≫　体と訳された語は svabhāva すなわちそれ自体のあり方、の意。性とすと訳されたのは -ātmaka すなわちそれを自体とする意。したがって両語はほとんど同義と見てよい。事実、玄奘訳『倶舎論』の中で、-ātmaka はまた「体とす」と訳されている場合もある。≪所治≫　対治せられるもの、の意。≪二法≫　二つのもの、の意。ここでは無貪と無瞋とを意味する。

＊

そ〔れら四無量〕の中で、

慈は無瞋である（29c）。

慈は無瞋（にくしみの逆。慈しみ）を自性とする。

悲もまた（29c）。

悲もまた同様である。

喜は喜ばしい心の状態である（29d）。

喜は喜〔受〕を自性とする。

捨は無貪である（30a）。

捨は無貪を〔その〕自体とする。〔それでは、〕いかにして〔捨は〕瞋の対治であるのか。そ〔の瞋〕は貪によって引き出されたものだからである。しかし〔むしろ、〕それ（捨）は〔無貪と無瞋との〕両者を自性とする〔と考えるの〕が〔理に〕合する。

＊　＊

ここでは四無量心の体、すなわち自性、を論ずる。慈と悲とは無瞋を体とし、喜は喜受を、捨は無貪を体とする、というのが宗義の説である。では慈と悲とにいかなる別があるか。玄奘訳では、悲の体はむしろ不害と見るべきである、としているが、『順正理論』（巻八十九、大正二九・七六九a）はさらにくわしく論じて左のようにいう。「もししからばこの二にいかなる差別ありや。性は別無しといえども、しかれども慈は、よく有情を殺す瞋を治して、欲の行相転ず（おこる、の意）。悲はこれ、有情を悩ます瞋を対治して、慼の行相転ず。これを差別という。……ある〔者〕はこの言をなす。悲はこれ不害なり。害を治するに近きがゆえに、と。理、実にかくのごとし。ただ、害は瞋に似たれば瞋の名をもって説く。悲の行相もまた無瞋に似たれば無瞋の名を立つ。実はこれ不害なり」と。また、先に、捨は欲界の貪と瞋とを対治する、と述べたから、ここで、捨は無貪を体とする、と説くのに対して、それではいかにして捨は瞋を対治するか、また、ともに瞋を対治するならば捨と慈とにいかなる別があるか、という問題が生ずる。それについても『順正理論』はいう。「しばらく、捨と慈と差別ありとは、慈はよく瞋所引の瞋を対治し、無瞋を体とす。捨はよく貪所引の瞋を対治し、無貪を体とす。あに捨は無貪を性としてまたよく貪所引の瞋を対治するがごとく、かくのごとく慈も無瞋を性としてまたまさによく瞋所引の貪を治すべしと許さずや。此の難は然らず。行相違うがゆえに。いわく、捨の行相は双びて貪・瞋に違う。親と非親との差別を捨する相のゆえに。此れより愛・恚ともに生ぜざるゆえに。即ちこれによるがゆえに捨は唯無貪なり。まさしくよく貪を治し兼ねて瞋を治するがゆえに。慈の行相は瞋に違うも、貪には非ず。もろもろの有情において楽とともに転ずるがゆえに。これによりて慈と捨とはともに瞋に違うといえども、しかも慈は貪に順い、捨はよく違害す。このゆえに二は極めて差別あり」と。これに対して『倶舎論』は、捨はむしろ無貪・無瞋の両者を体とすると見るべきである、とするのである。

3　四無量の行相

此四無量行相別者、云何當令諸有情類得如是樂、如是思惟入慈等至。云何當令諸有情類離如是苦、如是思惟入悲等至。諸有情類得樂離苦豈不快哉、如是思惟入喜等至。諸有情類平等平等無有親怨、如是思惟入捨等至。此四無量不能令他實得樂等、寧非顚倒。願欲令彼得樂等故。或、阿世耶無顚倒故、與勝解相應起故。設是顚倒、復有何失。若應非善、理則不然。此與善根相應起故。若應引惡、理亦不然。由此力能治瞋等故。

此の四無量の行相の別は、云何が当に諸の有情の類をして是くの如き楽を得しむべきと、是くの如く思惟して慈等至に入る。云何が当に諸の有情の類をして是くの如き苦を離れしむべきと、是くの如く思惟して悲等至に入る。諸の有情の類が楽を得て苦を離るるは豈快ならずやと、是くの如く思惟して喜等至に入る。諸の有情の類は平等平等にして親・怨有ること無しと、是くの如く思惟して捨等至に入る。此の四無量は他をして実に楽等を得しむること能わず。寧んぞ顚倒に非ざるや。彼をして楽等を得しめんと願欲するが故なり。或は、阿世耶は顚倒無きが故なり、勝解と相応して起るが故に。設い是れ顚倒なりとも復た何の失か有らん。若し応に善に非ざるべしとならば、理則ち然らず、此れは善根と相応して起るが故に。若し応に悪を引くべしとならば、理亦然らず、此の力に由って能く瞋等を治するが故に。

《親・怨》親愛と怨憎と。《顚倒》さかさまなこと、ひっくり返っていること。道理に背いていること。《阿世耶》āśaya の音写。意楽などと訳する。意志、意向、の意。《勝解》多義にもちいられる語であるが、ここでは対象を正しくとらえ理解・確認することを意味する。《善根》それが根となってそこから諸善が生ずるもの。無貪・無瞋・無癡を三善根と数える。すなわち貪・瞋・癡（それを三不善根と数える）の対治である。

＊

そしてこれら慈などの

行相は、〔有情らは〕実に楽しんでいる、苦しんでいる、喜べよかし、および、有情あり、というものである（30 a b c）。

「有情らは実に楽しんでいる」という思いをなしつつ慈等至に入る。「有情は実に苦しんでいる、〔苦より脱せよかし〕」と〔いう思いをなしつつ〕悲〔等至に入る〕。「有情は実に喜べよかし」と〔いう思いをなしつつ〕喜〔等至に入る〕。ただ「有情あり」という思いをなしつつ捨等至に入る。〔心が片寄りなく〕中間に立っているからである。

〔有情には〕それ（楽）はないのに、楽があると受けとるのであるから、〔この慈等至は〕どうして顚倒していることにならないのか。〔そうはならない。これは楽しんで〕あれかしという意味だからである。あるいは、〔楽があると〕受けとった〔そのまま〕を想念するのであるからその意図は不顚倒だからである。あるいはまた、〔汝のいう〕そのように顚倒しているとしたら何の過ちがあるか。もし〔顚倒しているなら〕不善であると〔汝がいう〕ならば、〔そうでは〕ない。〔慈などは無瞋などを自性とするゆえ〕善根であるからである。また、〔これらは〕瞋などの対治であるからである。〔以上、〕これら〔四無量〕の行相を説き終わった。

＊　＊

慈無量の行相を示す句 'sukhitā bata sattvāḥ'（有情たちは実に楽しんでいる）は 'sukhitā bata sattvāḥ santu'（有情たちは実に楽しんであれかし）の意であると、ヤショーミトラの註釈がいい、チベット語訳もそのように訳出している。

4　四無量の所縁

此 縁 欲 界 一 切 有 情。能 治 縁 彼 瞋 等 障 故。然、契 經 說、修 習 慈 等 思 惟 一 方 一 切 世 界、此經擧器以顯器中。

此れは欲界の一切の有情を縁ず。能く彼を縁ずる瞋等の障を治するが故なり。然るに、契経に、慈等を修習して一方を、一切の世界を、思惟すと説くは、此の経は器を挙げて以て器の中を顕わすなり。

《契経に》 現存パーリ語経典の定型句では「慈とともなる心をもって一方に遍満してある。同様に第二〔方〕に、同様に第三〔方〕に、同様に第四〔方〕に〔遍満してある〕。こうして上に、下に、横に、あまねく一切のところに、一切の世界に、広大で広博で無量で悪意なく憎悪なき、慈とともなる心をもって、遍満してある。悲とともなる……。喜とともなる……。捨とともなる……」となっている。**《器》** 器世間のこと。有情世間に対する。後者が世間に生きる有情の総体をさすのに対して、前者はその有情を容れるうつわ、すなわち有情の生存の場としての自然世界をいう。

＊

欲〔界の〕有情が〔その〕対境である（30 d）。

欲〔界〕繋の有情がこれら〔四無量〕の所縁である。〔四無量は〕彼ら（欲界の有情）を所縁とする瞋などの対治であるから。しかるに〔経中に〕「一方に〔心を〕向けて」というのは、器〔世間〕によって器〔世間〕に在る者（すなわち、有情）を示しているのである。

＊　＊

四無量の対象はただ欲界の有情である、とする。経典の記述は「心を一方に、第二方に、……あらゆる世界に向けて」というようにあるが、それは器世間としての場所を意味するのではなく、その場所に在るところの有情を意味してそういったのである、というのが論師らの解釈である。

5 四無量の依地

第三但依初二靜慮、喜受攝故。餘定地無。所餘三種通依六地。謂、四靜慮未至中間。或有欲令唯依五地。謂、除未至。是容豫德、已離欲者方能起故。或有欲令此四無量隨其所應通依十地。謂、欲四本近分中間。此意欲令定不定地根本加行皆無量攝。

第三は但初と二との静慮に依る。喜受の摂なるが故に。余の定地には無し。所余の三種は通じて六地に依る。謂く、四静慮と未至と中間となり。或は唯五地に依らしめんと欲するもの有り。謂く、未至を除く。是れ容予の徳にして、已に離欲せる者が方に能く起すが故なり。或は此の四無量をして其の所応に随って通じて十地に依らしめんと欲するもの有り。謂く、欲と四の本・近分と中間となり。此の意は、定・不定地と根本・加行とを、皆無量に摂せしめんと欲するなり。

《第三》 四無量の第三、すなわち喜無量。《余の定地》 第三・第四静慮地や四無色定地。そこには喜受はない。《所余の三種》 第三（喜無量）を除いた慈・悲・捨の三無量。《容予の徳》 余裕あるときにおこす徳、の意。「是れ」とは三無量をさす。《已に離欲せるが方に能く起す》 未至定は未離欲の道と見られるから、こういうのである。《其の所応に従って》 喜無量は欲界と初静慮地と第二静慮地とに、他の三無量は十地のすべてに、の意。

*

これら〔四無量〕はいくばくの地に属するか。

喜は二静慮にある（31 a）。

喜〔無量〕は、喜〔受〕であるから、初〔静慮地〕および第二静慮〔地〕において、ある。

他は六〔地〕にある（31 a b）。

他の三無量は六地に、〔すなわち〕未至〔定地〕と中間静慮〔地〕と〔四根本〕静慮〔地〕とにおいて、ある。

しかし、ある人々は、五〔地〕に〔あるという〕(31b)。

また、ある人々は、未至〔定〕を除いて、五〔地〕においてこれら〔三無量〕がある、と認める。

他の人々は、十〔地〕にある〔という〕。〔上記の六に〕欲界と〔三〕近分とを加えて、定〔地〕をも非定〔地〕をも、根本〔定〕をも加行〔すなわち近分定〕をも、〔その中に〕に含めるからである。

＊　＊

四無量のおのおのが属する地に関する説明である。三説がある。第一説は、喜無量だけが初静慮地および第二静慮地に、他の三無量は未至・中間・四根本の六地に属する、とする。第二説は、三無量の依地を五とする。未至定は速疾で未離欲の道であると見られるからその地を除くのである。第三説は、可能性からいえば、欲界と中間静慮と四近分と四根本との十地をすべて三無量の依地と見なし得る、とする。その場合は喜無量の依地も欲界・初静慮・第二静慮の三地と見なされる、と玄奘訳は示している(欲界に喜受がある以上、当然であろう)。

6　**治障と断惑**

前雖説此能治四障、而不能令諸惑得断、有漏根本静慮摂故。勝解作意相応起故。遍縁一切有情境故。此加行位制伏瞋等、或此能令已断更遠故、前説此能治四障。謂、欲未至亦有慈等似所修成根本無量。由此制伏瞋等障已、引断道生能断諸惑。諸惑断已、離染位中方得根本四種無量。於此後位、雖遇強縁而非瞋等之所蔽伏。

前に、此れは能く四障を治すと説けりと雖も、而も諸惑をして断を得しむる能わず。有漏の根本静慮の摂なるが故なり。勝解作意と相応して起るが故なり。遍く一切の有情の境を縁ずるが故なり。此の加行の位は瞋等を制伏し、或は此れは能く已断をして更に遠からしむる故に、前に、此れは能く四障を治すと説きしなり。謂く、欲と未至とにも亦、慈等の、修成せらるる根本の無量に似たる有り。此れに由って瞋等の障を制伏し已って、断道の生を引きて能く諸惑を断ず。諸惑断じ已って、離染の位の中に方に根本の四種の無量を得。此の後の位に於いては、強縁に遇うと雖も而も瞋等の蔽伏する所に非ず。

《前に》 三四二頁を見よ。《勝解作意》 勝解作意とは、不浄観や四無量や八解脱中の四無色解脱や八勝処や十遍処における作意（対象に心を向けるはたらき）をいう。それは、対象をこれこれであると思い定める作意であるけれども、対象のありのままを把握する真実作意でないから、煩悩を断ずるはたらきを有しない、とされる。《慈等》 慈と悲と捨と。《断道》 煩悩を断ずる道、すなわち無間道のこと。

*

「瞋などの対治であることによる」と〔先に〕説いたが、〔四〕無量によっても煩悩の断があるのか。

それらによって断はない（31c）。

〔なぜかといえば、四無量は〕根本〔の浄〕静慮地に属するものであるから、〔真実作意でなく〕勝解作意であるから、そして、〔法に対する共相作意、すなわち四諦の十六行相と相応する作意、はなくてただ〕有情を所縁とする〔のみだ〕からである。しかし、そ〔の慈など〕の加行によって瞋など〔の煩悩〕を抑えるから、また、すでに断ぜられた〔煩悩〕を〔再びそれらによって繋縛されないよう〕遠ざけるから、〔無量は〕それ〔ら煩悩〕の対治であると説いたのである。〔すなわち、〕慈など〔の三無量〕にして、欲界〔地〕と未至〔定〕地とに属し、根本の無量に似ているものがある。〔まず〕これら（三無量）によってそれら（瞋などの煩悩）を抑え、〔次に〕もろもろの断道（すなわち無間道）によって〔それらを〕断ずるのである。そうして、離貪の分位（すなわち解脱道）において根本の無量を獲得するから、〔それからのち、瞋などの〕縁を得ることが強力であっても、〔もはや行者は〕それら（煩悩）によって冒されることのないものとなるのである。

＊　＊

無量によってただちに煩悩の断があるのではない。ただ、慈無量などには、その加行の分位において、未断の煩悩は抑え已断の煩悩は〔再びそれに繋せられないように〕遠ざける力がある。そして、そこに煩悩を断ずる道、すなわち無間道、がはたらくと抑えられている未断の煩悩はそれによって断ぜられることになり、ついで、その解脱道において根本の無量が得られることになる。そうなれば、たとえ強力に煩悩のおこるような縁が生じても、行者はもはやそれによって逼悩されることはないのである。

7　初習業における慈の修習

初習業位云何修慈。謂、先思惟自所受樂、或聞説佛菩薩聲聞及獨覺等所受快樂、便作是念。願諸有情一切等受如是快樂。若彼本來煩惱增盛、不能如是平等運心、應於有情分爲三品。所謂親友處中怨讐。親復分三、謂上中下。中品唯一。怨亦分三、謂下中上。總成七品。分品別已、先於上親發起眞誠與樂勝解。此願成已、於中下親亦漸次修如是勝解。於親三品得平等已、次於中品下中上怨亦漸次修如是勝解。由數習力能於上怨起與樂願與上親等。修此勝解既得無退、次於所緣漸修令廣。謂、漸運想思惟一邑一國一方一切世界、與樂行相無不遍滿。是爲修習慈無量成。若於有情樂求德者、能修慈定令速疾成、非於有情樂求失者。以斷善者有德可錄。麟喩獨覺有失可取。先福罪果現可見故。

初習業の位に云何が慈を修するや。謂く、先ず自ら受くる所の楽を思惟し、或は佛・菩薩・声聞及び独覚等の受くる所の快楽を説くを聞きて、便ち是の念を作さく、願わくは諸の有情が一切等しく是くの如き快楽を受けんことを、と。若し彼、本来の煩悩増盛にして、是くの如く平等に心を運ぶこと能わざるときは、応に有情に於いて分ちて三品と為すべし。所謂親友と処中と怨讐となり。親を復た三に分つ。謂く、上と中と下となり。中品は唯一なり。怨も亦三に分つ。謂く、下と中と上なり。総じて七品と成る。品の別を分ち已りて、先ず上親に於いて真誠に楽を与えんとの勝解を発起す。此の願成じ已りて、中・下の親に於いても亦漸次に是くの如き勝解を修す。親の三品に於いて平等なることを得已って、次に中品と下・中・上の怨とに於いても亦漸次に是くの如き勝解を修す。数習力に由りて能く上怨に於いて楽を与えんとの願を起すこと上親における と等しくす。此の勝解を修して既に無退を得し、次に所縁に於いて漸く修して広からしむ。謂く、漸く想を運して一邑を、一国を、一方を、一切世界をと思惟して、楽を与うる行相の遍満せざること無し。是れを慈無量を修習すること成ずと為す。若し有情に於いて徳を楽求する者ならば、能く慈定を修して速疾に成ぜしむ。有情に於いて失を楽求する者は非なり。断善の者にも徳の録す可き有り、麟喩独覚にも失の取る可き有り。先の福・罪の果は現に見る可きを以ての故なり。

《初習業》 初心者、の意。**《菩薩》《声聞》《独覚》** 菩提を求め、有情を利益し、波羅蜜の行を修して、未来に佛となるべきはずの者を菩薩という。佛の（出家の）弟子を声聞という。佛の教えを受けず自ら道をさとり孤独な静寂を好むゆえ他を教化することがない者を独覚という。**《処中》** 中間の位置にある者、すなわち友でもなく敵でもない者。**《勝解》** ここでは、……したいという志向あるいは意願、の意。**《漸次に》** 順次に、次第に従って、の意。**《数習》** なんども繰り返して行うこと。**《無退》** 退くことのない境地。**《漸く》** 漸次に、順次に、の意。**《一方》** 一つの方角、の意。さらに進んで二方に、三方に、四方に、そしてついにあらゆる方角のすべての世界に慈の想いをめぐらすに至る。**《徳》《失》** すぐれた徳性。咎むべき欠点。**《断善》** 断善根の略。善の根が断たれた者、の意。すなわち生まれつき具有している善への志向の素地が邪見によって害されている者。**《麟喩独覚》** 独覚の中で、最初から独行独住して伴侶のない者をいう。初めは声聞として僧伽の中にあった者（部行独覚）と区別していう。

＊

それでは、〔修道の〕初心者は慈〔無量〕においていかように実修するのか。彼は、己れの幸せを思う〔のと同様に〕、あるいは、他の佛や菩薩や聖者である声聞〔の幸せが語られるの〕を聞くのと同様に、〔すべての〕有情についても「同じく、実に、幸せであれかし」とそ〔れらすべての有情〕の楽に意を向けるのである。もし煩悩が盛んにおこるゆえ〔そう〕できないならば、彼は、友を三つの部類に分けて、〔まず〕上級〔の友〕（最も親しい友）に対してそ〔の友〕の楽に意を向ける。次に中級〔の友〕（中くらいの親しさの友）に対して、そして〔次に〕下級〔の友〕（それほど親しくない友）に対して、〔それらの友の楽に意を向ける〕。もし彼ら〔すべて〕に対して平等な慈〔観〕を得たならば、次に、中間〔の人〕（友でもなく敵でもない人）の部類に対して〔その人々の楽に意を向ける〕。次に、敵を三つの部類に分けて、〔まず〕下級〔の敵〕（それほど憎くない敵）に対してそ〔の敵〕の楽に意を向ける。次に中級〔の敵〕（中くらいの憎さの敵）に対して、そして〔次に〕上級〔の敵〕（最も憎い敵）に対して、〔それらの敵の楽に意を向ける〕。これによって、もし、上級の友の部類に対してのごとく、〔上級の敵の部類に対してもその〕楽に意を向けることに異なりがなくなったならば、次に、順次に、〔一〕村〔全部〕の、〔一〕国〔全部〕の楽に意を向ける。〔こうして〕ついに一方角〔のすべて〕に〔慈観が遍満する〕までに至り、〔さらに第二の方角に、第三の方角に、そして〕ついにすべての世界に慈〔観〕が遍満するまでに至るのである。

すべて〔の有情〕においてそのすぐれた点をとらえようとする人は疾やかに慈〔無量〕をおこす。すぐれた点をとらえようとすれば断善根の者の上にも〔それはとらえ〕得るし、また欠点をとらえようとすれば独覚の上にも〔それはとらえ得るものである〕。前〔世〕の善・不善業の果はどこかに顕われているからである。

＊＊

初心者に対する懇切な誘引ともいうべきものがここに説かれている。すべての有情に平等の慈心をもち得ないならば、まず最も親しい者に対して楽あれとする思いからはじめて、次第に、疎遠なものないしは怨讐に至るまでその慈観を拡げて行け、と教える。また、いかなる劣等な者の上にも見出そうとすればすぐれた点を見出し得るし、いかなる優秀な者の上にも見出そうとすれば欠点を見出し得るから、すべての有情の上にそのすぐれた点を見出して疾やかに慈無量をおこすようにつとめよ、と教える。

8　初習業における悲・喜・捨の修習

修悲喜法准此應知。謂、觀有情沒衆苦海、便願令彼皆得解脱、及、想有情得樂離苦、便深欣慰實爲樂哉。修捨最初從處中起、漸次乃至能於上親起平等心與處中等。

悲・喜を修する法も此れに准じて応に知るべし。謂く、有情の衆苦の海に没するを観じ、便ち彼をして皆解脱を得しめんと願うと、及び、有情の楽を得て苦を離るるを想い、便ち深く欣慰して実に楽しき哉と為すとなり。捨を修する最初は、処中従り起って、漸次に、乃し、能く上親に於いて平等心を起すこと処中と等しきまでに至るなり。

《欣慰》　自らが喜ばしく思い、自らの心が慰められる、の意。

*

悲〔無量〕においても喜〔無量〕においても同様に実修する。〔すなわち、〕種々様々な苦悩の奔流の中に沈んでいるかの有情らは〔皆〕苦から解き放たれよかし〔と有情の抜苦に意を向けるのが悲無量の実修であり〕、〔皆〕喜んであれかしと〔有情の喜びに〕意を向ける〔のが喜無量の実修である〕。一方、捨〔無量〕を〔修するには〕中間〔の人〕の部類から始めるのである。

* *

喜無量について、玄奘訳のいうところ(『順正理論』『顕宗論』も同じ)は、有情の楽を得て苦を離れることを想って行者自らが喜ばしく思うというのであるから、サンスクリット文と異なっている。真諦訳は「かの衆生の恒に歓喜を得んことを願う」というからサンスクリット文と合致する。チベット語訳もサンスクリット文と同じである。

9　四無量のおこり方

此 四 無 量 人 起 非 餘。隨 得 一 時 必 成 三 種。生 第 三 定 等 唯 不 成 喜 故。已 辯 無 量。

此の四無量は人に起り、余に非ず。随って一を得る時は必ず三種を成ず。第三定等に生ずるは唯喜を成ぜざるが故に。已に無量を弁ず。

≪一≫≪三種≫　一とは四無量の中のどれか一種。三種とは喜無量を除く三種。

＊

また、これら〔四〕無量は

ただ人において生ずる（31 c d）。

人〔趣〕において生じ、他〔の趣〕においては〔生じ〕ない。では、一つの無量を具有している者は必ず〔四つの〕すべてを〔具有している〕か。〔すべてをではない〕が、

必ず三を伴う（31 d）。

第三・第四静慮〔地〕に生じている者は喜を具有していない〔から喜無量は必ずしも常にあるのではない〕。しかし、およそ無量を得ている者ならば〔喜以外の〕三〔無量〕は必ず具有していることになる。

＊　＊

四無量はただ人趣において生ずるという。四無量の中のどれか一を具有すれば必ず他の三をもともに具有すべきはずであるが、ただ喜無量のみは例外で、必ずしも具有されるとは限らない、という。第三・第四静慮地には喜受がない、とされるからである。

2　八解脱

10　八解脱

次辯解脱。頌曰、

解脱有八種　前三無貪性　二二一一定　四無色定善　滅受想解脱
微微無間生　由自地淨心　及下無漏出　三境欲可見　四境類品道
自上苦集滅　非擇滅虚空

論曰、解脱有八。一、內有色想觀外色解脱。二、內無色想觀外色解脱。三、淨解脱身作證具足住。四無色定爲次四解脱。滅受想定爲第八解脱。

次に解脱を弁ず。頌に曰く、

解脱に八種有り。前の三は無貪を性とす。二は二なり、一は一の定なり。四無色は定の善なり。滅受想解脱は、微微の無間に生ず。自地の浄心、及び下の無漏に由りて、出ず。三の境は欲の可見なり。四の境は類品の道と、自上の苦・集・滅と、非択滅と虚空となり、と。

論じて曰く、解脱に八有り。一には、内に色想有りて外の色を観ずる解脱なり。二には、内に色想無くして外の色を観ずる解脱なり。三には、浄解脱を身に作証し具足して住するなり。四無色定は次の四解脱為り。滅受想定は第八解脱為り。

《解脱》 生死輪廻への繋縛から解き放たれることを意味する解脱は vimukti という語形がふつうであるが、ここの解脱は vimokṣa で八種の三昧によって貪著の心を棄てることを意味する。八解脱または八背捨という。《滅受想解脱》 八解脱の第八。滅受想は想受滅ともいい、滅尽定のこと。無所有処の煩悩を離れた聖者が、心・心所を滅しつくした三昧の境地の静けさを、涅槃の静けさになぞらえて、それを楽しむために入るところ。《微微》 微細なる心よりさらに微細なる心、の意。後述。《類品》 類智品の略。《浄解脱》 第一・第二解脱が不浄観を自性とするのに対して、第三解脱は浄を観じてしかもそれに対し貪をおこさない境地をいうから、浄解脱と呼ばれる。

*

解脱は八である(32 a)。

色を有するものがもろもろの色を観る、というのが第一の解脱である。内に色想なきものが外にもろもろの色を観る、というのが第二である。浄解脱を身をもって現証して、〔それを〕具有して在る、というのが第三。〔四〕無色〔定〕が〔すなわち第四・第五・第六・第七の〕四〔解脱〕。想受滅が第八〔解脱〕である。

* *

ここの八解脱の説明は、阿含経典に見えるもののそのままである。経典では滅尽定 nirodha-samāpatti という語をあまり使わず、想受滅 saṃjñā-vedayitanirodha, saṃjñā-vedita-nirodha という呼称を用いている。

11　八解脱の自性と依地

八中前三無貪爲性。近治貪故。然、契經中說想觀者、想觀增故。三中初二不淨相轉。作於靑瘀等諸行相故。第三解脫淸淨相轉。作淨光鮮行相轉故。三幷助伴皆五蘊性。初二解脫一一通依初二靜慮。能治欲界初靜慮中顯色貪故。第三解脫依後靜慮。離八災患心澄淨故。餘地亦有相似解脫、而不建立。非增上故。次四解脫、如其次第、以四無色定善爲性。非無記染、非解脫故。亦非散善、性微劣故。彼散善者如命終心。有說、餘時亦有散善。近分解脫道亦得解脫名、無間不然、以緣下故。彼要背下地方名解脫故。然、於餘處多分唯說彼根本地名解脫者、以近分中非全分故。第八解脫卽滅盡定。彼自性等如先已說。厭背受想而起此故、或、總厭背有所緣故、此滅盡定得解脫名。有說、由此解脫定障。微微心後此定現前。前對想心已名微細。此更微細故曰微微。次如是心入滅盡定。從滅定出、或起有頂淨定心。或卽能起無所有處無漏心。如是入心唯是有漏。通從有漏無漏心出。

八の中、前の三は無貪を性と為す。近く貪を治するが故なり。然るに、契経の中に想観を説くは、想観の増すが故なり。三の中、初めの二には不浄の相転ず。青瘀等の諸行相を作すが故なり。第三解脱には清浄の相転ず。浄光鮮の行相を作して転ずるが故なり。三は、助伴を幷すれば皆五蘊を性とす。初めの二解脱は、一一、通じて初と二との静慮に依る。能く欲界と初静慮との中の顕色貪を治するが故なり。第三解脱は後の静慮に依る。八災患を離れ心澄浄なるが故なり。余の地にも亦相似の解脱有れども建立せず。増上に非ざるが故なり。次の四解脱は、其の次第の如く、四無色の定の善を以て性と為す。無記と染とには非ず、解脱に非ざるが故に。亦、散の善にも非ず、性微劣なるが故に。彼の散善は命終の心の如し。有るが説かく、余の時にも亦散善有り、と。近分の解脱道も亦解脱の名を得れども、無間は然らず、下を縁ずるを以ての故に。彼は要らず下地に背きて方に解脱と名づくるが故なり。然るに、余処に於いて多分は唯彼の根本地のみを説きて解脱と名づくるは、近分中にては全分に非ざるを以ての故なり。第八解脱は即ち滅尽定なり。彼の自性等は先に已に説けるが如し。受・想を厭背して而も此れを起すが故に、或は、総じて有所縁を厭背するが故に、此の滅尽定は解脱の名を得。有るが説かく、此れに由りて定の障りを解脱するなり、と。微微の心の後に此の定は現前す。前の想に対する心を已に微細と名づく。此れは更に微細なる故に微微と曰う。是くの如き心に次ぎて滅尽定に入る。滅定より出でて、或は有頂の浄定の心を起し、或は即ち能く無所有処の無漏の心を起す。是くの如き入心は唯是れ有漏なり。通じて有漏・無漏の心従り出ず。

≪近く貪を治する≫ 直接貪の対治となる、の意。他の五解脱も貪を離れた境地ではあるが、前三解脱のようにただちに貪の対治であるのではない。≪契経に≫ 以下≪増すが故なり≫までは、サンスクリット本や他の諸訳に見えない。「想観を説く」云々ということの意味は、契経の中でこれらの解脱について説く句の中に想や観という語が見えても、それはただ色の想とか外色を観ずるとかの心の動きがそこにおこることをいうのみで、解脱が想や観を自性としていることを示すのではない、ということであろうかと思われるが、明確でない。『順正理論』や『顕宗論』では「増すが故なり」のあとに「宿住念の色想を除去するが如し」という句を置いているが、この句の意味も私には明らかでない。≪助伴≫ それにあい伴う諸法。眷属というも同じ。≪顕色貪≫ 顕色に対する貪。顕色はいろの意。眼識（視覚）の対象としての色（いろ・かたち）のうち、いろを顕色といい、かたちを形色という。今は、人間の肉体の色彩の美しさに貪著することを意味する。≪八災患≫ 二九四頁を見よ。≪余の地≫ 欲界あるいは第三静慮地、第四静慮地をさす。≪増上≫ すぐれた状態、の意。≪散善≫ 散は定に対する。三昧に入っていない心における善、の意。≪無間≫ 無間道、の意。≪全分≫ 一部分に対して全部をいう。近分定の解脱道は解脱であるがその無間道は解脱でないから、「全分に非ず」というのである。《彼の自性》滅尽定の自性、の意。「先に已に説」いたというのは、『倶舎論』第二章根品 (ad II 43) の所説をさす。《有所縁》所縁を有するもの、の意で、すべての心・心所法をさすものと解せられる。玄奘訳以外の諸本では「すべての有為」となっているから、色法をも心不相応行をも含むことになる。

*

それら〔八〕のうち、

はじめの二は不浄〔観〕である (32 a b)。

はじめの二解脱は不浄〔観〕を自性とする。青瘀（屍体の青黒く変じた状態）など〔の想〕を行相とするからである。ゆえにこれら二つには不浄〔観〕と同様のあり方（不浄観の自性は無貪であるから、これら二の自性もすなわち無貪である、等々）がある、と知るべきである。そしてこれら二つは

二静慮〔地〕に〔ある〕(32 b)。

初〔静慮〕と第二〔静慮〕との二静慮〔地〕にあるが、他の地にはない。〔それら二解脱は〕順次に、欲〔界〕繫〔の顕色貪〕および初静慮地に属する顕〔色〕貪の対治としてある。

第三は最後に〔ある〕(32 c)。

浄解脱は第四静慮〔地〕に〔ある〕。

またそれは無貪である (32 c)。

それもまた〔先の二解脱とひとしく〕無貪を自性とするが、〔先の二解脱のように〕不浄〔観〕を自性とするのではない。浄を行相とするからである。

これら〔三解脱〕は、〔その〕眷属をも併せ〔て考え〕れば五蘊を自性とする。ところが、〔次の

四〕無色解脱〔すなわち〕

浄なる〔四〕無色は定（三昧に入った状態）である（32 d）。

善でありかつ定である〔無色〕のみが無色解脱の名を得る。染汚なる〔無色〕は〔そうで〕ないし、非定（三昧に入っていない状態、すなわち「散」）なる〔無色〕も〔そうで〕ない。〔非定の無色とは〕たとえば死有（四有の一。本有と中有との間、すなわち命終の瞬間）におけるがごときである。〔しかし〕他の人々は、〔死有〕以外のときにおいても非定の〔無色〕がある、と〔主張する〕。〔根本はいうまでもないが〕近分の諸解脱道もまた解脱の名を得る。〔しかし〕無間道は〔そうで〕ない。下〔地〕を所縁とするからである。というのは、〔下地に〕背を向ける義が解脱の義なのであるから。

〔想受〕滅は〔滅尽〕定である（33 a）。

想受滅である第八解脱は滅尽定である。こ〔の滅尽定〕は先にすでに〔第二章において〕解説された。〔これは〕想と所受とに背を向けるから、あるいはすべての有為〔法〕に〔背を向ける〕から〔解脱である〕。〔しかし〕他の人々は、〔これは〕定〔に対する〕障げから〔行者を〕解き放つから解脱である、と〔主張する〕。そ〔の滅尽〕定に入るのは、

微微〔心〕の直後に、である（33 b）。

有頂にては想は〔すでに〕微細であるが、それをよりいっそう微細にして滅尽定に入るのである。〔その〕定に入った〔行者ら〕は

自〔地〕の浄なる〔心によって〕、〔あるいは〕下〔地〕なる聖者の心によって、それから出定す

る〔33cd〕。あるいは有頂〔地〕に属する浄なる心によってそ〔の滅尽定〕から出定することがあり、あるいは無所有処地に属する無漏の〔心〕によって〔それから出定することがある〕。すなわち、そ〔の滅尽定〕については、〔入〕定心は〔必ず〕有漏であるが、出定心には有漏の場合もありまた無漏の場合もある。

＊＊

八解脱の自性（「体」）は、第一―第三が十大善地法の一である無貪（そのうち、前二は不浄観であり、第三は逆に浄を観じて貪をおこらざらしめる）、第四―第七が無色定すなわち十大地法の一である三昧（三摩地）、第八が十四心不相応行の一である滅尽定である、と規定せられる。その依地は、第一・第二が初静慮地と第二静慮地、第三が第四静慮地、第四―第七が四無色の各地、第八が有頂地（非想非非想処地）である。

非定の無色について、異説にいう他時におけるそれとは、諸無色における異熟生の心・心所を意味する。『順正理論』（大正二九・七七一b）では「余時亦有散善、唯生得善無聞思故」という。近分の諸解脱道も解脱の名を得る、ということに関して『順正理論』（大正二九・七七一c）は否定的で「諸近分地九無間道・八解脱道亦非解脱」という。

12　八解脱の所縁

八中前三唯以欲界色處爲境。有差別者、二境可憎、一境可愛。次四解脱、各以自上苦集滅諦及一切地類智品道彼非擇滅及與虚空、爲所縁境。第三靜慮寧無解脱。

第二定中無色貪故。自地妙樂所動亂故。行者何緣修淨解脫。爲欲令心暫欣悅故。前不淨觀令心沈慼、今修淨觀策發令欣。或、爲審知自堪能故。謂、前所修不淨解脫爲成、不成。若觀淨相煩惱不起、彼方成故。由二緣故、諸瑜伽師修解脫等。一、爲諸惑已斷更遠。二、爲於定得勝自在。故、能引起無諍等德及聖神通、由此便能轉變諸事、起留捨等種種作用。何故經中第三第八說身作證、非餘六邪。以於八中此二勝故。於二界中、各在邊故。已辯解脫。

八の中、前の三は唯欲界の色処を以て境と為す。差別有るは、二の境は憎む可く、一の境は愛す可きなるなり。次の四解脱は、各、自と上との苦・集・滅諦及び一切地の類智品の道と彼の非択滅及び虚空とを以て、所縁の境と為す。第三静慮に寧んぞ解脱無からんや。第二定の中に色貪無きが故なり。自地の妙楽に動乱せらるるが故なり。行者は何に縁りてか浄解脱を修する。心をして暫く欣悦せしめんと欲するが為の故なり。前の不浄観は心をして沈慼せしむれば、今、浄観を修して策発して欣ばしむるなり。或は、審かに自らの堪能を知らんが為の故なり。謂く、前に修せられたる不浄の解脱は成ぜりと為すや、成ぜざるや、となり。若し浄相を観ずるも煩悩起きざれば、彼方に成ずるが故なり。二縁に由るが故に諸の瑜伽師は解脱等を修す。一には、諸惑の已に断ぜるを更に遠からしめん為なり。二には、定に於いて勝れたる自在を得んが為なり。故に、能く無諍等の徳及び聖なる神通を引き起し、此れに由りて便ち能く諸事を転変し、留・捨等の種種の作用を起すなり。何の故に経中に第三と第八とには身に作証しと説き、余の六には非ざるや。八の中に於いて此の二は勝れたるを以ての故なり。二界の中に於いて、各、辺に在るが故なり。已に解脱を弁ず。

《妙楽》 楽の精粋。あらゆる楽の上に位する楽、の意。**《類智品》** 三一七頁参照。**《色貪》** 前出の顕色貪のこと。**《沈感》《策発》** 心を沈みこませちぢこまらせるのと、心をはげまし活発ならしめると。**《堪能》** 事にたえうる能力。**《瑜伽師》** ヨーガ yoga の行者、三昧の実修者。**《無諍等の徳》** 第七章（智品）に説くところの佛と聖者とに通ずる諸徳、すなわち無諍（他の真情をしておのれに対して貪・瞋などの煩悩をおこさせない智をいう）、願智（あらゆる法を対象として、あらかじめ願ったごとくにそれをくまなく知る智）、および四無礙解（自由自在でさまたげのない理解および表現の能力。法・義・詞・弁の四種を数える）をいう。**《聖なる神通》** 神通とは、ふつう abhijñā の訳で、神足（思いのままに行き思いのままに姿を変える）・天眼（あらゆるものを見とおす）・天耳（あらゆる音を聞く）・他心（他者の心の善悪を知りとおす）・宿命（自・他の過去世の生存のありさまを知る）・漏尽（煩悩を断ち得てさらに流転を重ねることなきを知る）の六をいうが、ここでは ṛddhi の訳で、奇蹟的なことがらを現出する能力を意味する。六神通の中では神足通にあたる。「聖なる」といったのは、これは佛・聖者・凡夫に共通な徳とされているので、今は凡夫の徳としての神通を除く意であろう。**《留・捨》** 留多寿行と捨多寿行と。すなわち、佛あるいは煩悩を離れて滅尽定を得た阿羅漢が、他の有情を利益し法を世に久しく留まらしめるために、自らの寿命を延ばすことを留多寿行といい、また、これ以上永らえても他を利益することがないなどの理由から、自らの寿命を縮めるのを捨多寿行という。**《作証》** 眼前にもたらすこと。現実のものとすること。**《辺》** 端、極み。辺に在るとは、第三解脱の依地は第四静慮地で色界の上辺にあり、第八解脱の依地は有頂地で無色界の極みにあることをいう。

*

そしてこれら〔八〕解脱のうち

最初〔の三〕は欲〔界〕繫の可見なる〔色処〕を境とする（34ａｂ）。

それら〔三解脱〕の所縁は、欲〔界〕繫の快い〔色処〕あるいは快からぬ色処であって、所応のごとく（第一・第二解脱の所縁は快からぬ色処、第三解脱の所縁は快い色処）である。

が、無色〔の解脱〕なるものは類智品と上〔地〕および自地に属する苦などとを対境とする（34

bcd)。

無色の〔四〕解脱（第四―第七解脱）の所縁は、自地に属する〔および〕上地に属する苦と、その因〔集〕と滅と、およびすべて〔の地〕の類智品の道と〔それの〕非択滅とである、と説かるべきである。そして、虚空は一つ（最後の処の解脱、すなわち第七解脱）の〔所縁〕である、と〔説かるべきである〕。

なにゆえに第三静慮においては解脱がないのか。第二静慮地に属する顕色貪はないからである。また、楽の精粋（この上ない楽）によって〔心が〕動揺させられるからである。

何のゆえに〔行者は〕浄解脱をおこすのであるか。不浄〔観〕によって沈みこんだ〔自らの心〕相続を喜ばしめ〔引き立て〕ようとするのであり、あるいは、〔先に修した〕不浄〔観による〕二解脱は完全であるかどうかを検するためである。すなわち、たとえ清浄であると作意しても彼に煩悩は生じないというようであるならば、その二〔解脱〕はもはや完全なのである。

瑜伽師らは、煩悩を遠ざからしめようと欲し、定において自在であろうと欲するという、〔この〕二つの因よりして、〔八〕解脱〔・八勝処〕などをおこすのである。〔これらは〕無諍〔・願智・四無礙解〕などの諸徳性をもたらすためであり、また、聖なる神通を〔もたらす〕ためである。そしてそ〔の神通〕はまた、〔彼ら瑜伽師が〕それによって〔思いのままに〕ものを転変させ、所願を成就し、寿命を棄捨するなどのことをなすゆえんである。

なにゆえに、第三と第八の二〔解脱〕の場合のみ〔経典の中に〕「眼前にもたらす」と〔いう語が〕説かれていて、他〔の諸解脱〕の場合は〔そうで〕ないのか。〔それはこの両解脱が特に〕主要なものだからであり、また、〔色および無色〕界〔の諸〕地の〔上〕端に位置しているからである。

＊　＊

第一・第二解脱の所縁は非可愛(＝可憎)の色処、第三解脱のそれは可愛の色処、第四―第七解脱のそれは自地および上地の(下地は劣なるゆえ、また解脱は下地に背くゆえ、除かれる)苦・集・滅諦、およびすべての地の類智品の道(これは依地によって勝劣がない)とその非択滅、である。そして第七解脱については虚空もその所縁である、とする。以上が梵文(およびチベット語訳)から理解し得るところであるが、両漢訳は虚空を第四―第七のすべての解脱の所縁としているように読みとれる(真諦訳「無色解脱縁上地及自地苦・苦集・苦滅為境、一切類智種類道及非択滅虚空為境」)。この両漢訳の説は『大毘婆沙論』巻八十四の説と合致する。第八解脱は滅尽定を体とするのであり、そこでは能縁の心・心所が存しないから所縁もないのである。

この節の後半は、行者が解脱などを修する目的を明かし、最後に、第三および第八解脱に関してのみ特に「身作証」という語が用いられているゆえんを説明する。

3　八勝処

13　八勝処

次、辯勝處。頌曰、

勝處有八種　二如初解脱　次二如第二　後四如第三

論曰、勝處有八。一、內有色想觀外色少。二、內有色想觀外色多。三、內無色想觀外色少。四、内無色想觀外色多。内無色想觀外青黄赤白、爲四。足前成八。八中、初二如初解脱。次二如第二解脱。後四如第三解脱。若爾、八勝處何殊三解脱。前修解脱唯能棄背、後修勝處能制所縁。隨所樂觀惑終不起。已辯勝處。

次に、勝処を弁ぜん。頌に曰く、

勝処に八種有り。二は初解脱の如し。次の二は第二の如し。後の四は第三の如し、と。

論じて曰く、勝処は八有り。一には、内に色想有りて外の色の少なるを観ず。二には、内に色想有りて外の色の多なるを観ず。三には、内に色想無くして外の色の少なるを観ず。四には、内に色想無くして外の色の多なるを観ず。内に色想無くして外の青と黄と赤と白とを観ずるを四と為す。前に足して八を成ずるなり。八の中に、初めの二は初解脱の如し。次の二は第二解脱の如し。後の四は第三解脱の如し。若し爾らば、八勝処は何ぞ三解脱に殊ならん。前に解脱を修するは唯能く棄背す。後に勝処を修するは能く所縁を制するなり。楽う所に随って観じ、惑終に起らず。已に勝処を弁ず。

《勝処》 真諦訳は「制入」。「除処」「除入」などとも訳される。欲界の色処を観じてそれに打ち勝ち貪心を制し除く八つの階程。 《色想有り》 色の想をいだいて貪あるをいう。

*

勝処は八である（35 a）。

内に色想を有する者が、外に少しの美・醜の色を観る。〔しかも彼は〕それらの色に打ち勝って知り、打ち勝って観る、というそのような想を有している。これが第一勝処である。同様に、〔内に色想を有する者が、外に〕多量の〔美・醜の色を……が第二勝処である〕。まったく同様に、内に色想を有しない者が〔外に少しの・多量の……が第三・第四勝処である〕。以上、これらが四〔勝処〕である。同じく内に色想を有しない者が、さらに、〔外に〕青・黄・赤・白を観る、ということによって、〔あわせて〕八勝処となる。それらの中で、

二は初めの解脱のごとくである（35 b）。

第一と第二の二勝処は第一解脱と同様である。

二は第二のごとくである（35 c）。

第三と第四の二勝処は第二解脱と同様である。

他はまた浄解脱のごとくである（35 c d）。

他の四〔勝処〕は浄なる解脱（第三解脱）と同様である。しかし〔解脱と勝処との間には〕次の差違がある。〔すなわち、〕彼ら〔三解脱〕によっては〔行者は所縁に〕背を向けるに過ぎないが、これら〔八勝処〕によっては〔行者は〕所縁に打ち勝つのである。〔勝処にあっては〕意図するままに〔所縁に心を〕向けるからであり、しかも〔それに対して〕煩悩をおこすことがないからである。

＊　＊

八勝処の名称の釈義について『順正理論』（巻八十、大正二九・七七三c—七七四a）には数説を出す。すなわち(1)能く境を制伏する故に勝処と名づく、(2)是の処に於いて変転自在にして随って惑を起さざるが故に勝処と名づく、といい、また、(3)処に於いて勝るるが故に勝処の名を立つ、(4)此の善根を即ち名づけて処処に能く勝ると為すが故に勝処の名を立つ、という。

4 十遍処

14 十遍処

次、辯遍處。頌曰、

遍處有十種　八如淨解脱　後二淨無色　縁自地四蘊

論曰、遍處有十。謂、周遍觀地水火風青黃赤白及空與識二無邊處。於一切處、周遍觀察無有間隙故、名遍處。十中前八如淨解脱。謂、八自性皆是無貪。若并助伴、五蘊爲性。依第四靜慮、縁欲可見色。有餘師説、唯風遍處縁所觸中風界爲境。後二遍處如次空識二淨無色爲其自性、各縁自地四蘊爲境。應知、此中修觀行者從諸解脱入諸勝處、從諸勝處入諸遍處、以後後起勝前前故。

次に、遍処を弁ぜん。頌に曰く、

遍処に十種有り。八は浄解脱の如し。後の二は浄の無色なり。自地の四蘊を縁ず、と。

論じて曰く、遍処に十有り。謂く、周遍して地・水・火・風と青・黄・赤・白と及び空と識の二無辺処とを観ずるなり。一切処に於いて周遍して観察し間隙有ること無きが故に、遍処と名づく。十の中、前の八は浄解脱の如し。謂く、八の自性は皆是れ無貪なり。若し助伴を并さば、五蘊を性と為す。第四静慮に依って欲の可見の色を縁ず。有る余師の説かく、唯風遍処のみが所触(しょそく)の中の風界を縁じて境と為す、と。後の二遍処は次の如く空と識との二つの浄無色を其の自性と為す。各自地の四蘊を縁じて境と為す。応(まさ)に知るべし、此の中に、観行を修する者は諸解脱より諸勝処に入り、諸勝処より諸遍処に入る、と。後後に起るは前前に勝れたるを以ての故なり。

《周遍して》あまねく、ゆきわたって至らぬところなく、の意。《欲の可見の色》欲界に属する、眼識の対象となる、色（いろ・かたち）。《次の如く》順次に、順序に応じて、の意。《四蘊》五蘊から色蘊を除いた無色の四蘊、すなわち受・想・行・識蘊。

＊

遍〔処〕は十である（36 a）。

遍処は十である。〔観察が〕間隙なくあまねくゆきわたるから〔遍処といわれる〕。地・水・火・風・青・黄・赤・白遍〔処〕と空・識無辺処遍〔処〕とである。それらの中で、

八は無貪である（36 a）。

最初の八は無貪を自性とする。〔それらは、〕

最後の静慮にある（36 b）。

ただ第四静慮にのみある。

そして欲〔界の諸法〕が〔その〕対境である（36 b c）。

欲〔界〕繋の色処がそれらの所縁である。ある人々は、風〔遍処〕の〔所縁は〕所触処である、と〔主張する〕。

二は浄の無色である（36 c）。

のちの二遍〔処〕は浄の無色〔定〕を自性とする。

自〔地〕の四蘊を対境とする（36 d）。この二の所縁は自地に属する四つの蘊である。解脱に入った者にして〔はじめて〕勝処があり、勝処に入った者にして〔はじめて〕遍処がある。よりあとのものほどよりすぐれているからである。

＊　＊

この一節の最後の部分は真諦訳において、「八制入（八勝処）は是れ解脱に入る法門なり。十無辺入（十遍処）は是れ制入に入る法門なり。前前は後後よりも勝れたるが故に」と訳されていて、梵文（チベット語訳も同じ）や玄奘訳の意とは逆になっているが、おそらく真諦の誤解としか考えられない。

5　その他の問題

15　解脱・勝処・遍処の獲得とその依身

此解脱等三門功德爲由何得、依何身起。頌曰、

滅定如先辯　餘皆通二得　無色依三界　餘唯人趣起

論曰、第八解脱如先已辯。以卽是前滅盡定故。餘解脱等通由二得。謂、由離染及加行得。以有曾習未曾習故。四無色解脱二無色遍處一一通依三界身起。餘唯人起、由敎力故。異生及聖皆能現起。

此の解脱等の三門の功徳は何に由って得、何の身に依って起すと為さん。頌に曰く、

滅定は先に弁ずる如し。余は皆通じて二によりて得。無色は三界に依る。余は唯人趣にして起す、と。論じて曰く、第八解脱は先に已に弁ずる如し。即ち是れ前の滅尽定なるを以ての故に。余の解脱等は通じて二に由って得。謂く、離染及び加行(けぎょう)に由って得。曾習と未曾習と有るを以ての故に。四の無色解脱と二の無色遍処とは、一一、通じて三界の身に依って起す。余は唯人にして起す。教の力に由るが故に。異生及び聖、皆能く現起す。

《三門の功徳》八解脱・八勝処・十遍処の三門。これらがすべて「定に依りて起す所の功徳」であることは三四四頁に述べた。《先に弁ずる如し》『倶舎論』第二章「根品」に説かれている。それによれば、滅尽定は佛にとっては離染得、他の聖者にとっては加行得である（Ⅱ43d、44a）。また滅尽定の依身は欲界および色界に属する（Ⅱ44c）。《余の解脱等》第八解脱を除く七解脱および八勝処と十遍処と。《曾習》かつて修習して慣習となっていること。《余》前の三解脱と八勝処と八遍処と。《教》解説教授すること。それは人趣にのみあって、天趣その他にはない。《異生》聖者に非ざる凡夫。

*

解脱などのこれらすべては凡夫および聖者の相続の上にある。ただし〔ただ聖者の上にのみある想受〕滅解脱（滅尽定、第八解脱）を除く。

滅はすでに説かれている（37a）。

〔想受〕滅解脱はすでに〔この論の第二章において〕あらゆる仕方で説かれている。

〔その〕余他は離貪〔によって得られ〕加行によって得られる（37ab）。

滅〔解脱〕以外の解脱などは、離貪によって〔おのずから〕獲得せられるものであり、また加行によって〔はじめて獲得せられる〕ものでもある。〔それらのうち、〕すでに〔修せられて行者がそれに〕慣れているもの〔は離貪によっておのずから得られ、〕まだ〔修せられたことがなくて行者がそれに〕慣れていないもの〔は加行によってはじめて得られる〕からである。

無色と呼ばれるものは三界に依り、余は人〔趣〕に生ずる（37 c d）。

無色解脱（第四―第七解脱）と無色遍〔処〕（第九・第十遍処）とは三界の〔身〕による。〔その〕余は人〔趣の身〕のみによる。〔これらは〕教説の力によって〔はじめて〕おこすものだからである。

＊　＊

諸功徳が離染得であるか加行得であるかが論ぜられる。離染得とは煩悩を離れるときおのずからそれが得られることになるのをいい、加行得とは教えを聞いたり思索したり三昧を修行したりする後天的な努力（加行）によってそれが得られるのをいう。第八解脱は、聖者にとっては加行得である（聖者はこれを現法における涅槃であると誤って了解してこの滅尽定に入るのだから、煩悩を離れるときおのずからそれを得るのではない）が、佛にとっては離染得である（およそ諸佛に加行得ということは無い、とされる）。その他の諸功徳は、すでに一度修して得たことのある場合は離染によっておのずから得られ、そうでない場合は、加行によってはじめて得られる。

依身については、無色の諸功徳は三界の身のいずれにもよる。下地の（欲・色界の）の身によっても上地の（無色の）定をおこし得るからである。その他の諸功徳は、教説を聞く機を得てその教えの力によってはじめておこるものであるから、教説の行われる人趣の身によってのみそれは得られる、と解せられる。

16　定をおこす因

諸有生在色無色界、起靜慮無色、由何等別緣。頌曰、

二界由因業　能起無色定　色界起靜慮　亦由法爾力

論曰、生上二界、總由三緣能進引生色無色定。一、由因力。謂、於先時近及數修爲起彼定。以若未離下地煩惱必定無容生上地故。二、由業力。謂、先曾造感上地生順後受業、彼業異熟將起現前勢力能令進起因故。三、由法爾力。謂、器世界將欲壞時、下地有情法爾能起上地靜慮。以於此位所有善法由法爾力皆增盛故。諸有生在上二界中、起無色定、由因業力、非法爾力。無雲等天不爲三災之所壞故。生在色界、起靜慮時、由上二緣及法爾力。若生欲界、起上定時、一一應知加由敎力。

諸有が色・無色界に生在して、静慮・無色を起すは、何等の別縁に由るや。頌に曰く、

二界は因と業とに由りて、能く無色定を起す。色界にして静慮を起すは、亦法爾力に由る、と。

論じて曰く、上の二界に生ずるは、総じて三縁に由りて能く進みて色・無色の定を引生す。一には因の力に由る。謂く、先の時に於いて近及び数の修を起因と為すが故なり。二には業の力に由る。謂く、先に曽て上地の生を感ずる順後受業を造りたるに彼の業の異熟の将に起り現前せんとする勢力能く進みて彼の定を起さしむ。若し未だ下地の煩悩を離れずば必ず定んで上地に生ず容きこと無きを以ての故なり。三には法爾力よりなり。謂く、器世界将に壊せんと欲する時、下地の有情は法爾に能く上地の静慮を起す。此の位に於いて所有の善法は法爾力に由って皆増盛するを以ての故なり。諸有が上二界中に生在し、無色定を起すことは、

因と業との力に由る。法爾力に非ず。無雲等の天は三災の壊する所と為らざるが故なり。色界に生在して、静慮を起す時は、上の二縁及び法爾力に由る。若し欲界に生じて、上の定を起す時は、一一、応に知るべし、加えて教の力に由る、と。

《進みて》 自らの生じている地からするとより上地の定をおこすことを「進みて」と表現した。**《因》《業》《法爾》** 過去の生涯に三昧を修したことが今三昧をおこす因となっているのを「因」といい、過去の生涯における行為（業）の結果（異熟）として上地に生まれ得ることとなっているのを「業」といい、自然界が壊れてゆく過程にあってはおのずからに善法が盛んになることに定まっているのを「法爾」といった。**《近及び数の修》** 近修および数修。「近修」とは遠からぬ過去に修したことの意。「数修」の〝数〟はしばしばの意で、数修とは繰り返し修したことを意味する。**《順後受業》** 業を、その果報を受けるときによって区別して、順現受業・順生受業・順後受業の三種とする。現在の生涯でなした業の果報を現在の生涯で受けるのを順現受といい、すぐ次の生涯で受けるのを順生受といい、次の次の生涯あるいはそれ以後に受けるのを順後受という。**《異熟》** 九九頁を見よ。**《器世界》** 有情の生存を容れる器としての世界、の意。すなわち天地・山河などの自然界。器世界は、一定の周期（約十二億八千万年と考えられる）をもって、生成・存続・崩壊・空無の四期の過程を繰り返す、とされている。**《所有の善法》** あらゆる善の法、の意。**《無雲等の天》** 第四静慮地に属する八天、すなわち無雲天・福生天・広果天・無煩天・無熱天・善現天・善見天・色究竟天。**《三災》** 器世界の崩壊の過程の最後にあたって、火災・水災・風災の三つの災害が次々におこり、火災によって初静慮地の天までが焼き尽くされ、水災によって第二静慮地の天が流失させられ、風災によって第三静慮地の天が吹き散らされる、という。

*

色・無色の両界において、〔生じているその地に比して、より〕すぐれた無色〔定〕や静慮をおこすのは、いかにしてであるか。因〔力〕と業〔力〕と法爾力という三つの因由によって、静慮や無色

定がおこされる。その中で、

二界において無色〔定〕をおこすは、因〔力と〕業力による（38ａｂ）。色・無色の二界において無色定をおこすは、因力によって〔すなわち、先に無色定を修して、のち退して無色界に生まれたが〕なお久しく時を隔ててはいないことによって、あるいは、〔先に〕しばしば繰り返して〔それを〕修したことによって、であり、そして、業力によって〔すなわち〕上地〔の生を受けるはず〕の順後受業の異熟が現前していることによって、である。けだし、下〔地の煩悩〕からなお離貪していない者は上〔地〕に生まれでることができない〔から、依然下地にとどまる〕と〔されるのである〕。

色界において静慮を〔おこす〕はそれら二〔力〕とおよび法爾とによる（38ｃｄ）。色界において〔よりすぐれた地の〕静慮をおこすは、これら因と業との二力により、また、〔器世界の〕壊れるときのさだめ（dharma-tā, 法爾）にもよる。けだし、その〔器世界崩壊の〕ときは、下地に属するあらゆる衆生がそ〔の、上地〕の静慮をおこす。〔なぜかというと、そのときは、およそ〕もろもろの善法が増大するはたらきをもつからである。

三　結　語

1　教と証、および正法の寿

前來分別種種法門、皆爲弘持世尊正法。何謂正法、當住幾時。頌曰、

佛正法有二　謂教證爲體　有持說行者　此便住世間

論曰、世尊正法體有二種。一、教。二、證。教謂契經調伏對法。證謂三乘菩提分法。有能受持及正說者、佛正教法便住世間。有能依教正修行者、佛正證法便住世間。故隨三人住世時量、應知。正法住爾所時。聖教總言唯住千載。有釋、證法唯住千年、教法住時復過於此。

前来、種種の法門を分別するは、皆世尊の正法を弘持せんが為なり。何をか正法と謂う。当に幾の時にか住すべき。頌に曰く、

佛の正法に二有り。謂く、教と証とを体と為す。持ち説き行ずる者有らば、此れ便ち世間に住す、と。

論じて曰く、世尊の正法は体に二種有り。一には教、二には証なり。教とは契経と調伏と対法とを謂う。証とは三乗の菩提分法を謂う。能く受持する及び正しく説く者有らば、佛の正教法は便ち世間に住す。能く教に依って正しく修行する者有らば、佛の正証法は便ち世間に住す。故に、三人の世に住する時量に随って、応に知るべし、正法は爾の所と時に住す、と。聖教には総じて、唯千載に住すと言う。有るが釈すらく、証

法は唯千年に住し、教法の住時は復た此れに過ぎたり、と。

《法門》　涅槃に導き入れる門としての教法、あるいは、教法のすじみち。《世尊》　佛の尊称の一。幸あるお方、あるいは威徳あるお方、を原義とするが、漢文訳の中ではふつう「世尊」と訳されて、世に尊きお方の意に理解される。《正法》　真実な法。すぐれた法。「妙法」とも訳される。《教》　āgamaの訳。伝承された教法、の意。《証》　adhigamaの訳。獲得すること、わがものとすること、教法をわが身に体得すること。《契経》　二五二頁を見よ。《調伏》　ふつう「律」と訳される語。主として出家者の生活上の規範や僧団の行事などについての定めをその内容とする。《対法》「阿毘達磨」というも同じ。経説に対する解釈・研究およびその体系化の結果をまとめた論書。《三乗の菩提分法》「三乗」は声聞乗・独覚乗・菩薩乗。「菩提分」は覚支、道品、などともいう。さとりを求める各種の実践の道。総じて三十七を数える。すなわち四念処・四正勤・四如意足・五根・五力・七覚支・八聖道である。梵文・チベット語訳のこの箇処には「三乗の」の語はない。真諦訳では「三乗人所修の菩提助法及び三乗の果」となっている。《三人》　受持する者、正しく説く者、正しく修行する者。

＊

この正法が〔世に〕存続し、そこに〔有漏・無漏の〕諸法の〔界・地・所縁・行相等の〕種類はかくのごとくであると〔それぞれ正しく〕認識される期間は、〔これから先〕なおどれほど永きにわたることであろうか。

〔大〕師（佛）の正法は二種であり、教と証とをその自体とする（39 a b）。

その中で、教とは経と律と論（阿毘達磨）とであり、証とはもろもろの菩提分である。すなわちこれが二種の正法である。

そ〔の正法〕を保持する人々は、まさに、説く人々と実修する人々とである（39 c d）。

教を保持する人々とは〔それを〕説く人々である。証を〔保持する人々〕とは〔それを〕実修する人々である。ゆえに、それらの人々が存在し続けるであろう限り正法は〔存在し続けるであろう〕、と知るべきである。彼らは千年の間存在し続けると言われているが、〔また〕他の〔説〕では、証についてはそのとおりであり教についてはなおいっそう長いときにわたる、と〔もいう〕。

＊　＊

ここからは『倶舎論』前八章を総括して結ぶことばである。

まず正法の寿が関説される。古く律蔵の比丘尼犍度に見える、千年持続するはずであった正法が女性の出家を認めたために五百年にとどまるであろうとされたという説話にはじまって、正法の寿はさまざまに論じられてきた。いわゆる正法・像法・末法の三時説は、インド佛教においてはなおはっきりした形はとっていないと思われるが、中国佛教（たとえば窺基の『大乗法苑義林章』）で、教・行・証がすべて具わっている時代を正法、教・行のみあって証の見られぬ時代を像法、教のみ存して行・証ともに見られぬ時代を末法、と解釈されるのは、ここの記述と明らかに関連する。

第39偈cdについて両漢文訳の読み方とチベット語訳の読み方とは異なっている。梵文を漢文訳のような意に解し得ないこともないとは思われるが、チベット語訳のように解する方がむしろ自然であるので、そのように訳出した。また、この節の最後の部分の理解において、正法が千年住するということを、玄奘訳は聖教に総じていうところと解するが、真諦訳は「有余師説…佛般涅槃後一千年正法得住。此説約正修得、不約阿含。若約阿含、則有多時」と次の句に続けて解し、そのあとに「何以故？　於末世中、若能持此正法諸人有二種。一随聞得信、二随正解得信。諸天皆擁護。彼人令阿含及正修得於世不速隠没、是故於中如文如義応急修正行」と補っている。

2　造論の立場

此論依攝阿毗達磨。爲依何理釋對法耶。頌曰、
　迦濕彌羅議理成　　我多依彼釋對法
　判法正理在牟尼　　少有貶量爲我失
論曰、迦濕彌羅國毘婆沙師議陀毘達磨理善成立。我多依彼釋對法宗少有貶量爲我過失。判法正理唯在世尊及諸如來大聖弟子。

此の論は阿毗達磨に依摂す。何の理に依って対法を釈すと為すや。頌に曰く、
　迦湿弥羅の議理成ず。我多く彼に依りて対法を釈す。少しく貶量有るは我が失と為す。法の正理を判ずるは牟尼に在り、と。
論じて曰く、迦湿弥羅国の毘婆沙師の阿毘達磨を議する理は善く成立せり。我多く彼に依りて対法宗を釈す。少しく貶量有るは我が過失と為す。法の正理を判ずるは、唯世尊及び諸の如来の大聖弟子に在り。

《阿毗達磨に依摂す》 阿毘達磨により、阿毘達磨を摂める、の意。「阿毘達磨－倶舎」には、阿毘達磨をその蔵とするという意味と、阿毘達磨の蔵という意味との、二義があると解せられる（『倶舎論』第一章第2偈）が、阿毘達磨によるというのはその第一義に基づき、阿毘達磨を摂めるというのはその第二義に基づいている。《迦湿弥羅》 Kaśmira, 現今の Kashmir, インドの東北部の地方名。そこは説一切有部の主流の根拠地であった。《貶量》 「貶」はおとしめる、けなす、減らす、意。「量」ははかる、軽重を考える、意。《牟尼》 聖者の意。しばしば佛の尊称として用いられる。《毘婆沙

師〉『阿毘達磨大毘婆沙論』に準拠する人、の意。説一切有部の主流の人々をさしてこう呼ぶ。

この論書の中に説かれている阿毘達磨はただちに〔大〕師（佛）の説示された阿毘達磨そのものであるか。〔そうではなくて、〕

＊

わたしは、多く、カシュミーラの毘婆沙師の方軌によって成就されたところを、阿毘達磨としてここに説いた。そこに誤って理解しているところがあればそれはわが咎である。正法の方軌に対しては牟尼たち〔のみ〕がその〔正邪を判定する〕基準である(40)。

カシュミーラの毘婆沙師たちの方軌によって成就されたものを、主として、ここに阿毘達磨としてわれわれは説明した。そこにわれわれが誤って理解しているところがあればそれはわれわれの冒した愆ちである。そのうえ、正法の方軌に対しては、ただ諸佛および佛の子ら（佛弟子たち）のみがその〔正否を判定する〕基準なのである。

＊　＊

『倶舎論』はどの部派の学説に基づく論書かという問題を論ずる、いわゆる「部宗の摂属」の議論において、この書を「本宗はこれ薩婆多部（説一切有部）、其の中の取捨は経部（経量部）を以て正と為す」（慧鎧『阿毘達磨倶舎釈論序』。普光の『倶舎論記』なども同じ説）とする根拠になっているのが、この一節である。もちろん部宗の摂属については、「理長為宗（理の長ずるを宗と為す）」であるとか、あるいはむしろ論主世親の立場は経量部と見るべきであるとか、種々の考え方が提出されているが、『倶舎論』前八章の組織が『阿毘曇心論』以来の仕方により、また、その学説のほとんどすべてが説一切有部阿毘達磨の永い伝統を承けて成立したものであることは、全く異論の余地のないところである。

3 結　頌

大師世眼久已閉　堪爲證者多散滅
不見眞理無制人　由鄙尋思亂聖教
自覺已歸勝寂靜　持彼教者多隨滅
世無依怙喪衆德　無鉤制惑隨意轉
既知如來正法壽　漸次淪亡如至喉
是諸煩惱力增時　應求解脫勿放逸

大師なる世眼は久しく已に閉じたり。証と為るに堪うる者は多く散滅せり。
真理を見ず制すること無き人は、鄙(いや)しき尋思に由りて聖教を乱る。
自ら覚れるものは已に勝れたる寂静に帰し、彼の教を持する者は多く随って滅せり。
世に依怙無く、衆徳を喪う。鉤(かぎ)もて制する無き惑は意に随って転ず。
既に知る、如来の正法の寿は、漸次に淪亡して喉に至る如くにして
是れ諸の煩悩の力の増す時なり、と。応(まさ)に解脱を求むべし。放逸なる勿れ。

《世眼》　世の眼、すなわち佛のこと。「大師」の語と「世眼」の語とは同格に用いられている。世眼が久しく閉じたというのは、釈迦牟尼佛が亡くなられて久しい、の意。《証と為るに堪うる者》　原語はもともと「眼をもつ者」の意味であるが、現場を目撃した証人の意に用いられる。《尋思》　推理、論理的思弁などの意。《依怙》　依は「よる」、怙は「た

のむ」意。《衆徳》おおくの徳。《鉤もて制する無き惑》象使いが柄の尖端に鉤をつけた道具で象を制御して意のままに乗り廻すように煩悩をよく制御すべきなのであるが、今は煩悩がそのようによく制御されていないのをいう。《淪亡して喉に至る》淪は「しずむ」意。淪亡は沈み失われること。「喉に至る」とはいきが絶える一歩手前まできた、の意。

《放逸》不注意でなげやりなこと。

＊

〔大〕師〔佛陀〕という世間のまなこはすでに閉じ、〔それにつき随った、正法の〕証人たる人々（佛の弟子たち）もおおかた滅し去った〔今〕、真実を見ることなく〔自己〕抑制なく悪しき思弁に陥っている人たちによって、この〔佛陀の〕教説は〔文言の上からも意味の上からもその正しい理解が〕乱されている(41)。

自在者（他に依存することなく、自ら存在する者。佛の尊称の一）も、自在者の教説を荷負する人々（佛の弟子たち）もまた、最勝の寂静に赴いて（亡くなって、涅槃に入って、の意）世間は寄るべとてなき今、この世には、功徳を打ちほろぼすもろもろの〔心の〕垢（煩悩）が、鉤をもって拘束されることもなく、思いのままにふるまっている(42)。

このように、牟尼の教説はそのいきが喉に至っている（死滅に瀕している）〔と知り〕、〔心の〕垢の力の増すときであると知って、解脱したいと欲する人々はけっして放逸であってはならない(43)。

以上、阿毘達磨倶舎釈論のうち、等至の解説と名づける第八章である。

＊　＊

この三偈が、『倶舎論』の上来の所論を結ぶために置かれた頌であることは、一見して明らかである。ところで真諦訳『倶舎釈論』においては、それが第八章定品の末尾にでなく、第九章破我品の巻頭に置かれている。徳川時代の学僧快道（一七五一―一八一〇、三九頁参照）が、破我品は本来倶舎論の第九章ではなく別な独立した一論『破我論』であったのだが、のちに閲読の便などのために合編されて今の形になったものと見るべきだと主張した（『阿毘達磨倶舎論法義』）際、真諦訳のこの形態はその論拠の一つとなった。真諦訳の形態は他の諸本のいずれにも見られぬところであるから、何らかの錯濫に由来すると見るほかはない。三偈はやはり定品の末尾にあるのが本来の形に違いない。しかし、第八章の末尾にこのような結頌が置かれていること自体、『倶舎論』が前八章をもって一つの体系的思想の論述を完了しており、第九章はまさに附論あるいは余論ともいうべきものであることを示しているのであり、それはかえって快道の着眼の鋭さを反証しているといってもよいであろう。

書名・人名・部派名

索　引

術　語

著 者 略 歴

桜　部　　建　さくらべ　はじめ

大正14年8月16日　京都市に生まれる。
昭和22年　大谷大学文学部原始佛教学科卒業。
　大谷大学文学部教授。
平成24年6月　逝去。
〔著書〕『倶舎論の研究』(法蔵館),『佛教語の研究』(文栄堂書店)。『阿含の佛教』(文栄堂書店)。

一九七一年 四 月一〇日 初版発行
二〇〇二年 九 月二〇日 新装初版

《仏典講座18》

倶 舎 論

検印廃止

著　者　桜　部　　健
発行者　石　原　大　道
印刷所　富士リプロ株式会社
〒150-0022　東京都渋谷区恵比寿南二－十六－六　サンレミナス二〇二
発行所　大蔵出版株式会社
TEL〇三(六四一九)七〇七三
FAX〇三(五七二四)三五〇三
http://www.daizoshuppan.jp/

ISBN 978-4-8043-5441-5 C3315

仏典講座

遊行経〈上〉〈下〉	中村　元
律　蔵	佐藤密雄
金剛般若経	梶芳光運
法華経〈上〉〈下〉	田村芳朗 藤井教公
維摩経	紀野一義
金光明経	壬生台舜
梵網経	石田瑞麿
理趣経	宮坂宥勝 福田亮成
楞伽経	高崎直道
倶舎論	桜部　建
唯識三十頌	結城令聞
大乗起信論	平川　彰
浄土論註	早島鏡正 大谷光真
摩訶止観	新田雅章
法華玄義	多田孝正
三論玄義	三枝充悳
華厳五教章	鎌田茂雄
碧巌集	平田高士
臨済録	柳田聖山
一乗要決	大久保良順
観心本尊抄	浅井円道
八宗綱要〈上〉〈下〉	平川　彰
観心覚夢鈔	太田久紀